ROSES

Edita | Edita | Published by
TRIANGLE POSTALS, SL

Direcció | Dirección | Direction
Jordi Puig

Text | Texto | Text
Sebastià Roig ©

Fotografies | Fotografias | Photos
Jordi Puig ©

Pàg. 150 Francesc Guillamet ©
Pàg. 61, 62, 63 Lluís Mas Blanch ©

Postals d'època | Postales de época
Period Postcards
Col·lecció Carles Pàramo

Direcció d'art | Dirección de arte
Art direction
Ricard Pla

Disseny gràfic | Diseño gráfico
Graphic design
Martí Parada

Maquetació | Maquetación | Layout
Vador Minobis

Traducció | Traducción | Translation
Sebastià Roig
Josep Liz
Steve Cedar

Producció | Producción | Production
Imma Planes

Agraïments | Agradecimientos
With thanks to

Paco Abad "En Formigó"
Josep M. Barris
Jordi Danés
El Bulli
Miquel Font
Francesc Guillamet
Antoni Herruzo
Joan Juanola
Pere Juanola
Lluis Mas Blanch
Enric Matarrodona
La tripulació del Norai
Vicens Pagès Jordà
Carles Pàramo
Roberto Plà
Josep Pujol "El Morenu"
Esteve Pujolar
Beatriz Nuñez
Maria Lluisa Roura
Francisco Rubio
Francesc Sastre
Simón Saura
Jaume Subirós
Jordi Vila

Impressió | Impresión | Printed by
NG Nivell Gràfic | 6-2006

Fotomecànica | Fotomecánica
Photomechanics
Molagraf

ISBN: 84-8478-205-0
Dipòsit Legal: B-21.998-2006

TRIANGLE POSTALS, SL
Menorca, tel. 971 15 04 51
Barcelona, tel. 93 218 77 37
www.trianglepostals.com

TRIANGLE POSTALS

ROSES

TEXT | TEXTO | TEXT SEBASTIÀ ROIG
FOTOGRAFIES | FOTOGRAFÍAS | PHOTOGRAPHY JORDI PUIG

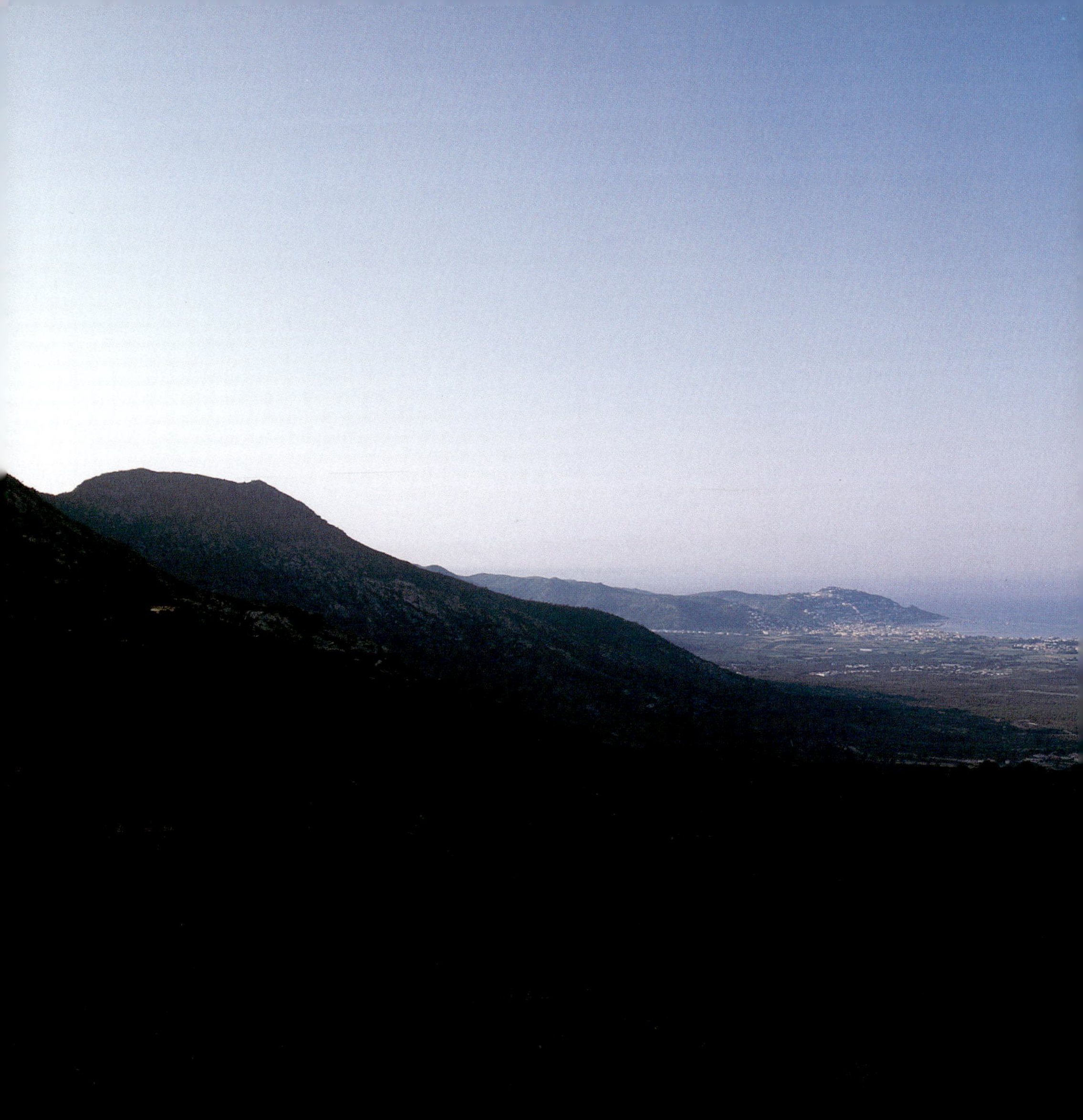

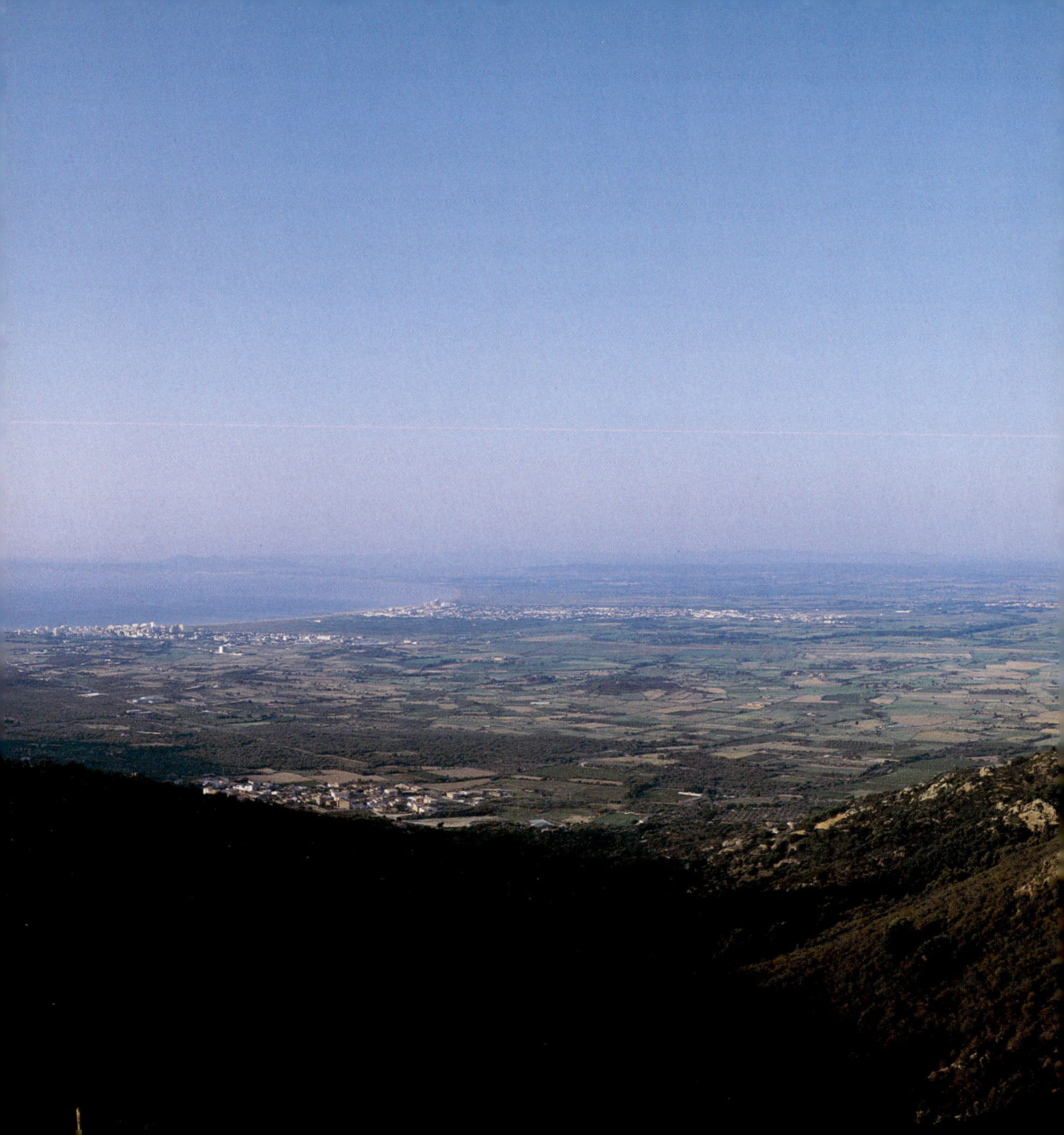

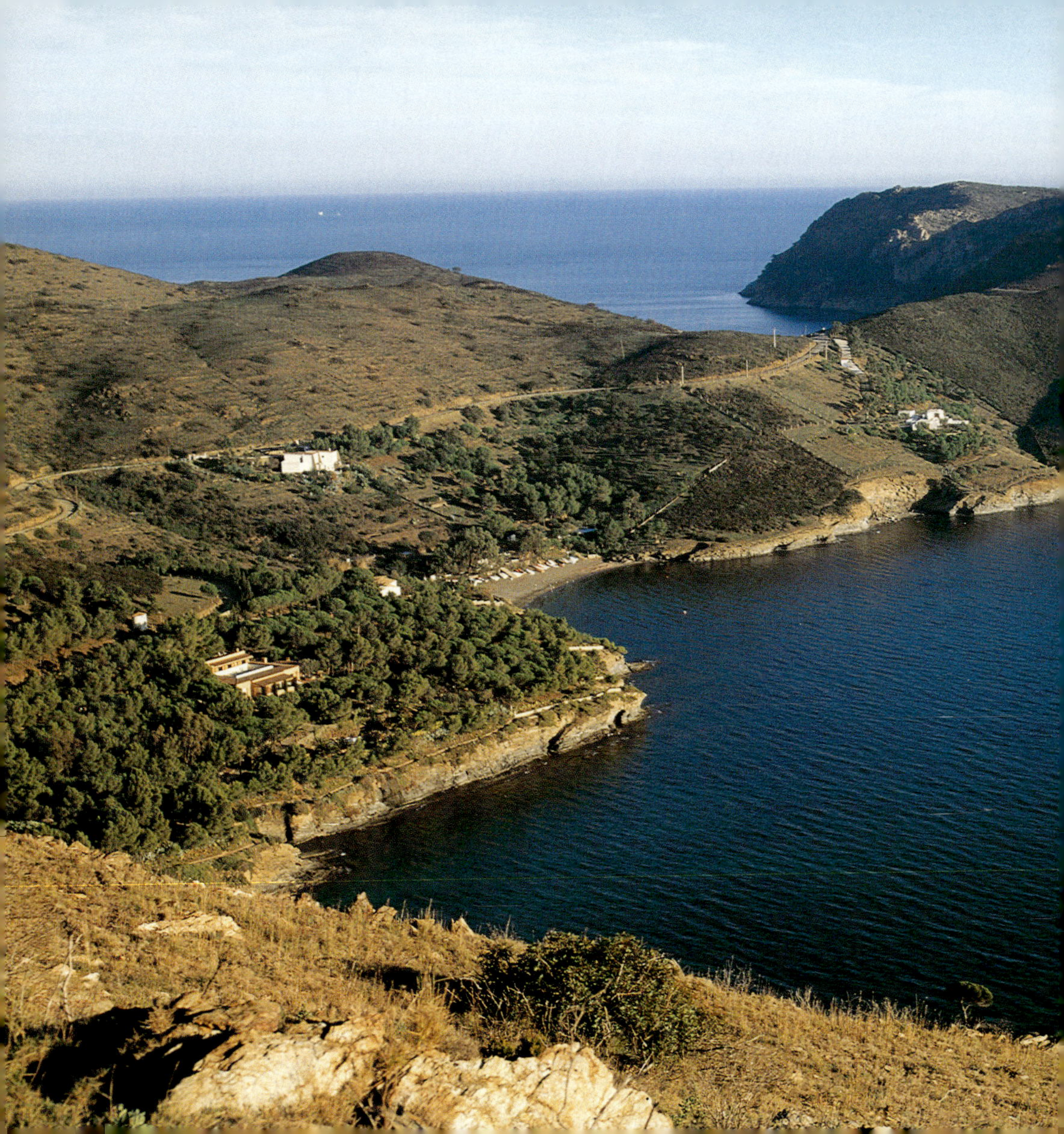

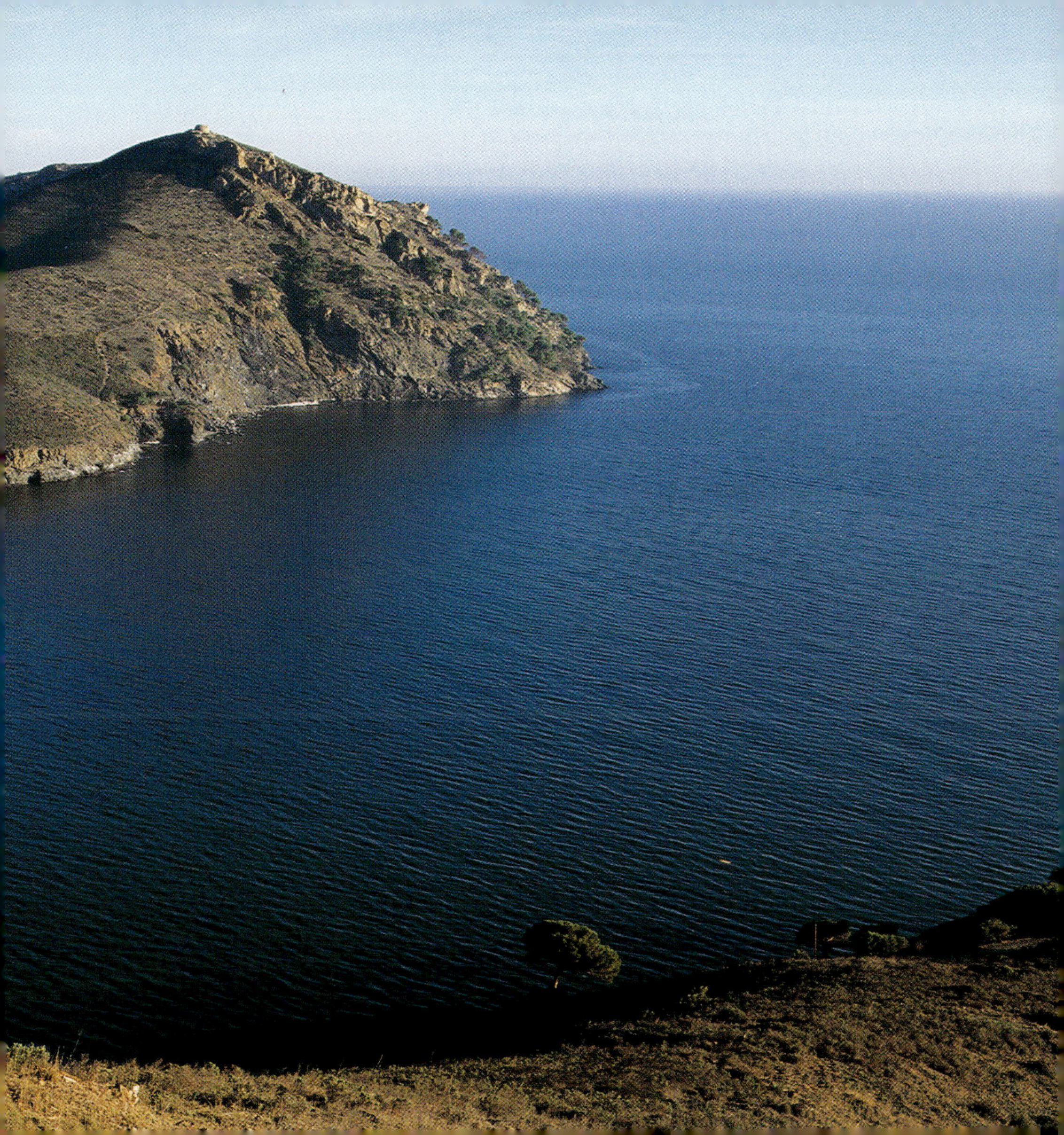

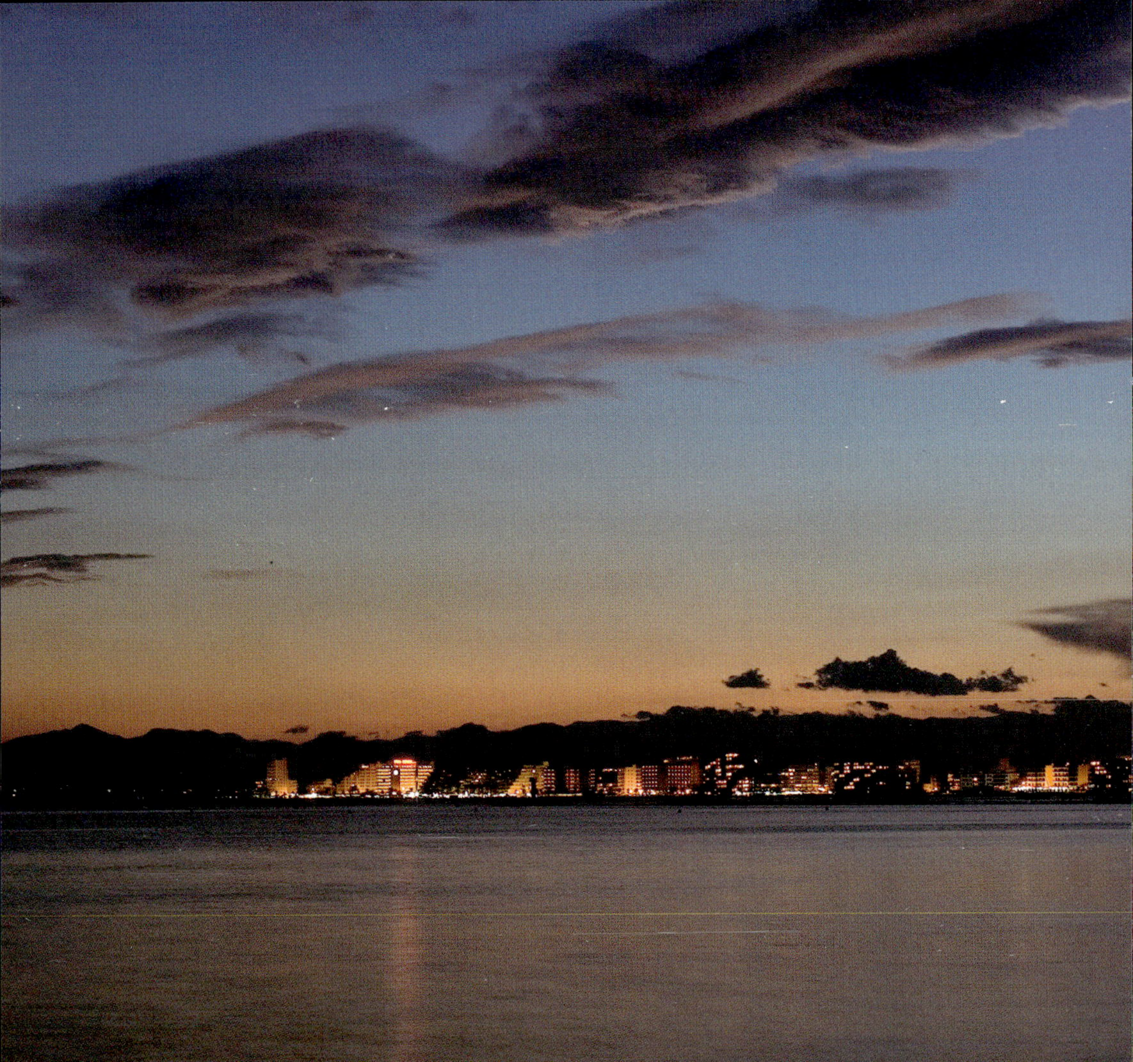

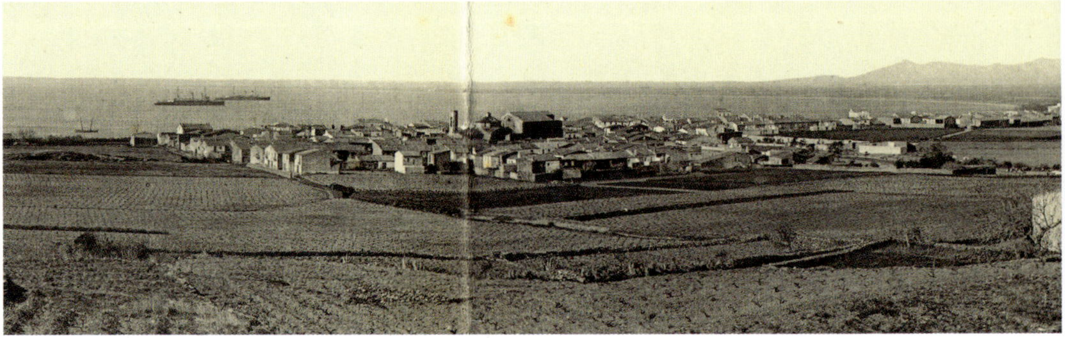

Panoràmica de Roses, 1910-1920
Panorámica de Roses, 1910-1920
Panoramic view of Roses, 1910-1920

"No tothom pot gustar l'encís de Roses. Qui busqui tan sols el pintoresc, el racó, el joc de la roca i l'aigua, els meandres de la costa, el lloc amagat, el detall i la limitació, que no vagi a Roses. Això ho trobareu a Roses certament, però us costarà un esforç i caldrà que us arribeu al cap de Norfeu, a la cala de Montjoi, al Bisbe, a cap Trencat o als Jóncols.

En canvi, aquell altre que senti l'amplària de l'horitzó acordant-se amb l'amplària de l'esperit; aquell a qui algun dia l'hagi commogut, potser, l'espectacle quotidià d'un núvol navegant per l'aire clar o el blau de la muntanya remota, o el matís del cel en festa, aquell que en tingui prou amb això que és tant, que és veure la mar diferent tothora, aquell podrà anar a Roses...".

Amb aquestes paraules tan abrandades, el doctor August Pi i Sunyer convidava, l'any 1926, els seus contemporanis a gaudir de les belleses naturals de Roses. El bon metge no mentia. La vila catalana, situada a l'est de la comarca de l'Alt Empordà, a menys de 30 quilòmetres de la frontera francesa, gaudeix d'una posició privilegiada: forma part alhora del Parc Natural dels Aiguamolls de l'Empordà i del Parc Natural del Cap de Creus. Gràcies a això, disposa d'un seguit de cales i racons plens d'encant, on es conserven les tonalitats més feréstegues i rudes de la Costa Brava.

ROSES

TOTS ELS SABORS DEL BLAU

TODOS LOS SABORES DEL AZUL

ALL THE FLAVOURS OF BLUE

"No todos pueden gustar del encanto de Roses. Quien busque tan solo lo pintoresco, el refugio, el juego de la roca y del agua, los meandros de la costa, el sitio escondido, el detalle y la limitación, que no vaya a Roses. Todo esto lo hallaréis en Roses ciertamente, pero os costará un esfuerzo y necesitaréis viajar hasta el Cap Norfeu, a las calas de Montjoi, el Bisbe, al Cap Trencat o a Els Jóncols.

En cambio, aquel que sienta la anchura del horizonte reconciliada con la de su espíritu; aquel a quien algún día le haya emocionado, quizás, el espectáculo cotidiano de una nube navegando por el aire claro o el azul de la montaña remota, o el matiz del cielo en fiesta, aquél que tenga suficiente con esto que es tanto, como ver la mar siempre diferente, aquél podrá ir a Roses...".

Con estas frases tan apasionadas, el doctor August Pi i Sunyer invitaba, en 1926, a sus contemporáneos a gozar de las bellezas naturales de Roses. El buen doctor no mentía. La villa catalana, situada al este de la comarca del Alt Empordà, a poco menos de 30 kilómetros de la frontera francesa, disfruta de una posición privilegiada: forma parte de los parques naturales de los Aiguamolls de l'Empordà y del Cap de Creus. Esto le permite poseer un sinfín de calas y rincones bellísimos, donde se conservan las tonalidades más salvajes y rudas de la Costa Brava.

"Not everybody will like the charm of Roses. Whoever is looking for the picturesque, the refuge, the play of the water on the rocks, the coastal meanders, the hidden spot, the detail and the feeling of being sheltered, should not go to Roses. You will find all of these things in Roses it is true, but it will require a great deal of effort and you will have to travel as far as Cap Norfeu, and the coves of Montjoi, Bisbe, to Cap Trencat or to Els Jóncols.

In contrast, the person who feels the width of the horizon reconciled with that of their spirit; the person who has perhaps been excited on some day by the daily sight of a cloud navigating through the clear air or the blue of a distant mountain, or the nuance of the resting sky, for the person who is satisfied with this, and this is no small thing, such as always seeing a different sea, that person could go to Roses...".

With these such passionate sentences, in 1926 doctor August Pi i Sunyer invited his peers to enjoy the natural beauties of Roses. The good doctor did not lie. The Catalan town, located in the east of the county of Alt Empordà, just under 30 kilometres from the French border, enjoys a privileged position: it forms part of the natural park areas of Aiguamolls de l'Empordà and Cap de Creus. This means it has an endless list of remarkable coves and hidden corners, where the wildest and roughest shades of the Costa Brava are preserved.

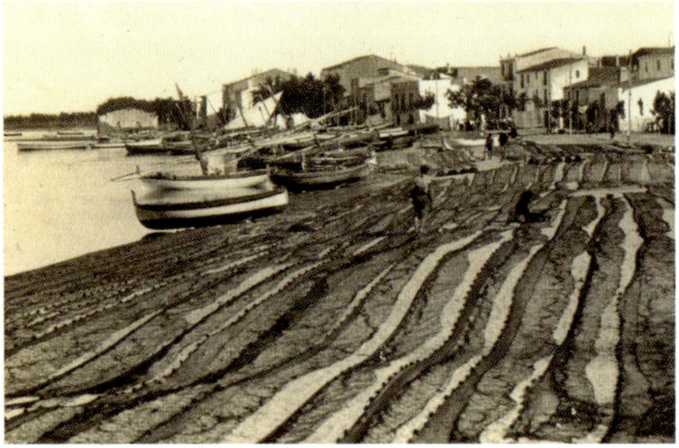

Estenedor de xarxes, 1920-1925
Tendedero de redes, 1920-1925
Net hanger, 1920-1925

A Roses, els viatgers hi poden descobrir el batec primigeni de la naturalesa mentre passegen pel camí de ronda que ressegueix, entre pinedes, tamarius i murtres, les espatlles del Cap Norfeu, on la força del vent hi ha modelat figures tan curioses com el Cavall Bernat o el Gat, un felí gegant de pedra assegut cara al mar. Els estiuejants també poden triar entre platges residencials –com Canyelles Grosses (L'Almadrava) o Canyelles Petites– o de cales verges, encatifades de pedres brillants, sorra gruixuda i un blau marí optimista –com Jóncols, Calitjàs, la Pelosa, la Rustella o la Murtra. Si són amants dels esports nàutics, tindran l'oportunitat de practicar windsurf, catamarà, vela o kaiak; si prefereixen el submarinisme, quedaran sorpresos davant la profusió de gorgònies vermelles, algues i coralls rubiginosos que engalanen les fondàries; si s'estimen més navegar amb iot, sempre el podran ancorar al nou Port Esportiu que dóna servei a 485 embarcacions.

Els entusiastes del turisme ecològic trobaran al rerepaís, a les valls i muntanyes de l'interior de la serra de Rodes, la paleta de tons verds i terrosos que hi busquen. Al capvespre, podran contemplar atònits l'encís romàntic de les postes de sol, quan el cel s'encén damunt la silueta llunyana de la Mare de Déu del Mont o, en ple hivern, del Canigó nevat. I si, tot seguit, els ve de gust una alenada d'oci nocturn, descobriran una solvent oferta de concerts i espectacles a l'aire lliure, celebrats a la Ciutadella, o tindran l'oportunitat de perdre's pels bars, els clubs i les discoteques que s'escampen espurnejants arreu de la vila.

Els plaers gastronòmics són l'altre punt fort de la casa: la seva oferta plural i saborosa inclou des de plats tradicionals –com els gloriosos suquets de peix, elaborats amb les receptes dels pescadors–, locals on s'ofereix peix acabat de sortir de les ones –i on la cuina es tanca quan s'acaben les existències–, fins a les viandes de textura i gustos insòlits creades pel cuiner Ferran Adrià –un alquimista dels fogons que, des del silenci de Cala Montjoi, ha capgirat les jerarquies de la cuina internacional.

L'arc elegant, suau i esvelt del golf rosinc –en forma de vas grec segons l'escriptor Antoni Puigverd– neix vora les ruïnes d'Empúries, s'estén durant quilòmetres, a través de platges

En Roses, los viajeros pueden descubrir el latido primigenio de la naturaleza mientras pasean por el camino de ronda que corretea, entre pinares, tamariscos y murtas, por la espalda del Cap Norfeu, donde la furia de la tramontana ha esculpido figuras tan curiosas como el Cavall Bernat o el Gat, un felino de piedra gigante que contempla sentado el paso juguetón de las olas. Los visitantes también pueden tostarse en playas residenciales –como Canyelles Grosses (o la Almadrava) y Canyelles Petites– o en calas vírgenes, alfombradas de piedras brillantes, arena gruesa y rodeadas de un azul marino optimista –como Jóncols, Calitjàs, la Pelosa, la Rustella o la Murtra. Si son amantes de los deportes náuticos, tendrán la oportunidad de practicar windsurf, vela, catamarán o kayak; si prefieren, en cambio, el buceo, quedaran admirados por la profusión de gorgonias rojas, algas y corales que embellecen sus fondos marinos; si les gusta más navegar con yate, lo podrán anclar sin demora en el nuevo puerto deportivo, una instalación capaz de atender a 485 embarcaciones.

Los entusiastas del turismo ecológico hallarán en los valles y montañas del interior de la sierra de Rodes, la paleta de tonos verdes y terrosos que desean. En cada atardecer, podrán contemplar sorprendidos los tintes románticos de las puestas de sol, cuando el cielo se enciende con colores violentos encima de la silueta lejana de la Mare de Déu del Mont o, en pleno invierno, del Canigó nevado. Y si, a continuación, les apetece degustar una sesión de ocio nocturno, podrán elegir entre la oferta de conciertos y espectáculos al aire libre, que se celebran en la Ciutadella, y los bares, clubes y discotecas que se extienden por la villa.

Los placeres gastronómicos son un atractivo ineludible: su oferta plural y sabrosa incluye desde platos tradicionales –como los gloriosos *suquets de peix*, elaborados según recetas de los pescadores– o establecimientos que ofrecen pescado recién salido del mar –y que cierran la cocina cuando agotan sus existencias–, hasta viandas de textura y gustos insólitos, creadas por el chef Ferran Adrià –un alquimista de la cocina que, desde el silencio de Cala Montjoi, ha subvertido las jerarquías de la alta restauración internacional.

El arco elegante, suave y esbelto de su golfo –en forma de vaso griego según el escritor Antoni Puigverd– arranca cerca

In Roses, travellers can discover the underlying beat of nature while strolling along the coastal path that winds its way between pine woods, tamarisks and myrtles, along the back of Cap Norfeu, where the fury of the Tramontana wind has sculpted such curious figures as the Cavall Bernat or the Gat, a giant feline in stone that seated, contemplates the playful passing of the waves. Visitors may also toast themselves on residential beaches –such as Canyelles Grosses (or Almadrava) and Canyelles Petites– or in unspoilt coves, rugs of shining stones, thick sand and surrounded by an optimistic marine blue –such as Jóncols, Calitjàs, La Pelosa, La Rustella or La Murtra. Lovers of water sports will have the chance to do windsurfing, sailing, catamaran sailing or canoeing; if, in contrast, they prefer diving, they will be amazed by the profusion of red gorgonias, algae and corals that embellish its seabed; if they like yachting more, they can anchor without delay in the new sports port, an installation capable of catering for 485 boats.

Enthusiasts of ecological tourism will find in the valleys and mountains of the inland Rodes mountain range the palette of green and earthy shades they are looking for. Every dusk, they will be able to marvel at the romantic overtones of the setting sun, when the sky catches alight with violent colours above the distant silhouette of Mare de Déu del Mont or, in the middle of winter, the snow-capped Canigó peak. And if, to continue, you want to taste a bit of the night-life, you could choose between the options of open-air concerts and shows, which are held in La Ciutadella, and the bars, clubs and discos that are spread around the town.

The gastronomic delights are an unavoidable treat: their varied and tasty offer ranges from traditional dishes –such as the glorious *suquets de peix*, fish stews, made from the recipes of the fishermen– or restaurants that offer fish freshly-caught from the sea –and which close the kitchen when stocks run out–, to meat dishes of unusual textures and tastes, created by the chef Ferran Adrià –an alchemist of the kitchen who, from the silence of Cala Montjoi, has subverted the hierarchies of high international cuisine.

The elegant, smooth and slender arch of its gulf –in the form of a Greek vase according to the writer Antoni Puigverd– starts up close to the ruins of Empúries, stretches out for kilometres,

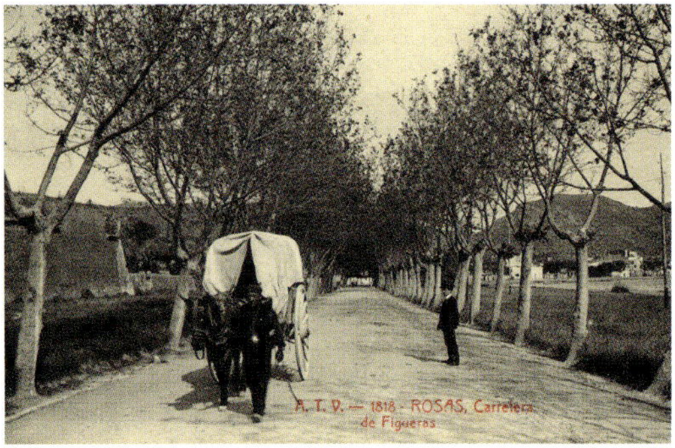

Entrada de Roses, 1910-1920
Entrada de Roses, 1910-1920
Entrance to Roses, 1910-1920

de dunes i sorra finíssima, i tanca la seva curvatura a tocar les muralles de la Ciutadella i els geps suaus del Puig Rom, que fugen de l'aigua per iniciar la seva cursa cap als Pirineus. Així ens va descriure aquest paisatge el poeta Josep Maria de Sagarra: "la grandesa de l'espectacle consisteix en la convergència de dos elements tan ben tallats i tan ben acabats com són la línia del golf amb la inacabable cresta de muntanyes que vénen a ésser el marc on s'aguanta el safir immens de l'aigua i la vastíssima i policromada plana empordanesa amb la cresta pirenaica, colossal i llunyana".

El pintor Salvador Dalí, un altre enamorat del magnetisme de la badia, la va immortalitzar en teles tan lluminoses i inquietants com *Aparició de la meva cosina Carolineta a la platja de Roses – Pressentiment fluídic* (1934). Convençut de l'atractiu sense fronteres d'aquestes vistes, Dalí també les reproduiria en un mural de l'apartament d'Helena Rubinstein, a Nova York. Al panell dret d'aquest mural, hi trobem, en primer terme, una jove nua que descansa a la sorra tèbia. Ens dóna l'esquena mentre contempla les fantasmagories que es materialitzen al damunt d'aquesta planúria neta, espaiosa i encerclada de *montuositats* sensuals.

Si fem un esforç imaginatiu, la figura daliniana ens pot evocar la puresa i el primitivisme dels primers pobladors d'aquest indret, els quals es varen implantar al territori entre el 5000 a.C. i el 2000 a.C. Amb un recorregut per la ruta megalítica dispersa pel terme municipal, podrem constatar que els avantpassats dels rosincs vivien en coves, com el Cau de les Guilles, alçaven menhirs i enterraven els morts en dòlmens com el del Llit de la Generala, el del Cap de l'Home o el de la Creu d'en Cobertella. La visita d'aquest darrer, de dimensions extraordinàries, és inexcusable.

Al costat d'aquest grandiós sepulcre del neolític, la nostra imaginació fugirà cap a un pretèrit ple de ganivets de sílex, pells d'animal i ritus màgics vora les flames. El mateix li havia ocorregut al polític Carles Pi i Sunyer, exalcalde de Barcelona, que confessava: "Quants cops de jove havia pujat fins a dalt de la muntanya, al lloc on hi ha el dolmen de la Creu d'en Cobertella, que té la llosa plana més gran entre tots els de Catalunya. I, amb la vista de l'Empordà al davant, pensava en aquells temps remotíssims en què la nostra

de las ruinas de Empúries, se extiende durante kilómetros, a través de playas de dunas y arena finísima, y cierra su curvatura a los pies de las murallas de la Ciutadella, cerca de los promontorios suaves del Puig Rom, que huyen del agua en una carrera imparable hacia los Pirineos. Así nos describió este paisaje el poeta Josep Maria de Sagarra: "la grandeza del espectáculo consiste en la convergencia de dos elementos tan bien recortados y tan bien acabados como son la línea del golfo con la cresta inacabable de montañas que vienen a ser el marco donde se aguanta el zafiro inmenso del agua y la vastísima y policromada planicie ampurdanesa con la cresta pirenaica, colosal y lejana".

El pintor Salvador Dalí, otro enamorado del embrujo de la bahía, la inmortalizó en telas tan luminosas e inquietantes como *Aparición de mi prima Carolineta en la playa de Roses – Presentimiento fluídico* (1934). Defensor del atractivo universal de estas vistas, Dalí también las reprodujo en un mural del apartamento de Helena Rubinstein, en Nueva York. En su panel derecho hay, en primer termino, una joven desnuda que descansa en los arenales tibios. Nos da la espalda mientras contempla las fantasmagorías que se materializan sobre esta llanura limpia, vacía y rodeada de montuosas formas sensuales.

Si hacemos un esfuerzo imaginativo, la figura daliniana nos puede evocar la pureza y el primitivismo de los primeros pobladores de este lugar, los cuales se implantaron en el territorio entre los años 5000 y 2000 a.C. Si damos un paseo por la ruta megalítica dispersa por el municipio, podremos constatar que los antepasados de los rosenses vivían en cuevas, como el Cau de les Guilles, erigían menhires o enterraban a sus muertos en dólmenes como el del Llit de la Generala, el del Cap de l'Home o el de la Creu d'en Cobertella. La visita a este último, de dimensiones extraordinarias, es imprescindible.

Al lado de este grandioso sepulcro del neolítico, nuestra imaginación huirá hacia un pretérito lleno de puntas de sílex, pieles de animal y ritos mágicos donde crepitan las llamas. Este ejercicio especulativo lo había practicado ya el político Carles Pi i Sunyer, ex alcalde de Barcelona, quien confesaba: "Cuantas veces había subido de joven hasta la cima de la montaña, al lugar donde se alza el dolmen de la Creu d'en Cobertella, que tiene la losa plana más grande de todos los

across beaches of dunes and very fine sand, and closes its curve at the foot of the walls of La Ciutadella, close to the gentle promontories of Puig Rom, which flee from the water in an unstoppable race towards the Pyrenees. This is how the poet Josep Maria de Sagarra described this landscape to us: "The grandness of the spectacle consists of the convergence of two well-cut out and well-finished elements such as the line of the gulf and the unending crest of mountains that become the frame that withstands the immense sapphire of the water and the vast extensive and polychrome plain of Empordà with the Pyrenean crest, colossal and distant".

The painter Salvador Dalí, another person who was in love with the magic of the bay, immortalised it in canvases as luminous and disturbing as *Apparition of my Cousin Carolineta on the Beach at Roses – Fluid Premonition* (1934). A defender of the universal attractiveness of these views, Dalí also reproduced them on a mural painting in the apartment of Helena Rubinstein, in New York. Its right-hand panel shows, in the foreground, a young nude resting on the warm sands. She has her back turned to us while looking at the phantasmagorias that materialise over this clean, empty plain, surrounded by sensual mountainous forms.

If we stretch our imaginations a little, the Dalinian figure can evoke in us the purity and primitivism of the early settlers of this spot, who established themselves in the region between 5000 and 2000 BC. If we take a stroll along the megalithic route scattered around the area, we could show that the ancestors of the people of Roses lived in caves, such as the Cau de les Guilles, built menhirs or buried their dead in dolmens such as those of Llit de la Generala, Cap de l'Home and Creu d'en Cobertella. Visiting this latter one, massive in size, is an absolute must.

Beside this grandiose Neolithic sepulchre, our imagination will fade into bygone times full of pointed flint tools, animal skins and magical rites where flames crackle. This speculative exercise had already been undertaken by the politician Carles Pi i Sunyer, former mayor of Barcelona, who confessed: "How often as a youngster I had climbed to the top of the mountain, to the spot where the dolmen of the Creu d'en Cobertella is, with the largest flat tombstone of all those in Catalonia. And with the view overlooking Empordà, I thought

terra estigué habitada per una mena de gent, de la qual avui ens és tan difícil d'imaginar-nos els costums, la manera de pensar i de sentir. I quant devem portar dins el nostre inconscient de les seves emocions i creences!".

A la vora d'aquest dolmen, situat al capdamunt de la serra de Rodes, hi ha un mirador extraordinari. Si un hi puja abans que es faci fosc, pot anar seguint el rastre fugisser del sol mentre es pon amb delicadesa. En el seu descens, l'astre allibera uns fulgors tan especials, que Josep Maria de Sagarra va sentenciar: "A Roses hi ha unes postes de sol impossibles de descriure i de pintar sense fer un paper ridícul, perquè en realitat són postes de sol més de l'altre món que d'aquest".

Les postes rosinques –igual de delicioses si es contemplen des de la Torre d'en Sastre, el Castell de la Trinitat o des dels peus del far– han estat motiu d'inspiració per a multitud d'artistes. Aquests també han trobat una veta inesgotable a l'hora de recrear l'instant en què un grup de navegants grecs va desembarcar a les seves ribes, pels voltants del 796 a.C., i van fundar la colònia de Rhode. El poeta Carles Fages de Climent ens ho va glosar així: "*Cantaré la glòria dels Rhodis herois que, a la primeria, / foren arribats tot damunt les ones brodades d'escuma, / vinguts d'altra terra, la millor del món. / I en veure la nostra / els semblà talment com si llur camí fos estat de somni*".

Fages fa referència als "rhodis", ja que s'ha considerat tradicionalment que aquests navegants provenien de l'illa grega de Rhodos. Segons les dades de què disposem, Rhode s'hauria erigit en el turó de Santa Maria, a l'interior de l'actual Parc Arqueològic de la Ciutadella, durant el segle V a.C., en el lloc on ara hi ha les restes del monestir romànic. Al cap d'uns segles, els grecs haurien ampliat el nucli urbà per la banda de llevant, a l'altre costat del rec Fondo, on hauria crescut el seu barri portuari i comercial. En aquells temps, Rhode ja comptava amb petites indústries de salaó de peix.

El Museu de la Ciutadella, de creació recent, permet interpretar diverses etapes històriques de la vila i descobrir les restes trobades al recinte emmurallat, al llarg de diverses campanyes d'excavació.

de Cataluña. Y, con la vista puesta en el Empordà, pensaba en aquellos tiempos remotísimos en los que nuestra tierra estuvo habitada por un tipo de gente, de la cual hoy nos resulta tan difícil imaginarnos sus costumbres, su manera de pensar y de sentir. ¡Y cuánto debemos llevar en nuestro inconsciente de todas sus emociones y creencias!".

Cerca de este dolmen, situado en la cima de la sierra de Rodes, hay un mirador extraordinario. Si uno sube antes de que anochezca, puede ir siguiendo el rastro fugaz del sol mientras se oculta con morosidad. En su descenso, el astro rey libera unas tonalidades tan fantásticas que hicieron exclamar a Josep Maria de Sagarra: "En Roses hay unas puestas de sol imposibles de describir y de pintar sin hacer el ridículo, porqué en realidad son puestas de sol más del otro mundo que de éste".

Los crepúsculos de Roses –igual de deliciosos si se contemplan desde la Torre d'en Sastre, el Castillo de la Trinitat o a los pies del faro– han sido tema de inspiración para una multitud de artistas. Éstos también han encontrado un filón inagotable a la hora de reproducir el instante en que un grupo de navegantes griegos desembarcó en sus costas, hacía el 796 a.C., y fundó la colonia de Rhode. El poeta Carles Fages de Climent lo glosó así: "*Cantaré la gloria de los héroes Rhodios que, en el alba de los tiempos, / llegaron sobre las olas bordadas de espuma, / procedentes de otra tierra, la mejor del mundo. Y al ver la nuestra / les pareció como si su camino hubiera sido soñado*".

Fages menciona a los "rhodios", porque se ha considerado tradicionalmente que estos primeros navegantes provenían de la isla griega de Rhodos. Según los datos disponibles, Rhode se habría desarrollado en la colina de Santa Maria, en el interior del actual Parque Arqueológico de la Ciutadella, durante el siglo V a.C., en el lugar donde se encuentran los restos del monasterio románico. Al cabo de unos siglos, los griegos habrían ampliado el núcleo urbano por la zona de levante, al otro lado del Rec Fondo, donde habría crecido el barrio portuario y comercial. En aquellos tiempos, Rhode ya disponía de pequeñas industrias de salazón de pescado.

El Museo de la Ciutadella, de reciente creación, permite interpretar diversas etapas históricas del pasado rosense

about those remote distant times in which our land was inhabited by a type of people, and that today it is so difficult for us to imagine their customs, their way of thinking and of feeling. How many of their emotions and beliefs we must carry within our own unconscious!".

Close to this dolmen, situated on the peak of the Rodes range, there is an extraordinary viewpoint. If you climb up before it gets dark, one can follow the fleeting trace of the sun while it slowly conceals itself. In its descent, the sun releases such fantastic shades of colour that they made Josep Maria de Sagarra exclaim: "In Roses there are sunsets that are impossible to describe and paint without making a fool of oneself, because in reality they are more like sunsets from another world than from this one".

The twilights of Roses –just as sumptuous if seen from the Torre d'en Sastre, the Castell de la Trinitat or from the foot of the lighthouse– have been the inspirational subject of a good many artists. They also found a rich seam when reproducing the moment when a group of Greek seafarers landed on their coastline, around 796 BC, and founded the colony of Rhode. The poet Carles Fages de Climent summed it up like this: "*I will sing the praises of the heroes from Rhodes who, in the dawning of time, / arrived on the foam-edged waves, / from another land, the best in the world. / And on seeing ours / it seemed to them that their path had been dreamt*".

Fages mentions the people from Rhodes, because it has been traditionally believed that these early seafarers came from the Greek island. According to the information available, Rhode would have been developed on the hillside of Santa Maria, inside what is today the Archaeological Park of the Ciutadella, during the 5th century BC, on the spot where there are the remains of the Romanesque monastery. A few centuries later, the Greeks had extended the urban centre along the eastern side, to the other side of Rec Fondo, where the port and commercial district would have grown. In those times, Rhode already had small fish-salting industries.

The Museum of the Ciutadella, recently opened, enables one to interpret different historical periods of Roses' past and discover the remains found in the fortified grounds during diverse excavation campaigns.

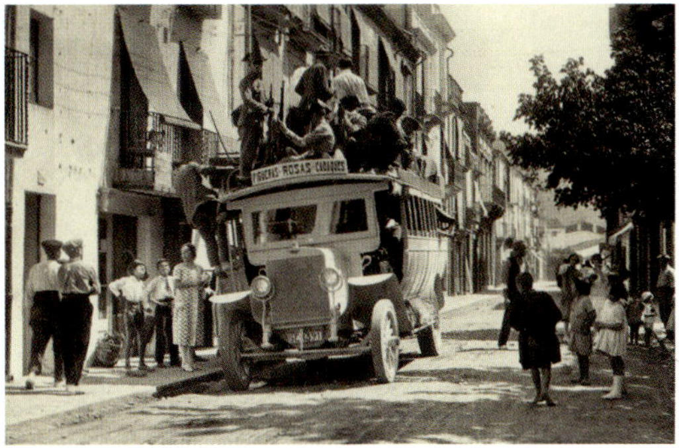

Plaça de Catalunya, 1930-1935
Plaça de Catalunya, 1930-1935
Plaça de Catalunya, 1930-1935

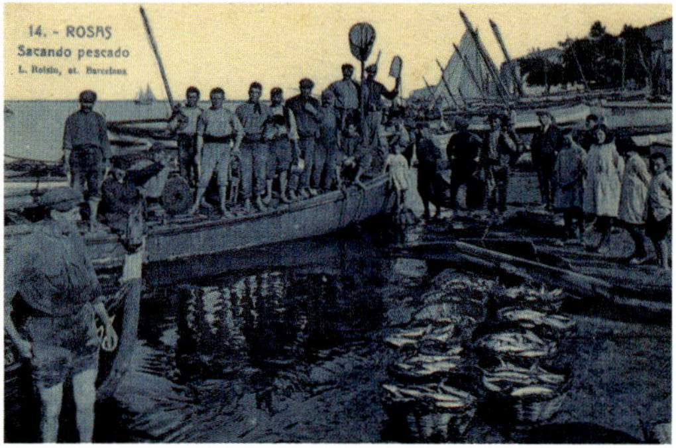

Arribada del peix, anys 30
Llegada del pescado, años 30
The fish arriving, the 1930s

Sens dubte, una de les peces amb més caràcter és la dracma de Rhode, una moneda de plata encunyada a la ciutat durant el segle IV a.C. A l'anvers, hi figura un cap femení, que podria ser el de la deessa Àrtemis; al revers hi ha una rosa vista per sota.

Entre els fets remarcables, succeïts al solar de la Ciutadella, val la pena consignar el desallotjament de Rhode pel general romà Cató (195 a.C.), l'existència de la primera comunitat cristiana (segles IV a VI), la creació del monestir benedictí de Santa Maria (950/954-976), la visita del rei Carles I d'Espanya (1543), l'atac i el saqueig de la vila pels pirates de Barba-rossa (1543), l'inici de la fortificació de la Ciutadella (1544) i els continus setges dels exèrcits francesos (ocorreguts entre 1645 i 1808), degut a la immillorable situació estratègica de Roses.

Per complementar les funcions de la fortalesa, es va construir el Castell de la Trinitat (1544), a uns 2.500 metres de la Ciutadella. Erigit en un punt enlairat, a 66 metres per damunt del mar, tenia per missió defensar el port i la rada.

La Ciutadella té 131.480 m^2 de superfície. Avui emergeix amb goig com un oasi verd i immaculat, com un dels indrets amb més projecció cultural del poble, però val la pena recordar que la fortalesa va patir moments difícils, fins que va ser minada i destruïda, el 1818, per una guarnició francesa. A partir d'aquella data, ningú no va tornar a viure al solar encerclat per les muralles.

Des de finals del segle XIX –fins a la seva restauració a la segona meitat del segle XX–, les parets ferides del fort i els seus baluards eren un camp d'activitats per a la quitxalla, que jugava a fer-hi guerres o hi disputava partits de futbol èpics. Tot i que la muralla exterior conservava trets de la seva època gloriosa, com la bella Porta del Mar i el seu arc de traç renaixentista, l'interior era llastimós. Carles Pi i Sunyer el recorda així: "De les cases apinyades, els carrers estrets, les casernes, els magatzems militars, no en restaven més que ruïnes (...). Ara, entre aquells enderrocs sense la grandesa elegíaca de les pedres enrunades brotaven les plantes salvatges entre les tiges de fonoll. I al fons, damunt d'un petit turó, les ruïnes de l'antiga església de Santa Maria de Roses;

y descubrir los restos hallados en el recinto fortificado durante diversas campañas de excavación.

Sin lugar a dudas, una de las piezas con más personalidad es el dracma de Rhode, una moneda de plata acuñada en Roses en el siglo IV a.C. En el anverso hay una cabeza de mujer, que podría ser el de la diosa Artemisa; en el reverso hay una rosa.

Entre los hechos relevantes, acontecidos en el solar de la Ciutadella, vale la pena recordar el desalojo de Rhode por el general romano Catón (195 a.C.); la existencia de la primera comunidad cristiana (siglos IV a VI); la creación del monasterio benedictino de Santa Maria (950/954-976); la visita del rey Carlos I de España (1543); el saqueo del pueblo por los piratas de Barbaroja (1543); el inicio de la fortificación de la Ciutadella (1544) y los ataques continuados de los ejércitos franceses (entre 1645 y 1808), debido a la inmejorable situación estratégica de Roses.

Para complementar las funciones de la fortaleza, se construyó el Castell de la Trinitat (1544), a unos 2.500 metros de la Ciutadella. Erigido en un punto elevado, a 66 metros por encima del mar, su misión consistía en defender el puerto y la bahía.

La Ciutadella tiene 131.480 m^2 de superficie. Hoy emerge gozosa como un oasis verde e inmaculado, como uno de los puntos con más proyección cultural de la villa, pero vale la pena recordar que la fortaleza padeció tiempos difíciles hasta que fue minada y destruida, en 1818, por una guarnición francesa. A partir de entonces, nadie volvió a vivir dentro del recinto amurallado.

Desde finales del siglo XIX –hasta su restauración en la segunda mitad del siglo XX–, las paredes heridas del fuerte y sus baluartes eran un campo de juegos para la chiquillería, que emulaba allí las guerras de antaño o disputaba partidos de futbol colosales. Pese a que la muralla exterior conservaba rasgos de su época gloriosa, como la bella Porta del Mar y su delicado arco renacentista, el interior era un desastre. Carles Pi i Sunyer lo recuerda así: "De las casas apiñadas, las calles estrechas, las casernas, los almacenes militares, tan solo quedaban ruinas (...) Entre aquellos escombros sin la grandeza elegíaca de las piedras derruidas brotaban las plantas salvajes entre los tallos de hinojo. Y al fondo, encima de una colina pequeña, las ruinas de la antigua iglesia de Santa

Without the slightest doubt, one of the most fascinating items is the drachma from Rhode, a silver coin minted in Roses in the 4th century BC. On one side there is a woman's head, which could be that of the Goddess Artemis; on the other side there is a rose.

Among the most relevant facts, which occurred within the grounds of the Ciutadella, it is worth recalling the eviction of Rhode by the Roman general Cato (195 BC); the existence of the first Christian community (4th-6th centuries); the creation of the Benedictine monastery of Santa Maria (950/954-976); the visit of King Charles I of Spain (1543); the sacking of the town by Barbarossa's pirates (1543); the beginning of the fortification of the Ciutadella (1544) and the continuous attacks by the French armies (between 1645 and 1808), due to the unbeatable strategic position of Roses.

As an addition to the fortress, the Castell de la Trinitat was built (1544), some 2,500 metres from the Ciutadella. Raised on a high point, 66 metres above sea level, its mission was to defend the port and the bay.

The Ciutadella measures 131,480 m^2. Today it stands content like a green, immaculate oasis, as one of the points with most cultural projection in the town, but it is worth recalling that the fortress suffered hard times until it was mined and destroyed, in 1818, by a French garrison. From that time on, nobody ever lived inside the walled grounds again.

From the end of the 19th century –until its restoration in the second half of the 20th century–, the damaged walls of the fortress and its bastions were a playground for all the local kids, who re-fought there the wars of yesteryear or played football matches involving masses of players. Despite the fact that the outer wall conserved traits of its glorious past, such as the beautiful Porta del Mar and its delicate Renaissance arch, the inner part was a disaster. Carles Pi i Sunyer remembers it thus: "Of the tightly-packed hou ses, the narrow streets, the barracks, the military storehouses, only ruins were left (...) Between that rubble without the elegiac grandness of the fallen stones wild plants grew among the shoots of fennel. And in the background, over a small hill, the ruins of the old church of Santa Maria de Roses; only a strip of wall remained standing, a piece of the apse and one side of what was once the bell tower".

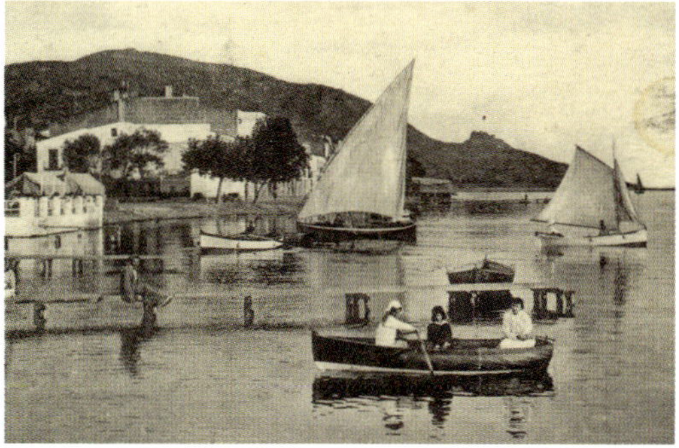

Els primers visitants, 1910-1915
Los primeros visitantes, 1910-1915
The first visitors, 1910-1915

en restaven només en peu una llenca de paret, un tros d'absis i un costat del que fou campanar".

Les primeres prospeccions arqueològiques al solar es van iniciar el 1916. Durant la dècada següent s'hi volia fer una ciutat jardí, un projecte que, de manera cíclica i remaquillada, amenaçava el futur del conjunt monumental. Per sort, gràcies a la persistència de l'arqueòleg Miquel Oliva i altra gent compromesa del poble, la Ciutadella va poder escapar del frenesí urbanitzador que, entre 1960 i 1980, va trastocar la trama urbana de Roses.

Els temps canvien. Roses també i, enfebrosida, es va posar a créixer pertot. Quan Glòria Vergés inaugurava, als anys 60, una botiga de records al carrer d'en Mairó, ningú no podia sospitar que, en un cluc d'ulls, el centre de la vila es convertiria en un dèdal de comerços coloristes, en un basar occidental on s'ofereixen uns objectes tan singulars que podrien haver fet caure la bava a André Bréton. Val la pena endinsar-se enmig del formiguer humà que circula sense pressa pel seu traçat laberíntic, amb bon humor i displicència, fruint dels carrerets, els passejos i les terrasses.

Naturalment, la localitat no ha estat mai tan populosa i multitudinària com als nostres dies d'estiu. Pot semblar impossible, però l'any 1900 només comptava amb 2.600 habitants. Aleshores era un poblet més modest, que vivia de les activitats agrícoles i les arts pesqueres. Les cordes de les xarxes es feien davant el Mas de les Figueres, a la platja de la Perola, on treballaven les filadores.

Ja en temps dels "rhodis", la pesca jugava un paper cabdal en l'esdevenidor de la vila. És bo recordar que, només fa uns tres-cents anys, el primer nucli urbà sorgit a l'exterior de la Ciutadella es componia de casetes amb hortets i barraques de pescadors. Aquests s'havien situat vora la platja de la Punta, a l'altra banda de la riera Ginjolers, i la venda del peix a l'encant es duia a terme a la plaça de la Punta.

El cor i l'economia dels rosincs bategaven al ritme de les temporades de pesca, que duraven des de principis de setembre a primers de març. Ser pescador era un ofici dur, inclement i poc agraït. Quan el doctor August Pi i Sunyer ens descriu la vida d'aquests homes, tal i com devia ser en el traspàs del segle XVIII al XIX, ens la retrata amb cruesa:

Maria de Roses; tan solo quedaban en pie una tira de pared, un trozo de ábside y un lado de lo que fuera el campanario".

Las primeras prospecciones arqueológicas en el solar comenzaron en 1916. En la década siguiente se propuso demolerla para construir una ciudad jardín, un proyecto que, remaquillado, resurgió en varias ocasiones amenazando el futuro del conjunto monumental. Por suerte, gracias a la persistencia del arqueólogo Miquel Oliva y a gente comprometida del lugar, la Ciutadella pudo escapar del frenesí urbanizador que, entre 1960 y 1980, trastocó la trama urbana de Roses.

Los tiempos cambian. Roses también y, enfebrecida, empezó a crecer por todas partes. Cuando Glòria Vergés Marés inauguraba, en los años 60, una tienda de recuerdos en la calle d'en Mairó, nadie podía sospechar que, en un abrir y cerrar de ojos, el centro de la villa se convertiría en un dédalo de comercios coloristas, en un bazar mediterráneo donde se ofrecen objetos tan singulares que habrían entusiasmado a André Bréton. Resulta recomendable penetrar en medio del hormiguero humano que caracolea, sin prisas, por su trazado laberíntico, con curiosidad y buen humor, saboreando el contenido variopinto de las callejuelas, los paseos y las terrazas.

Por supuesto, la villa no ha sido jamás tan populosa y frecuentada como en nuestro periodo estival. Quizás parezca imposible, pero en 1900 Roses tan solo daba cobijo a 2.600 habitantes. Entonces era un pueblecito mucho más modesto, que vivía de les actividades agrícolas y pesqueras. Las cuerdas de las redes se fabricaban delante del Mas de les Figueres, en la playa de la Perola, donde trabajaban las hilanderas.

Ya en tiempos de los "rhodios", la pesca desempeñaba un papel fundamental en la economía de sus pobladores. No está de más recordar que, hace unos trescientos años, el primer núcleo urbano surgido en el exterior de la Ciutadella se componía de casitas con huertos y barracas de pescadores. Éstas habían crecido cerca de la playa de la Punta, al otro lado de la Riera Ginjolers, y la venta de pescado fresco se realizaba en la plaza de la Punta.

El corazón y la economía de los rosenses latían al ritmo de las temporadas de pesca, que duraban desde principios de septiembre a primeros de marzo. Ser pescador era un oficio duro, severo y desagradecido. Cuando el doctor August Pi i Sunyer

The first archaeological prospecting on the site began in 1916. In the following decade it was proposed to demolish it in order to build a garden city, a project which, in various guises, arose time and again threatening the future of the monumental complex. Luckily, thanks to the persistence of the archaeologist Miquel Oliva and to those people with a commitment to the place, the Ciutadella was able to escape from the developers' madness between 1960 and 1980, which disrupted the urban layout of Roses.

Times change. Roses too and, feverish, it began to grow all around. In the 1960s, when Glòria Vergés Marés opened a souvenir shop in Carrer d'en Mairó, nobody could have imagined that, with the blink of the eyes, the town centre would become a labyrinth of colourful shops, a Mediterranean bazaar offering up items so unique that they would have enthused even André Bréton. It is a good idea to enter into the very centre of this human anthill that spirals unhurriedly along its labyrinthine way, with curiosity and an open mind, savouring the miscellaneous content of the alleyways, passages and terraces.

Of course the town is never as populous and busy as it is in our summer period. Perhaps it seems impossible, but in 1900 Roses was only big enough to house 2,600 inhabitants. It was then a much more modest little village that made its living from agriculture and fishing. The rope for the fishing nets was made in front of the Mas de les Figueres, on the La Perola beach, where the spinners lived.

Back in the time of the people from Rhodes, fishing had a key role in the economy of its settlers. One should remember that, some three hundred years ago, the first urban centre that arose on the outside of the Ciutadella was made up of cottages with allotments and fishermen's huts. They had spread close to the La Punta beach, on the other side of the Riera Ginjolers stream, and fresh fish was sold in the Plaça de la Punta.

The heart and the economy of the people of Roses beat to the rhythm of the fishing season, which lasted from the beginning of September through to early March. Being a fisherman was a tough, severe and unrewarding job. When doctor August Pi i Sunyer describes the life of these men to us, just as it must have been between the 18th and 19th centuries, he recounts the crude reality: "In periods when the fishing is poor,

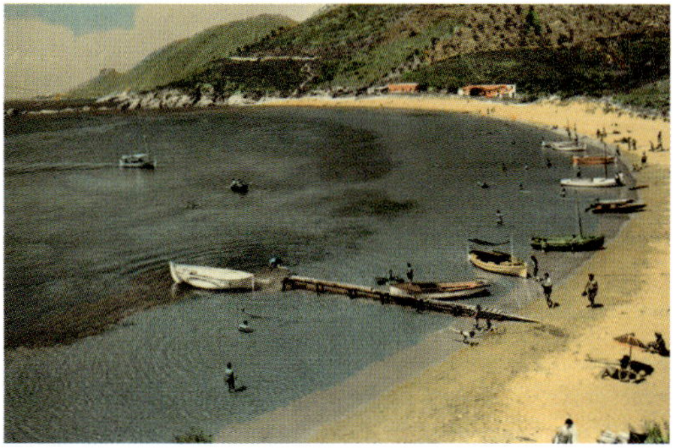

Platja de Canyelles Grosses, 1962
Playa de Canyelles Grosses, 1962
Canyelles Grosses beach, 1962

"En temps que la pesca és magra, malden tota la nit, es rebenten anant i venint del mar a la duna i de la duna al mar, estirant-se ara al dret, ara de llevant, ara de garbí, tirant-se a l'aigua si la xarxa s'encalla. I tot això per quatre llisses miserables i uns sorells sense personalitat. Res més estrany que l'existència de qui va a l'art. Que no té ni menjar, ni casa, ni salut; però si té família nombrosa que ningú s'explica com pot subsistir".

Un dels mètodes pesquers més habituals consistia en la pesca amb xarxa arrossegada (coneguda també amb el nom de *bou*). Dues embarcacions semblants sortien a alta mar, cap al mig del golf o per la banda de punta Falconera; des d'una nau, es llançava la xarxa (o *vaca*) a l'aigua mentre l'altra s'hi acostava i rebia, de mans del pescador, un dels caps lliures de la xarxa. Quan havien lligat un cap a cada nau, ambdues desplegaven les veles i començava la pesca. Les operacions duraven dos o tres dies, durant els quals es feien vàries calades.

Per fortuna, les condicions laborals dels pescadors van anar millorant al llarg del segle XX. El 1902 començaven les obres d'infraestructura del port de Roses, gairebé quan les barques eren a punt de motoritzar-se i augmentava el volum de les xarxes. En engrandir-se les xarxes, aquestes ja podien ser arrossegades per una sola embarcació. Degut al fet que el tonatge de les captures es multiplicava, els vaixells van haver d'instal·lar grues potents a coberta per hissar la càrrega a bord.

Des de fa dècades, l'arribada diària al moll de la flota d'arrossegament, perseguida per nuvolets de gavines esvalotades, és una postal corprenedora. El poeta Josep Maria de Sagarra deia: "M'agrada veure les *vaques* i les barques de *bou* amarrades i les que neden dins la badia i arriben a la tarda carregades de peix. Amb el primer terme de les paneres curulles de pops llepissosos, la làmina metàl·lica i gelatinosa de la badia de Roses, m'agafen unes proporcions de somni que em fan caminar amb els dits dels peus sense tocar de talons a terra".

Un altre quadre plàstic de tons èpics el conformava la posterior subhasta de peix adreçada al gran públic. El cuiner Ferran Adrià, comprador habitual de la llotja, descriu

nos describe la vida de este colectivo, tal y como debía ser a caballo de los siglos XVIII y XIX, nos la retrata con crudeza: "En tiempos en los que la pesca es escasa, bregan toda la noche, se desloman yendo y viniendo del mar a la duna y de la duna al mar, estirándose ahora a estribor, después hacia levante, más tarde hacia lebeche, tirándose al agua si la red se encalla. Y todo esto por cuatro mújoles miserables y unos jureles sin personalidad. Nada más raro que la existencia de quien va a la pesca. Que no tiene ni comida, ni casa, ni salud; pero tiene en cambio una familia numerosa que nadie se explica como puede subsistir".

Uno de los métodos pesqueros más habituales consistía en la pesca con red de arrastre (conocida también con el nombre de *bou*). Dos embarcaciones similares salían a alta mar, hacia el centro del golfo o por la zona de punta Falconera; desde una nave se lanzaba la red (o *vaca*) al agua mientras la otra se le acercaba hasta que recibía, de manos del pescador, uno de los cabos libres de la red. Cuando habían atado un cabo a cada barca, ambas desplegaban las velas y empezaba la pesca. Las operaciones duraban dos o tres días, durante los cuales se efectuaban varias caladas.

Por fortuna, las condiciones laborales de los pescadores fueron mejorando a lo largo del siglo XX. En 1902 se iniciaban las obras de infraestructura del puerto pesquero de Roses, justo cuando las barcas estaban a punto de motorizarse y de aumentar el volumen de las redes. Al ampliarse las redes, estas pasaron a ser arrastradas por una sola embarcación. Debido a que el tonelaje de las capturas se multiplicaba, los barcos tuvieron que instalar grúas en cubierta para izar la carga a bordo.

Desde hace décadas, la llegada diaria al muelle de la flota de arrastre, perseguida por nubes de gaviotas chillonas, es una estampa cautivadora. El poeta Josep Maria de Sagarra decía: "Me gusta ver las *vacas* y las barcas de *bou* amarradas y las que nadan dentro de la bahía y llegan por la tarde cargadas de pescado. Con las canastas llenas de pulpos viscosos y la lámina metálica y gelatinosa de la bahía de Roses en primer termino, me arrebata una armonía de ensueño que me hace caminar de puntillas, sin tocar con los talones al suelo".

Otro cuadro plástico de tonos épicos lo conformaba la posterior subasta de pescado dirigida al gran público. El cocinero

they slave away all night, breaking their backs going back and forth from the sea to the dune and from the dune to the sea, first pulling starboard, then east, later south-westerly, diving into the water if the net gets stuck. And all this for four miserable gray mullets and a few sad horse mackerels. There is nothing stranger than the life of those who go fishing for a living. They do not have food or a home or good health, but in contrast they have a large family that nobody can explain how they survive".

One of the most common fishing methods consisted of dragnet fishing (also known by the name of *ox* fishing). Two similar boats set off for the high sea, towards the centre of the gulf or around the Falconera point area; the net (or *cow*) was cast from one vessel into the water while the other approached it until one of the free ends of the net was picked up by the fisherman. When an end had been tied to each boat, both of them opened the sails and the fishing began. The operations lasted two or three days, during which several drags were carried out.

Luckily, the fishermen's working conditions improved throughout the 20th century. In 1902 work began on the infrastructure of the fishing port in Roses, just when the boats were about to be motorised and the volume of the nets increased. By enlarging the nets, the drags were carried out by one boat only. Due to the fact that the tonnage of the catches was greater, the boats had to install cranes on deck to hoist the catch on board.

For several decades now, the daily arrival at the quay of the dragnet fleet, followed by clouds of screaming gulls, is a captivating sight. The poet Josep Maria de Sagarra said: "I like watching the *cows* and the *ox* boats moored and those which swim in the bay and arrive in the afternoon loaded with fish. With the baskets full of viscous octopuses and the metallic and gelatinous lamina of the bay of Roses in the forefront, a dreamy harmony captivates me, making me walk on tip-toe, without touching the ground with my heels".

Another picturesque scene of epic shades was the later fish auction for the general public. The chef Ferran Adrià, a regular buyer at the market, describes its daily hustle and bustle in the following way: "What a visual spectacle, it is like a play in the theatre!".

així el seu tràfec intern: "¡Quin espectacle visual, és com una obra de teatre!".

Tot i que Roses continua sent un dels primers ports de la Costa Brava, quant a nombre de captures i barques d'arrossegament, les formes i els hàbits del món pesquer han evolucionat sense treva. Tot es transforma, es millora i canvia per afavorir l'eficàcia i la comoditat dels pescadors. Com recorda el periodista Enric Matarrodona: "Fins fa poc, trobar els punts bons, saber on hi ha peix, per calar les xarxes o els palangres eren referències naturals que es passaven de pares a fills: el castell de la Trinitat, Sant Pere de Rodes, la punta de la Figuera, el Gat o el bau de la Farrera. Ara això ha canviat. Els GPS (per orientar-se) i els vídeo-plotters són els que memoritzen el punt exacte de la calada bona".

La modernització del sector ha comportat la desaparició d'alguna tècnica tradicional, com l'art de l'almadrava que servia per capturar tonyines durant els seus períodes migratoris. La platja de l'Almadrava –abans coneguda com a Canyelles Grosses– rep el seu nom d'una d'aquestes grandioses xarxes enquitranades, que feien uns dos mil metres de longitud i tenien una amplada d'un metre al principi i vint metres al final. L'almadrava, lligada a dos llaguts, s'aferrava al sòl marí amb vint-i-cinc àncores de fondejar. A la corba de la xarxa, n'hi havia ajustada una altra, anomenada "cel", que tenia unes cordes per llevar-la i una escotadura per on entrava el peix.

Quan el "cel" era ple de tonyines, els pescadors, des dels seus aguaits, estiraven les cordes i el feien pujar a flor d'aigua amb les peces empresonades. Mentre les tonyines bregaven amb frenesia, els homes les enfilaven amb ganxos de ferro o les mataven a cops d'estaca i, enmig d'un bassal vermell i sangonós, les anaven pujant a bord.

El pintor Salvador Dalí, sempre fidel als temes marítims, va immortalitzar aquesta apoteosi de sang, rajos d'or i explosions d'escuma en el llenç titulat *La pesca de la tonyina*, realitzat entre 1966 i 1967. El pintor va convertir la captura en una carnisseria titànica, en la qual un exèrcit implacable de pescadors nus, amb estructures moleculars gravades a la pell, travessava amb llances i ganivets els ventres argentats de les víctimes. Dalí deia que el tema li havia suggerit el seu

Ferran Adrià, comprador habitual de la lonja, describe así su trajín cotidiano: "¡Que espectáculo visual, es como una obra de teatro!".

Aunque Roses continua siendo uno de los primeros puertos de la Costa Brava, en cuanto al número de capturas y embarcaciones, las formas y los hábitos del mundo pesquero han evolucionado sin parar. Todo se transforma, mejora y cambia para favorecer la eficacia y la comodidad de los pescadores. Como recuerda el periodista Enric Matarrodona: "Hasta hace poco, encontrar los puntos buenos, saber donde hay pescado, para calar las redes o los palangres eran referencias naturales que se transmitían de padres a hijos: el castillo de la Trinitat, Sant Pere de Rodes, la punta de la Figuera, el Gat o el Bau de la Farrera. Hoy esto ha cambiado. Los GPS –para orientarse– y los videoplotters son los que memorizan el punto exacto de la buena calada".

La modernización del sector ha supuesto la desaparición de alguna técnica tradicional, como el arte de la almadraba que servía para capturar atunes durante sus periodos migratorios. La playa de la Almadrava –antes más conocida por Canyelles Grosses– recibe su nombre de una de estas enormes redes alquitranadas, que hacían unos dos mil metros de longitud y tenían una anchura de un metro al principio y veinte metros al final. La almadraba, atada a dos embarcaciones, se aferraba al suelo marino con veinticinco anclas de fondear. En la curva de la red se había ajustado otra, llamada "cielo", que tenía unas cuerdas para llevarla y una escotadura por donde entraban los peces.

Cuando el "cielo" se llenaba de atunes, los pescadores, desde sus escondrijos, jalaban las cuerdas y lo hacían subir a flor de agua con las piezas aprisionadas. Mientras los atunes se agitaban con frenesí, los hombres los empalaban con ganchos de hierro o los mataban a estacazos y, en medio de un charco rojo y sangriento, los iban subiendo a bordo.

El pintor Salvador Dalí, siempre fiel a los temas marítimos, inmortalizó esta apoteosis de sangre, rayos de oro y explosiones de espuma en el lienzo *La pesca del atún*, creado entre 1966 y 1967. El pintor convirtió la captura en una carnicería titánica, en la que un ejercito implacable de pescadores desnudos, con estructuras moleculares tatuadas

Although Roses is still one of the major ports on the Costa Brava in terms of the number of catches and boats, the customs and habits of the fishing world have evolved unendingly. Everything has been transformed, improved and changed in favour of efficiency and the convenience of the fishermen. As the journalist Enric Matarrodona recalls: "Until quite recently, finding the good spots, knowing where the fish are, to cast the nets or the paternoster line were common knowledge that was passed on from father to son: Castell de la Trinitat, Sant Pere de Rodes, Figuera point, the Gat or the Bau de la Farrera. Today this has changed. The GPS –to orientate oneself– and the video plotters are the tools that memorise the exact spot for good drag fishing".

Modernisation of the sector has meant the disappearance of some traditional techniques, such as the art of trap-netting that was used to catch tuna fish during their migratory periods. The beach of Almadrava –previously better known as Canyelles Grosses– gets its name from one of these enormous tarmac nets, which were some two thousand metres long and were one metre in width at the beginning and twenty metres at the end. The trap-net, tied to two boats, was anchored to the seabed with twenty-five ground anchors. In the curve of the net another was fitted, called "sky" that had some ropes to pull it and an opening where the fish entered.

When the "sky" was filled with tuna, the fishermen, from their recesses, pulled the ropes and made it rise to just below the surface of the water with the captured animals. While the tuna thrashed about wildly, the men impaled them with iron hooks and killed them with blows and, amid a bloody, red pool, they pulled them aboard.

The painter Salvador Dalí, always faithful to maritime subject matter, immortalised this apotheosis of blood, golden rays and explosions of foam on the canvas *Tuna Fishing*, painted between 1966 and 1967. The painter turned the catch into a titanic slaughter, in which an uncompromising army of nude fishermen, with molecular structures tattooed on their skin, pierced the silvery bellies of their victims with spears and knives. Dalí said that the choice of the subject matter was at the suggestion of his father who "possessed a narrative talent

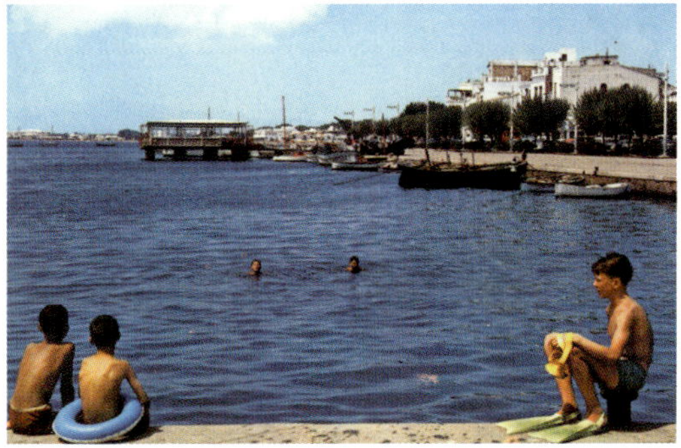

El Nàutic, 1960-1964
El Nàutic, 1960-1964
El Nàutic, 1960-1964

pare, el qual "posseïa un talent narratiu digne d'Homer". L'artista considerava l'apocalipsi de tonyines esventrades "un espectacle biològic per excel·lència; ja que, segons la descripció del meu pare, la mar –que primer és blau cobalt i acaba tornant-se vermella de sang– és la força superestètica de la biologia moderna. Tots els naixements van precedits per l'esquitxada meravellosa de la sang".

A partir de 1950, molt abans que Dalí transformés en semidéus els pescadors rosincs, l'orientació laboral de la vila va variar el rumb per especialitzar-se en els camps de la restauració, l'oci i els serveis. Roses va dir adéu-siau a la condició de poblet per allargar-se, tot seguint el front de mar, mentre una nebulosa de xalets, torres, apartaments, urbanitzacions i segones residències s'escampava pels seus límits, incloent-hi terrenys amb pendents fortíssims i vessants de les muntanyes, però amb grans vistes panoràmiques sobre el mar i la badia.

Per descomptat, la hipertròfia constructiva sumada a la presència, cada cop més nombrosa, d'estiuejants va obligar a redefinir els usos i els hàbits socioeconòmics dels rosincs. La trajectòria laboral de Dolors Montia –que va arribar de jove a la vila l'any 1937– n'és un bon exemple: Dolors treballava en la venda de peix. Anava a vendre'l pels masos; primer a peu, després amb bicicleta i, més tard, amb moto. Als anys 60, però, va abandonar aquesta ocupació per anar-se'n a fer feines als xalets. La seva economia familiar, com la de tants d'altres casos, va passar a dependre del boom turístic.

Un altre dels negocis a l'alça va ser la creació de locals dedicats a l'oci nocturn. Roses va veure com en una mena d'hort delimitat per uns murs, que donava a la riera Ginjolers, es va inaugurar el *Bahía*, un dels primers night clubs de la Costa Brava. El local, regentat per Àngels Marés i el seu marit, va anar agafant embranzida entre el turisme. Comptaven amb una orquestra pròpia, *Los Chicos*, i pel seu escenari hi van passar artistes com el cantant Manolo Escobar o *bailaoras* com La Chunga i Carmen Amaya, que personificaven el purisme espanyol d'estampeta. Tots els locals procuraven seguir els patrons aigualits d'un *Flamenco Show* que, anunciat amb neons estridents, era un reclam infal·lible per als forans.

en la piel, atravesaba con lanzas y cuchillos los vientres plateados de sus víctimas. Dalí dijo que la elección del tema fue una sugerencia de su padre, quien "poseía un talento narrativo digno de Homero". El artista consideraba aquel apocalipsis de atunes heridos "un espectáculo biológico por excelencia; ya que, según la descripción de mi padre, el mar –que primero es azul cobalto y acaba enrojeciendo de sangre– es la fuerza superestética de la biología moderna. Todos los nacimientos van precedidos por la salpicadura maravillosa de la sangre".

A partir de 1950, mucho antes que Dalí transformara en semidioses a sus pescadores, la orientación laboral mayoritaria de Roses cambió de rumbo para especializarse en los sectores de la restauración, el ocio y los servicios. La villa se despidió de su condición de pueblecito para alargarse, siguiendo la línea de mar, mientras una nebulosa de chalés, torres, apartamentos, urbanizaciones y segundas residencias se desparramaba por sus límites, incluyendo terrenos con pendientes fortísimas y laderas montañosas, con grandes vistas panorámicas sobre la bahía y el mar.

Sin lugar a dudas, la hipertrofia constructiva sumada a la presencia, cada vez mas numerosa, de veraneantes obligó a redefinir los usos y los hábitos socioeconómicos de su población. La trayectoria laboral de Dolors Montia –que llegó de joven a Roses en 1937– es un buen ejemplo: Dolors trabajaba en la venta de pescado. Iba a venderlo por las masías; primero a pie, después en bicicleta y, más tarde, en moto. En los años 60 dejaría esta ocupación para ir a hacer de asistenta en los chalés. Su economía familiar, como la de tantos otros casos, pasó a depender del boom turístico.

Otro sector emergente se dedicó a la creación de locales para el ocio nocturno. En una especie de huerto rodeado por muros, que daba a la Riera Ginjolers, se inauguró el *Bahía*, uno de los primeros night clubs de la Costa Brava. El local, regentado por Àngels Marés y su marido, fue causando estragos entre el turismo. Contaban con una orquesta propia, *Los Chicos*, y por su escenario desfilaron artistas como el cantante Manolo Escobar o bailadoras como La Chunga y Carmen Amaya, que personificaban el casticismo español de postal veraniega. Todos los locales procuraban seguir los patrones

worthy of Homer". The artist considered this apocalypse of wounded tuna "a biological spectacle par excellence; since, according to the description by my father, the sea, which starts off as cobalt blue and ends up reddened with blood, is the super aesthetic force of modern biology. All births are preceded by the marvellous splatter of blood".

From 1950, long before Dalí would transform his fishermen into demigods, the main occupational direction of Roses changed course, to specialise in the hotel and catering, leisure and services sectors. The town bid farewell to its appearance of a small village and became lengthened in size, following the coastline, while a nebula of chalets, detached houses, apartments, property developments and second homes spread beyond its borders, including terrain with steep slopes and mountainsides, with great panoramic views over the bay and out to sea.

Without the slightest doubt, the constructive hypertrophy, added to the increasingly greater presence of summer holidaymakers, forced the town's population to redefine its socio-economic uses and customs. The working life of Dolors Montia –a young woman who came to Roses in 1937– is a good example: Dolors worked as a fishmonger. She sold it door-to-door at the country houses: first on foot, then on bicycle and later, on a motorbike. In the 1960s she left this job to become a home-help in the chalets. Her family economy, like many other cases, came to depend on the tourist boom.

Another emergent sector was devoted to creating venues for the night-life. On a type of allotment surrounded by walls, which led to the Ginjolers stream, the *Bahía* was opened, one of the first night clubs on the Costa Brava. The venue, run by Àngels Marés and her husband, caused havoc in the tourism sector. They had their own orchestra, *Los Chicos*, and the stage saw performances by top artists such as the singer Manolo Escobar or flamenco dancers such as La Chunga and Carmen Amaya, who personified the Spanish holiday postcard traditions. All the venues attempted to follow watered-down versions of a *Flamenco Show* which, publicised by flashing neon signs, was an infallible bait for the tourists.

The British writer James Graham Ballard, when he came to Roses for the summer, adapted, without too much thought, to

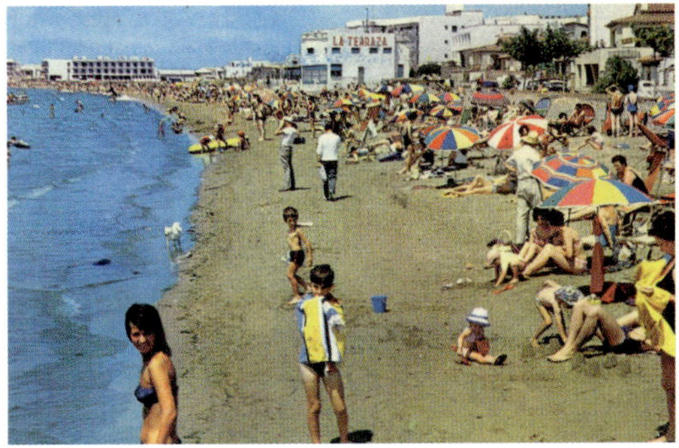

Platja del Rastrell, 1966
Playa del Rastrell, 1966
Rastrell beach, 1966

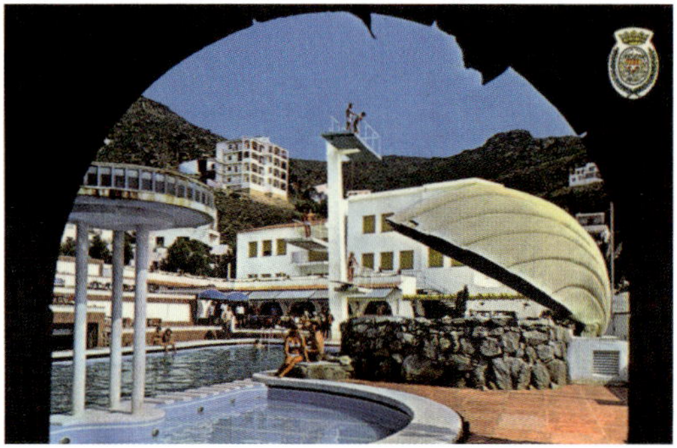

El Molí Blau, 1967-1970
El Molí Blau, 1967-1970
El Molí Blau, 1967-1970

L'escriptor anglès James Graham Ballard, quan hi va venir de vacances, es va emmotllar, sense gaires manies, a l'oferta estandarditzada de sol, sorra i sevillanes. Ballard recorda: "Després d'un esmorzar de pollastre fred i sangria, ens endormiscàvem a l'ombra o nedàvem amb els nens vora els graons de pedra. Els qui feien esquí aquàtic travessaven la badia a tot drap, les ràdios portàtils centellejaven a la platja de Santa Margarida i el mariner boig encarava la proa del transbordador cap al primer banyista que passés". Durant la seva estada en aquestes terres, el novel·lista no es va perdre les curses taurines, que se celebraven a la plaça de braus de Figueres.

Segurament, un dels factors afegits de l'èxit estacional de Roses responia al caràcter alegre i extravertit dels seus vilatans, quasi sempre predisposats a la gresca i la diversió a l'engròs. L'holandesa Cornelia Jense, que hi va arribar el 1956, ho apunta: "De la Roses d'aleshores m'agradaven molt les festes. Els primers anys d'estar aquí em passava el dia al carrer".

El calendari lúdic del poble compta amb dues cites ineludibles. La primera és la Festa Major d'Hivern, quan el Carnaval transforma el món en el país de les meravelles. Aquí, la follia carnavalesca ja ve de lluny –apareix datada el febrer de 1780– i no s'ha interromput mai: el sarau aplega persones i colles vingudes d'arreu del país. A cada edició, la vila esclata en una simfonia de perruques, lluentons i maquillatges fabulosos, mentre un remolí de capes, faldilles i màscares es desboca sense treva al davant de les onades rondinaires. Si Tim Burton fos empordanès, ja hauria immortalitzat, en algun tros de cel·luloide, aquest seguici interminable de carrosses espaterrants i forassenyades, que semblen fetes al taller que fornia James Bond de vehicles impossibles.

La segona gran festivitat col·lectiva té lloc a mitjans d'agost, al voltant del dia 15, quan Roses es capbussa a la Festa Major d'Estiu. Les ballades de sardanes, les cantades d'havaneres, els balls noucentistes i les cercaviles amb gegants s'alternen amb actuacions teatrals i concerts de tota mena. Per descomptat, la Festa Major compta amb signes d'identitat pròpia, que la fan atractiva davant de tothom: des de la travessa de natació al Port (en versions llarga i curta) a les cucanyes, passant per l'empaitada d'ànecs (datada el 1914)

descafeinados de un *Flamenco Show* que, anunciado con neones fulgurantes, era un cebo infalible para los forasteros.

El escritor británico James Graham Ballard, cuando vino a Roses de veraneo, se amoldó, sin demasiadas contemplaciones, a la oferta estandarizada de sol, arena y sevillanas. Ballard recuerda: "Después de un almuerzo a base de pollo frío y sangría, dormitábamos a la sombra o nadábamos con los niños cerca de los escalones de piedra. Los que hacían esquí acuático cruzaban la bahía a toda velocidad, las radios portátiles centelleaban en la playa de Santa Margarida y el marino loco apuntaba la proa del trasbordador hacia el primer bañista que pasara". Durante su estancia en estas tierras, el novelista no quiso perderse las corridas de toros que, entonces, se celebraban en la plaza de toros de Figueres.

Seguramente, uno de los factores añadidos del éxito estival de Roses respondía al carácter alegre y extrovertido de sus habitantes, siempre predispuestos a la jarana y la diversión en grupo. La holandesa Cornelia Jense, que se instaló en la villa el 1956, lo ratifica: "De la Roses de entonces me gustaban mucho las fiestas. Los primeros años de estar aquí me pasaba el día en la calle".

El calendario lúdico del pueblo posee dos citas ineludibles. La primera es la Fiesta Mayor de Invierno, cuando el Carnaval transforma el mundo en el país de las maravillas. Aquí, la pasión carnavalesca ya viene de lejos –aparece datada en febrero de 1780– y no se ha interrumpido nunca: la juerga congrega personas y grupos llegados de todo el país. En cada edición, la villa estalla en una sinfonía de pelucas, lentejuelas y maquillajes fabulosos, mientras un torbellino de capas, faldas y máscaras danza sin tregua ignorando el refunfuño de las olas. Si Tim Burton fuese ampurdanés, ya habría inmortalizado, en algún trocito de celuloide, esta cabalgata interminable de carrozas delirantes y marcianas, que parecen salidas del taller que proveía a James Bond de vehículos imposibles.

La segunda gran festividad colectiva ocurre a mediados de agosto, en torno al día 15, cuando Roses se sumerge en la Fiesta Mayor de Verano. Los bailes de sardanas, los cantos de habaneras, las danzas decimonónicas y los pasacalles con gigantes se alternan con actuaciones teatrales y conciertos de todo tipo. Por supuesto, la Fiesta Mayor cuenta con signos de identidad

the standardised offer of sun, sand and *sevillana* dances. Ballard recalls: "After a breakfast that consisted of cold chicken and sangria, we slept in the shade or swam with the children close to the stone steps. Those going water skiing crossed the bay at full speed, the portable radios sparkled on the beach of Santa Margarida and the crazy sailor went along the prow of the ferry towards the first swimmer that passed". During his stay in these parts, the novelist did not want to miss the bullfighting which, at that time, was held in the bullfighting ring of Figueres.

One of the added factors behind the summer success of Roses is surely the cheerful and extrovert character of its inhabitants, always ready for a laugh and some fun in a group. The Dutch woman Cornelia Jense, who settled there in 1956, ratifies this: "I really loved the festivals of Roses at that time. The first years I was here I spent the day in the street".

The entertainment agenda of the town has two unavoidable dates. The first is the Annual Winter Festival, when the Carnival transforms the world into wonderland. The passion for carnival goes back a long way here –it appears dated in February 1780– and has continued uninterrupted ever since: the partying brings together people and groups from all over the country. Each year, the town explodes into a symphony of wigs, sequined dresses and wild make-up, while a whirlwind of capes, skirts and masks dance wildly ignoring the murmur of the waves. If Tim Burton was from Empordà, he would have immortalised on a strip of film this interminable cavalcade of crazy and extraterrestrial floats that seem to have come from the workshop that provided James Bond with impossible vehicles.

The second big mass festival takes place in mid-August, around the 15th of the month, when Roses throws itself into the Annual Summer Festival. The *sardana* dances, the shanty singing or *habaneras*, the old-fashioned dances and the street parades with "giants" alternate with theatrical performances and concerts of all kinds. Naturally, the Annual Festival has its own identifying traits, which makes it attractive to anybody: from the swim across the Port –in long and short versions– to the greasy poles, as well as the duck fishing – which was held as long ago as 1914. In this event, one hundred ducks are released from a boat while a jubilant mob

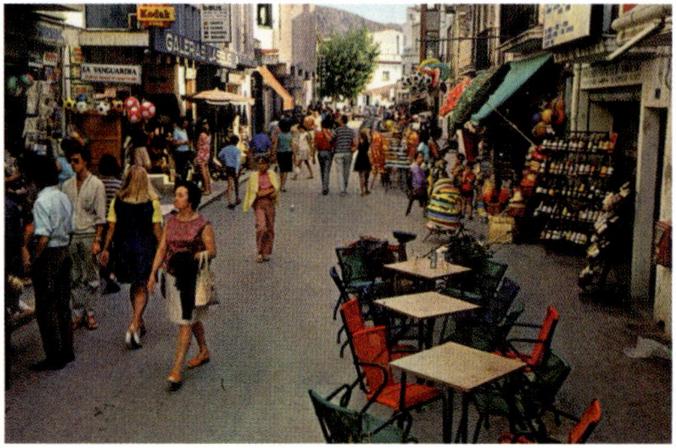

Carrer Pi i Sunyer, 1970-1975
Carrer Pi i Sunyer, 1970-1975
Carrer Pi i Sunyer, 1970-1975

durant la qual, des d'una barqueta, es deixen anar cent ànecs al mar mentre un grup esvalotat de nedadors intenta arreplegar-los. No podem deixar de banda el correbou que la vila celebra des de 1983: els participants d'aquesta peripècia, endegada per rosincs nascuts a Beas de Segura, han de ser prou àgils per evitar l'escomesa de sis vaquetes que campen per un recinte tancat. Per encoratjar els més atrevits es brinda amb *cuerva* –una modalitat de sangria–, amb garnatxa i es degusten brunyols dolcíssims.

Anys enrere, coincidint amb el 29 de juny, diada de Sant Pere, els pescadors oferien un suquet de peix multitudinari al mig del Passeig Marítim. Se n'havien arribat a repartir dotze mil racions, acompanyades de porrons amb vi empordanès. Ara la gent de mar celebra el seu suquet anual al port. Durant el segle XXI, aquest plat tradicional, sorgit de la necessitat de supervivència dels pescadors, ha deixat el carrer per incorporar-se, amb tots els mèrits, a les taules dels principals restaurants de la vila. Encara que es pot demanar en qualsevol època, aquest plat senzill i gustós, fet amb patates i peix, acostuma a ser el protagonista d'unes jornades gastronòmiques durant tot el mes de juny.

Al marge de la restauració casolana, Roses també ha sabut situar-se, amb empenta i creativitat, al capdavant de l'alta cuina internacional gràcies a una feliç combinació d'elements aplegada a Cala Montjoi. L'aventura va començar l'any 1961, quan s'hi van instal·lar el doctor Hans Schilling i la seva dona Marketta. La cala, separada del poble per un camí tortuós de set quilòmetres sense asfaltar, havia rebut els següents elogis del poeta Carles Fages de Climent: "Montjoi és la més clara meravella de la costa de Roses. Tallant el ràpid talús de les vertents d'una vall, la mar se n'entra una mica i forma una cala graciosa i precisa, cenyida d'una petita platja. Enmig de vinyes i suredes, un petit mas, a redós d'una torre ennegrida, vigilant el perill que algun vell pirata sentimental decideixi acampar-hi, per a morir en terra, tot veient passar les veles damunt la blava ratlla horitzontal".

En aquest racó isolat i paradisíac, el doctor Schilling i la seva dona hi van obrir, l'any 64, un restaurant grill-room batejat *El Bulli* en honor dels seus bulldog francesos.

propia, que la hacen atractiva para cualquiera: desde la travesía a nado del Port –en versiones larga y corta– a las cucañas, pasando por la pesca de patos –que se celebraba ya en 1914. Durante esta última, se suelta un centenar de patos desde una barca mientras una turba jubilosa de nadadores intenta atraparlos. No podemos olvidarnos del singular encierro que la villa celebra desde 1983: los participantes de esta peripecia, impulsada por rosenses originarios de Beas de Segura, han de ser lo bastante ágiles para evitar las cornadas de seis vaquillas que campan por un recinto cerrado. Para dar coraje a los más atrevidos se brinda con *cuerva* –una modalidad de sangría–, con garnacha y se degustan dulcísimos buñuelos.

Años atrás, coincidiendo con el 29 de junio, día de San Pedro, los pescadores ofrecían un *suquet de peix* multitudinario en pleno Passeig Marítim. Se habían llegado a repartir doce mil raciones de *suquet*, acompañadas con porrones de vino ampurdanés. Hoy la gente de mar celebra su *suquet* anual en el Port. En la actualidad, este plato tradicional, nacido de la pura supervivencia alimenticia de los pescadores, ha dejado la calle para incorporarse, con todo el respeto, a los menús de los principales restaurantes de la localidad. Aunque se puede pedir en cualquier época, este plato sencillo y sabroso, hecho con patatas y pescado, acostumbra a ser el protagonista de unas jornadas gastronómicas todo el mes de junio.

Al margen de las delicias de la restauración casera, Roses también ha sabido situarse, con arrojo y creatividad, en la vanguardia de la alta cocina internacional gracias a una feliz combinación de elementos nacida en Cala Montjoi. La aventura empezó en 1961, cuando se instalaron en ella el doctor Hans Schilling y su esposa Marketta. La cala, separada del pueblo por un tortuoso camino de siete kilómetros sin asfaltar, había recibido estos elogios del poeta Carles Fages de Climent: "Montjoi es la más clara maravilla de la costa de Roses. Cortando el rápido talud de las vertientes de un valle, el mar entra una pizca y forma una cala graciosa y precisa, ceñida por una pequeña playa. Entre viñas y alcornoques, una pequeña masía, al abrigo de una torre negruzca, vigila ante el peligro de que algún viejo pirata sentimental decida acampar allí, para morir en tierra, mientras ve pasar las velas por encima de la horizontal línea azul".

of swimmers try to catch them. We cannot forget the unique bull-running event that the town has held since 1983: the participants of this adventure, encouraged by the Roses inhabitants who originally came from Beas de Segura, must be pretty agile to avoid the horns of six young bulls that run free in closed-off grounds. To give courage to the most daring they make toasts with *cuerva* –a type of sangria–, with garnacha wine and very sweet fritters.

In the past, on the 29th of June, St Peter's Day, the fishermen offered a *suquet de peix*, fish stew, for everyone in the centre of the Passeig Marítim. They gave away as many as twelve thousand portions of *suquet*, accompanied by long-spouted bottles of Empordà wine, *porrons*. Today the seafaring folk celebrate their annual *suquet* in the Port. Also today, this traditional dish, the origins of which were for pure survival of the fishermen, has left the street and become, with the fullest respect, part of the menu of the town's main restaurants. Although you can order it at any time of year, this simple and tasty dish, made with potatoes and fish, is usually the star attraction during a series of special gastronomic days throughout June.

Besides the delights of homemade fare, Roses has also been able to place itself, with flair and creativity, in the vanguard of high international cuisine thanks to a happy combination of elements from Cala Montjoi. The adventure began in 1961, when the doctor Hans Schilling and his wife Marketta first moved there. The cove, separated from the town by a winding seven-kilometre-long dirt track, had received these praises from the poet Carles Fages de Climent: "Montjoi is the clearest wonder on the coast of Roses. Cutting the steep slope of valley sides, the sea enters a mite and forms a gracious and precise cove, encircled by a small beach. Among vineyards and cork oak trees, a small farmhouse, sheltered by a blackish tower, looking out for the danger of whether some old sentimental pirate decides to camp out there, to die on land, while he sees the sail boats pass by over the blue horizontal line".

In this isolated and paradisiacal spot, in 1964 doctor Schilling and his wife opened a restaurant grill-room called *El Bulli* in honour of his French bulldogs. Nearly two decades later, the premises, run then by Juli Soler, already possessed

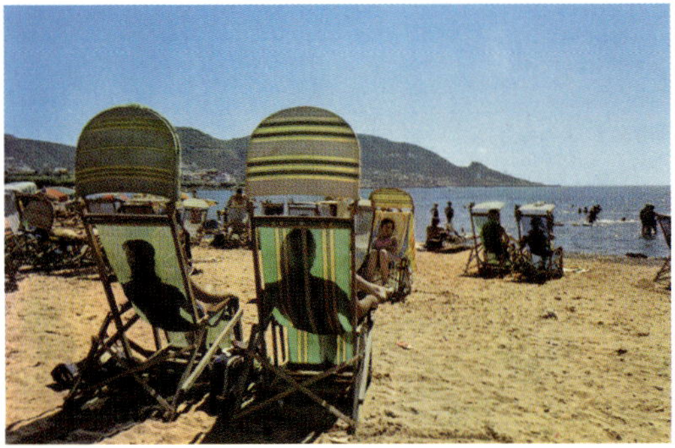

Platja del Rastrell, 1970
Playa del Rastrell, 1970
Rastrell beach, 1970

Gairebé dues dècades més tard, el local, aleshores dirigit per Juli Soler, ja havia rebut dues estrelles Michelin. Per arrodonir-ho, l'estiu del 83 hi va avarar un jove de 21 anys, carregat d'idees i curiositat, que volia fer un *stage* de cuina. El noi es deia Ferran Adrià i, mentre l'acostaven en cotxe cap a aquell indret remot, per un camí ple de sotracs, pedres i pols, estava convençut que li havien fet una broma.

La bona química sorgida amb Soler i la resta de membres d'*El Bulli*, li va esvair qualsevol dels seus dubtes. Adrià es va incorporar als fogons i, amb l'ull posat en la generació de cuiners francesos encapçalada per Michel Guérard, va anar revisant la tradició gastronòmica. Partint d'una recreació personal de la *nouvelle cuisine*, el català va encaminar-se cap a la recerca de plats més creatius, de combinacions més complexes i sofisticades. La tercera estrella Michelin arribava el 1997 i el prestigi del cuiner saltava d'un continent a l'altre. Gràcies a això és fàcil trobar-se, a qualsevol lloc del nostre planeta, xefs que fan servir termes com "deconstrucció" o "minimalisme", que inventen menús compostos de plats petits, o que t'ofereixen en safata un cosmos extraordinari de croquetes líquides, nous raviolis, escumes fredes i sorbets salats. L'epicentre d'aquest terratrèmol d'aromes, gustos i textures va néixer aquí, en aquesta cala desendreçada.

La tasca d'*El Bulli* demostra que no n'hi ha prou, de conformar-se amb els atractius del sol, el mar i la sorra. Cal mirar més enllà, buscar nous horitzons que facin de Roses un lloc encara més interessant i el dotin d'una personalitat inequívoca. És cert que fa temps que la vila ha endegat aquest procés. Ha decidit posar ordre en el seu patrimoni cultural i històric, juga la carta del turisme verd i vol emparar el seu entorn biològic. Ha millorat els serveis, s'ha tornat moderna i es nega a repetir els errors del passat. Ara mateix, Roses compta amb la gran sort de tenir, a l'abast de la mà, tots els sabors del blau. Només ha de vetllar perquè tothom pugui gaudir del seu encís.

En este rincón aislado y paradisíaco, el doctor Schilling y su mujer abrieron, en 1964, un restaurante grill-room bautizado *El Bulli* en honor de sus buldog franceses. Casi dos décadas más tarde, el local, dirigido entonces por Juli Soler, ya había recibido dos estrellas Michelin. Para rematarlo, el verano del 83 ancló en él un joven de 21 años, curioso y repleto de ideas, con la intención de hacer un *stage* de cocina. El chico se llamaba Ferran Adrià y, mientras le acercaban en coche hasta aquel lugar remoto, por un camino lleno de socavones, piedras y polvo, estaba convencido que le habían gastado una broma.

La buena química surgida con Soler y el resto de personal de *El Bulli*, le disipó todas sus dudas iniciales. Adrià se incorporó a los fogones y, con el ojo puesto en la generación de cocineros franceses liderada por Michel Guérard, fue revisando la tradición gastronómica. Partiendo de una recreación personal de la *nouvelle cuisine*, el catalán se encaminó hacia la búsqueda de platos más creativos, de combinaciones más complejas y sofisticadas. La tercera estrella Michelin llegaría en 1997 y el prestigio del cocinero saltaba de un continente a otro. Gracias a eso es fácil encontrar, en cualquier lugar exótico de nuestro planeta, chefs que usan palabras como "deconstrucción" o "minimalismo", que inventan menús compuestos de platos pequeños, o que te ofrecen en bandeja un cosmos extraordinario de croquetas líquidas, nuevos raviolis, espumas frías y sorbetes salados. El epicentro de este terremoto de aromas, gustos y texturas se produjo aquí, en esta desordenada cala.

El trabajo de *El Bulli* demuestra que no basta con conformarse con los atractivos del sol, el mar y la arena. Es necesario mirar más allá, buscar nuevos horizontes que hagan de Roses un lugar aún más interesante y la doten de una personalidad inequívoca. Es cierto que desde hace tiempo la población ha iniciado este proceso. Ha decidido recuperar su patrimonio cultural e histórico, juega la carta del turismo verde y quiere proteger su entorno biológico. Ha mejorado los servicios, se ha vuelto moderna y se niega a repetir los errores del pasado. Ahora mismo, Roses cuenta con la enorme suerte de tener, en la palma de la mano, todos los sabores del azul. Tan solo ha de mantenerse alerta para que podamos seguir disfrutándolos.

two Michelin stars. And to crown it all, in the summer of 1983 a young man aged 21 put down anchor, curious and full of ideas, with the aim of gaining some experience as a chef. The lad's name was Ferran Adrià and, while he drove towards that remote spot along a track full of potholes, rocks and dust, he was convinced that they had played a joke on him.

The great relationship with Soler and the rest of the staff at *El Bulli* dispelled all his initial doubts. Adrià got his chef's apron and cap on and, with an eye on the generation of French chefs led by Michel Guérard, gradually revised the gastronomic tradition. Starting off from a personal recreation of *nouvelle cuisine*, the Catalan set off in the search for more creative dishes, for more complex and sophisticated combinations. The third Michelin star came in 1997 and the chef's status leapt from one continent to another. Due to this it is easy to find, in any exotic spot on the planet, chefs using words such as "deconstruction" or "minimalism", who invent menus made up of small dishes, or who offer you on a tray an extraordinary cosmos of liquid croquettes, new raviolis, cold foams and savoury sorbets. The epicentre of this earthquake of aromas, flavours and textures comes from here, in this untidy cove.

The work of *El Bulli* shows that it is not enough to be satisfied with the attractions of the sun, sea and sand. You have to look further, seeking out new horizons that make Roses an even more interesting place and give it an unmistakeable personality. It is a fact that for some time now the town has begun this process. It has decided to recover its cultural and historical heritage, banking on green tourism and wanting to project its natural environment. It has improved the services, has modernised and refuses to repeat the mistakes of the past. Today, Roses possesses the enormous luck of having, in the palm of the hand, all the flavours of blue. It just needs to be on guard to ensure that we can continue enjoying them.

ROSES

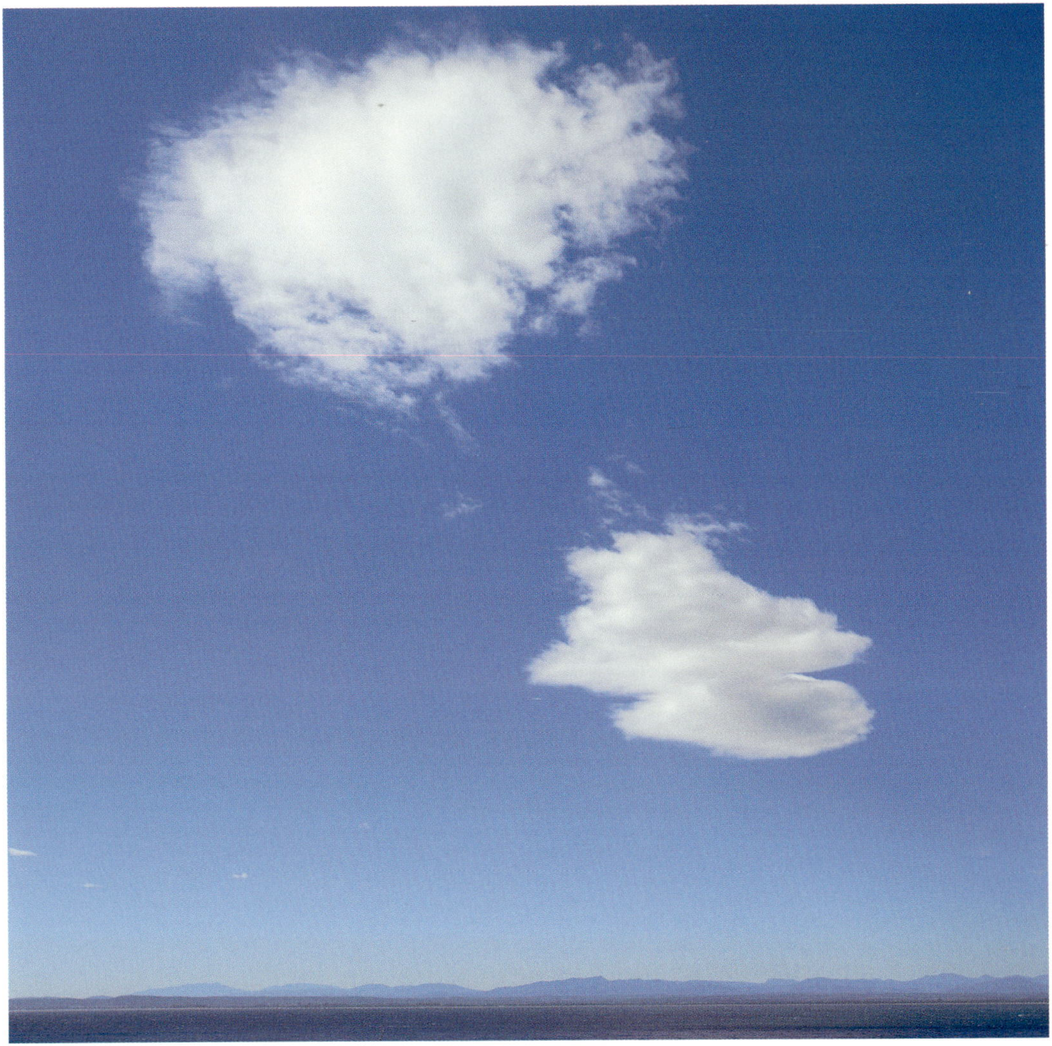

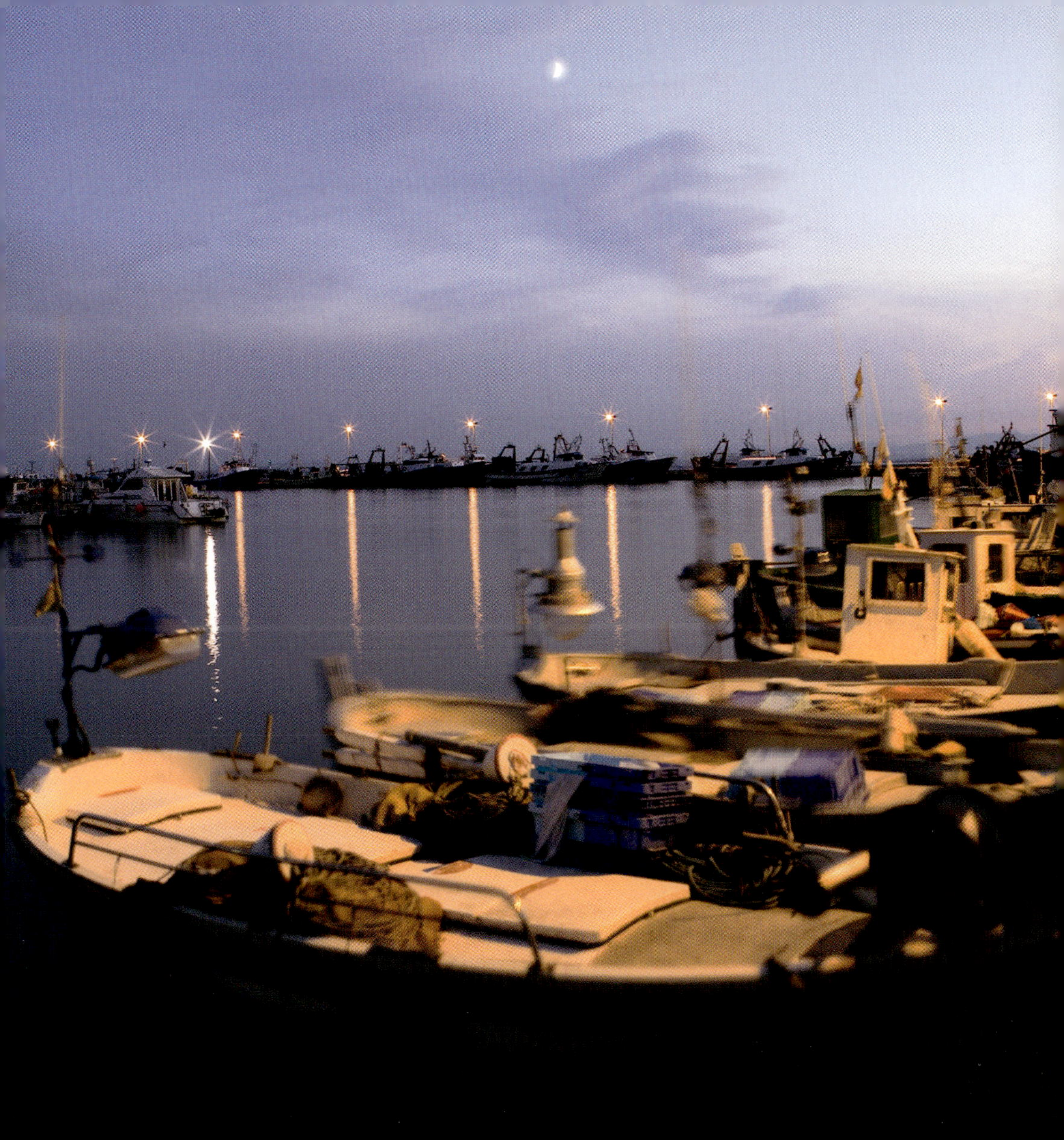

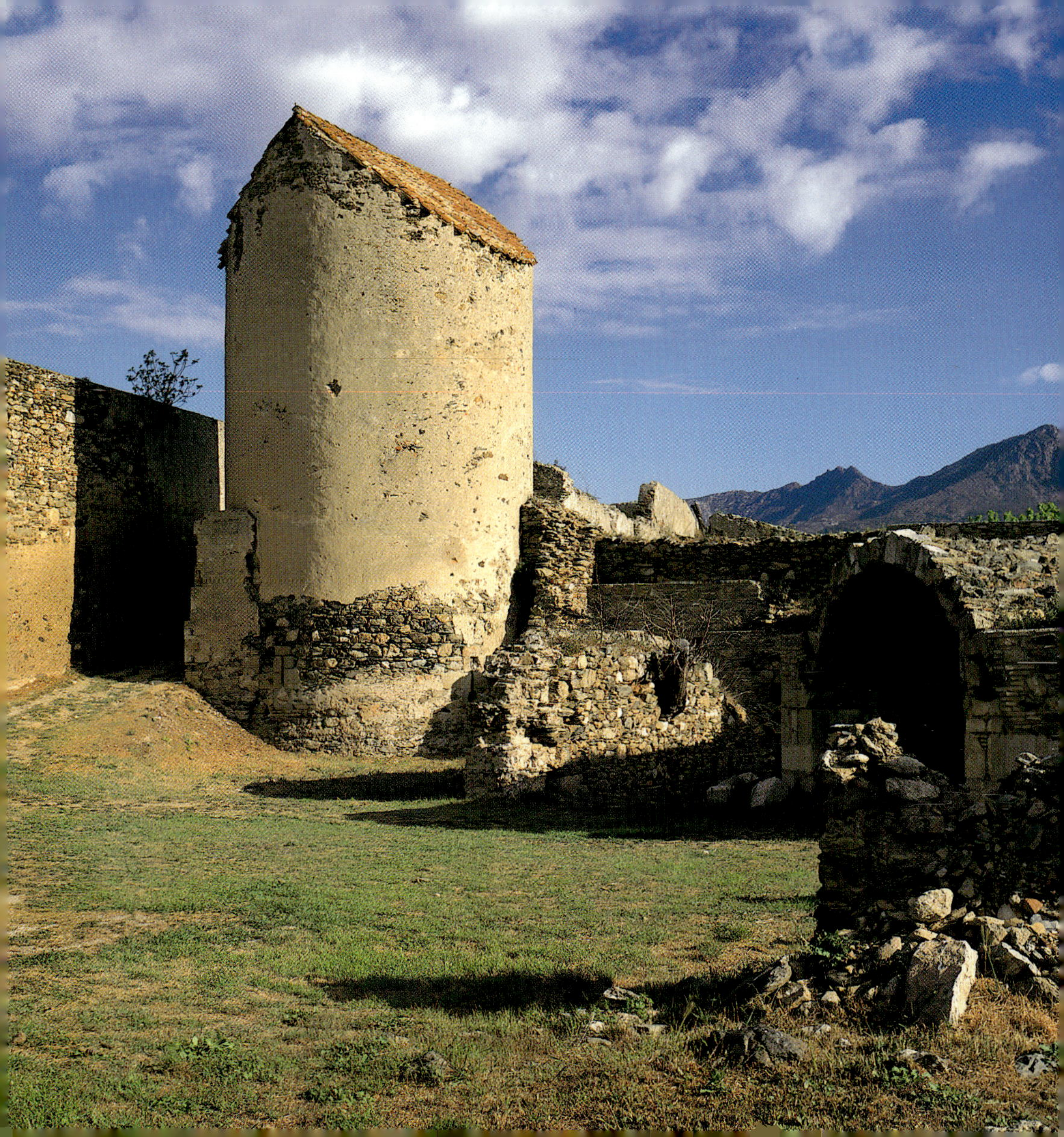

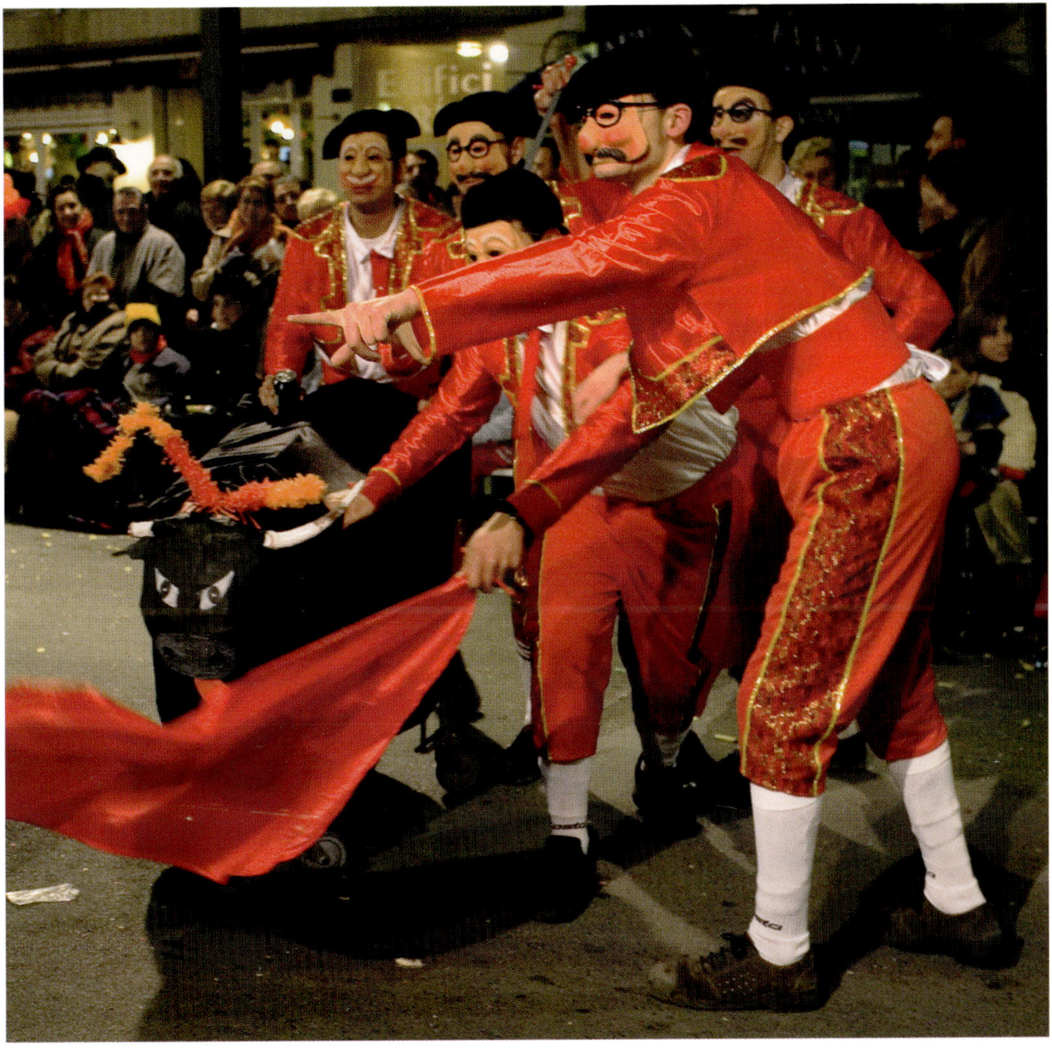

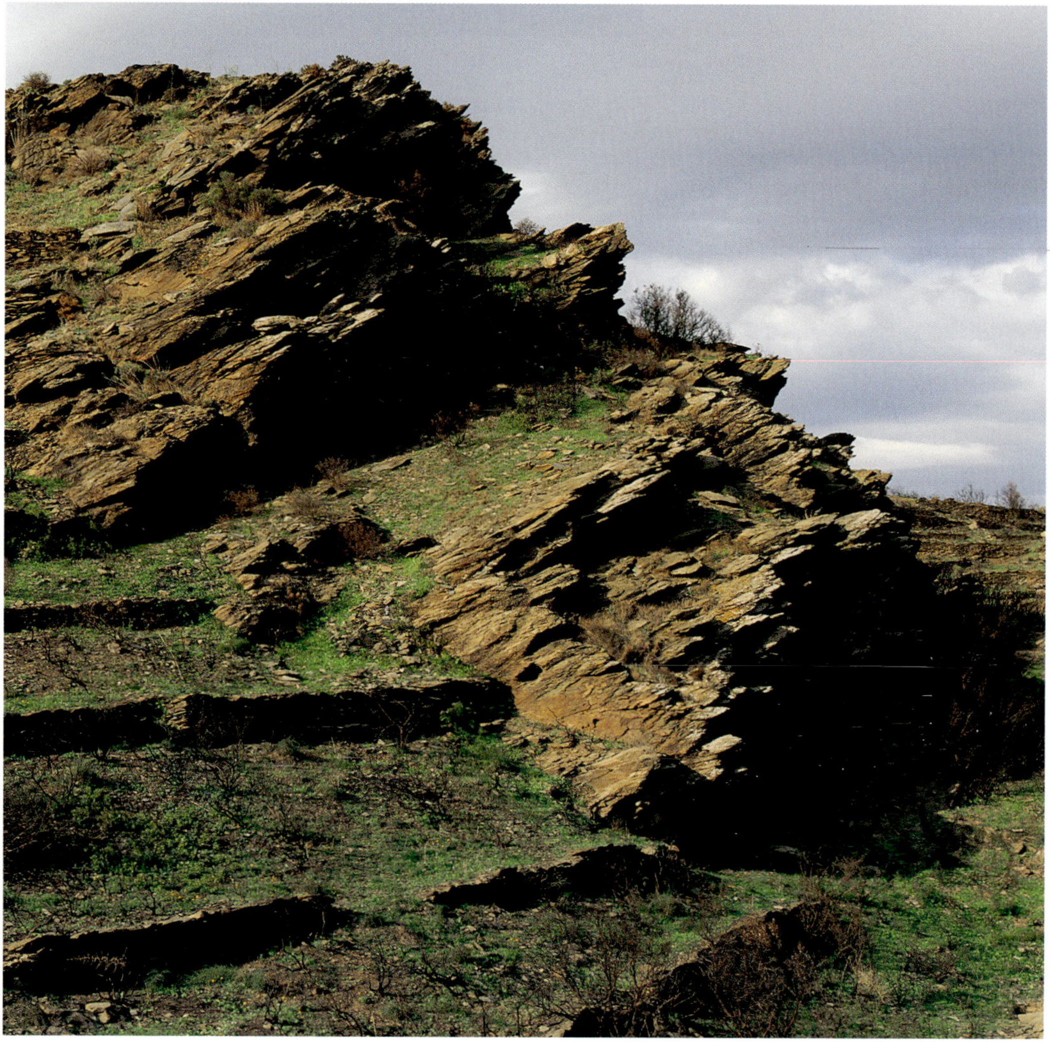

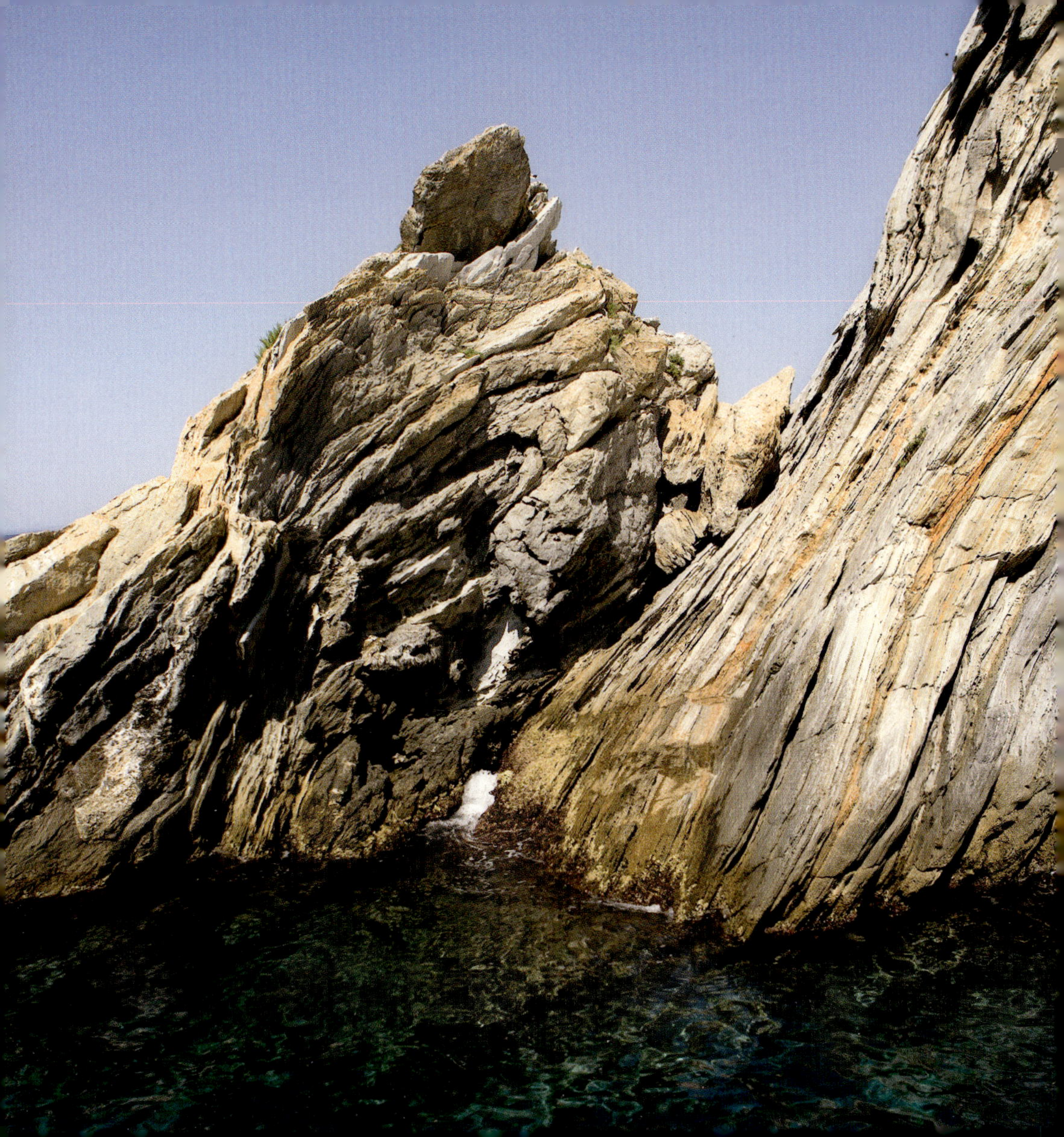

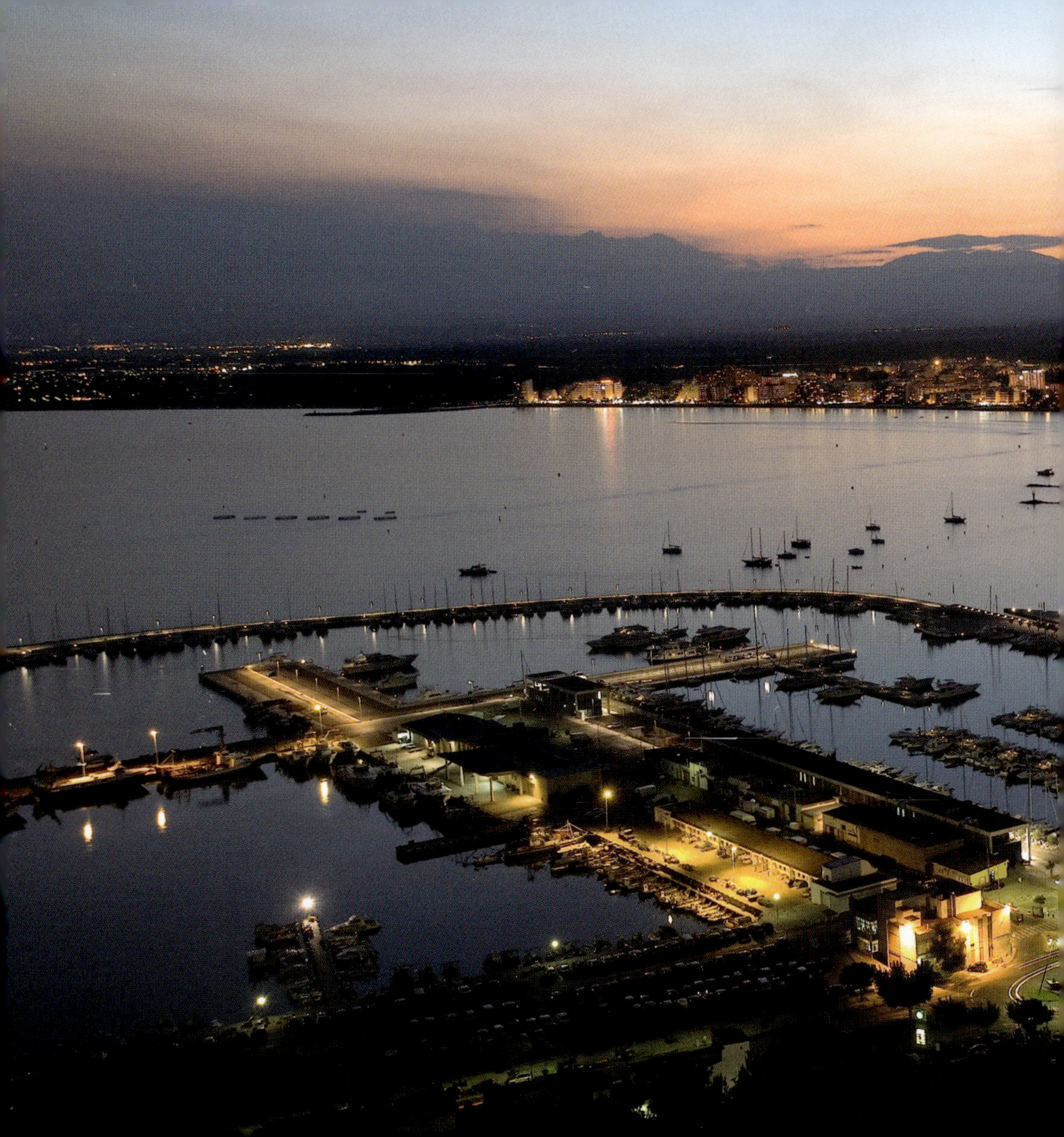

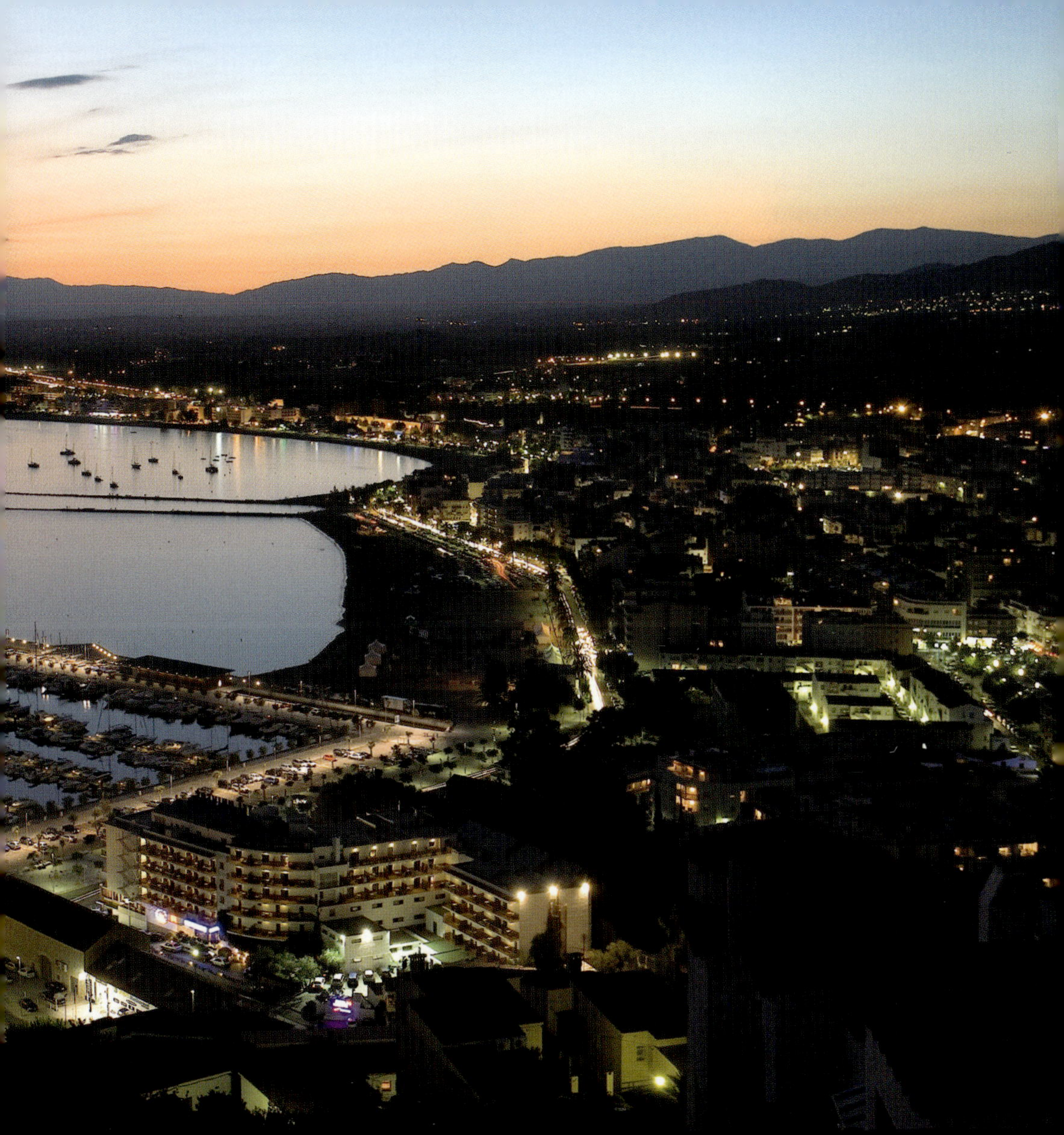

No es fácil encontrar en el Mediterráneo un lugar donde el mar ofrezca esta infinita sensación de calma y de piedra preciosa.

It is not easy to find a spot in the Mediterranean where the sea provides this infinite sensation of calm and precious stone.

DIFÍCILMENT
ES TROBA EN TOTA LA
MEDITERRÀNIA
UN LLOC ON EL MAR
DONI AQUESTA INFINITA SENSACIÓ
DE CALMA I DE PEDRA PRECIOSA

JOSEP MARIA DE SAGARRA

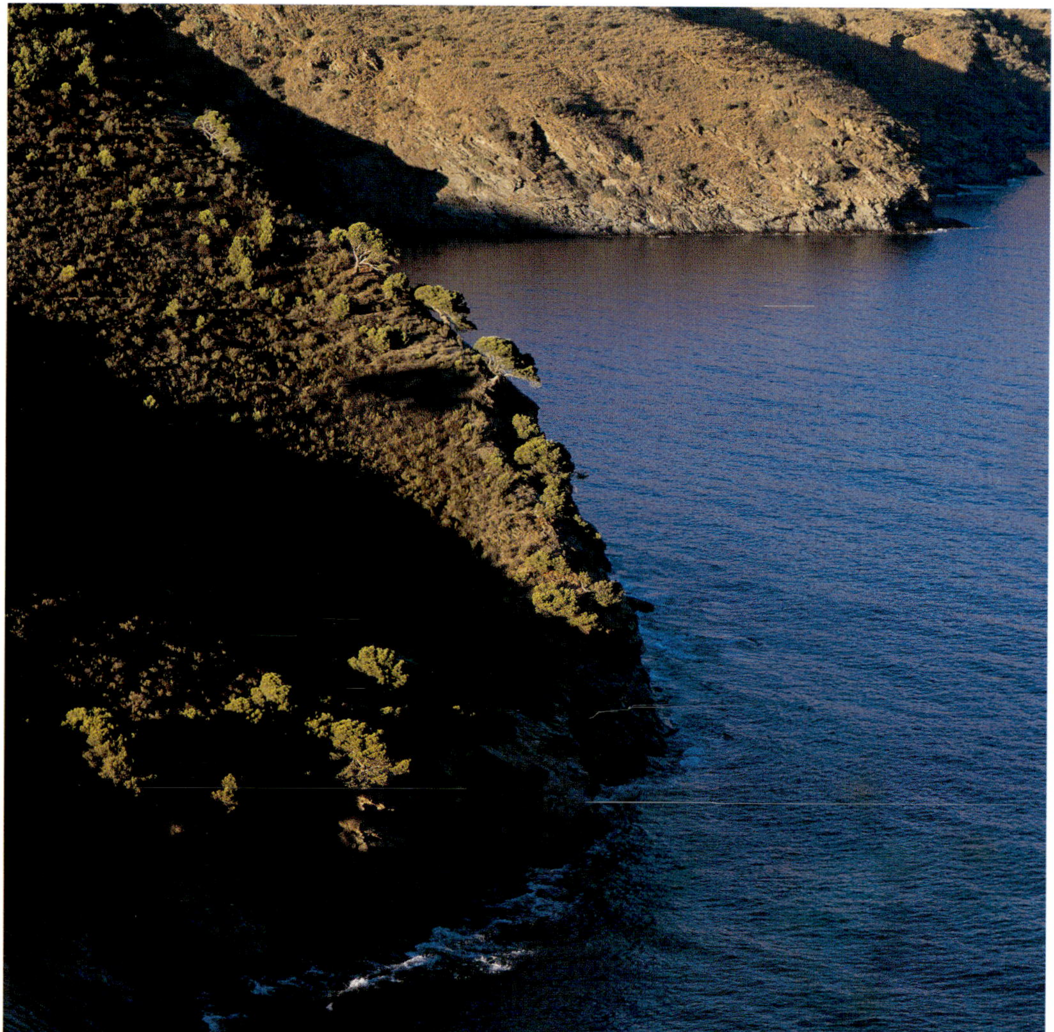

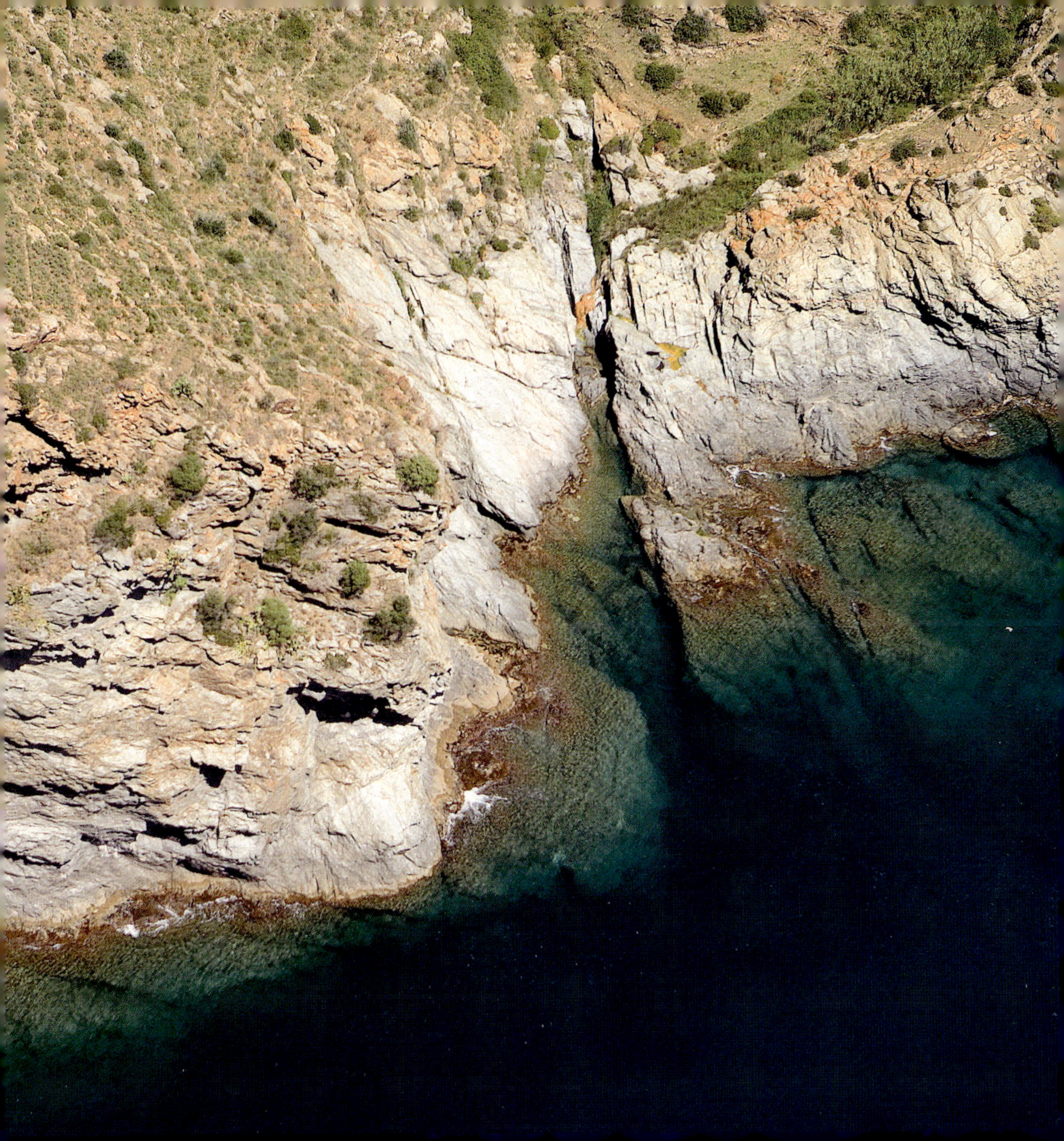

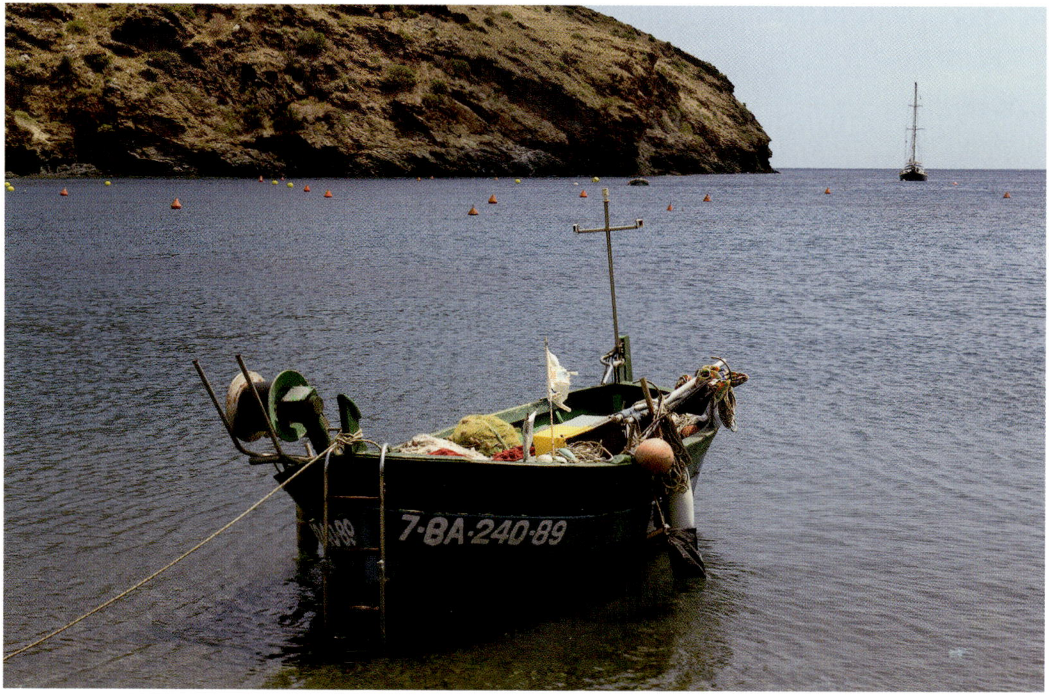

LA SERENOR DE LES CALES

La situació privilegiada de Roses, en ple Parc Natural del Cap de Creus, li permet disposar de cales salvatges, tan belles i assossegades com Cala Jòncols. En aquests vergers allunyats del bullici, hi podem prendre el sol, remullar-nos i permetre'ns el luxe de deixar que el temps s'escoli amb placidesa. L'escriptor Carles Pi i Sunyer afirmava: "La cala és un petit món. Per les dues bandes semblen tancar-la els dos caps de roques, potser amb la taca verda dels pins. Però entre aquests fermalls hi ha la meravella i el miratge del mar". Sens dubte, la gran lliçó que la cala ens ensenya és la de conservar la pau de l'esperit.

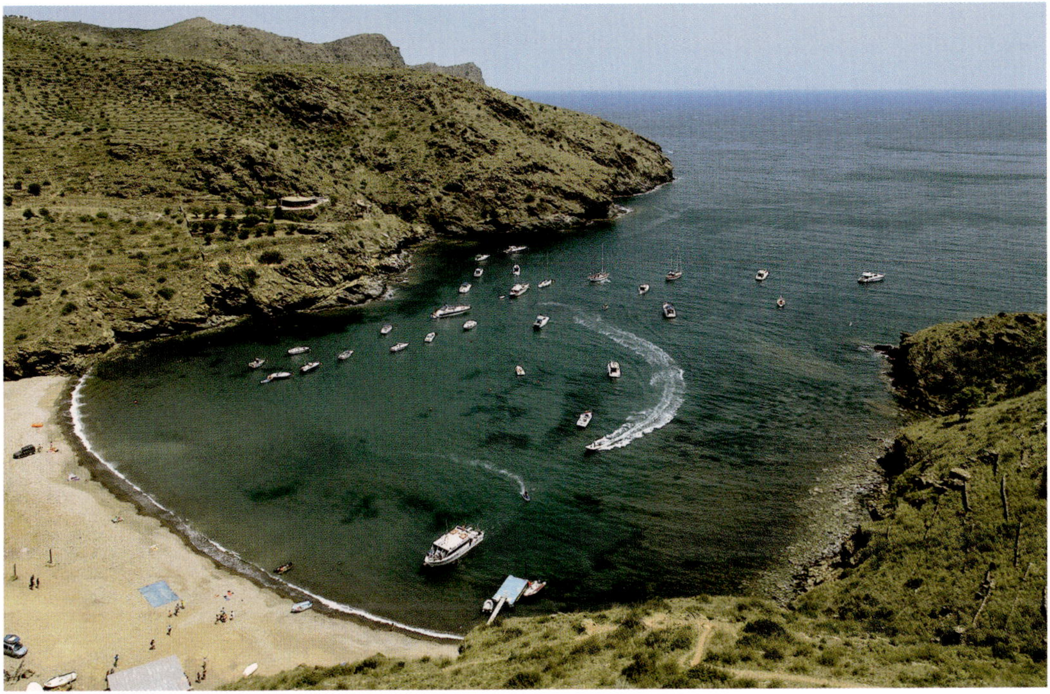

LA SERENIDAD DE LAS CALAS

La privilegiada situación de Roses, en pleno Parque Natural del Cap de Creus, le permite disponer de calas salvajes, tan bellas y sosegadas como Cala Jòncols. En estos vergeles alejados del bullicio, podemos tomar el sol, remojarnos y permitirnos el lujo de que el tiempo transcurra placidamente. El escritor Carles Pi i Sunyer afirmaba: "La cala es un pequeño mundo. Parece cerrada en sus extremos por sendos cabos rocosos, tal vez manchados por el verde de los pinos. Pero entre estos broches aparece la maravilla y el espejismo del mar". Sin duda, la gran lección que nos enseña la cala es la de conservar la paz del espíritu.

THE SERENITY OF THE COVES

The privileged location of Roses, in the heart of the Cap de Creus Natural Park, means that you can step into unspoilt coves, as beautiful and serene as Cala Jòncols. In these gardens far from the madding crowd, we can sunbathe, have a dip and allow ourselves the luxury of letting time tick by placidly. The writer Carles Pi i Sunyer stated: "The cove is a small world. It appears closed at both ends by rocky capes, perhaps marked by the green of the pine trees. But between these fasteners appear the wonder and the mirage of the sea". Without doubt, the lesson that the cove teaches us is that of conserving the peace of the soul.

APOTEOSIS OROGRÀFICA

El cap de Creus, moldejat pel vent i les onades, compon una escenografia aclaparadora. Les seves formes al·lucinants van corprendre més d'un autor surrealista. El cap Norfeu emergeix del mar com l'urpa d'un animal prehistòric. Segons una llegenda, el creador d'aquest paratge va ser Orfeu, déu grec de la música. En arribar a uns illots propers a Roses, Orfeu va quedar tan admirat per la bellesa de l'indret, que va dedicar una cançó als Pirineus. Les muntanyes, atretes per aquella melodia, es van anar acostant encisades a l'aigua i van fer sorgir cap de Creus, cap Norfeu i la magnífica badia de Roses.

APOTEOSIS OROGRÁFICA

El cabo de Creus, moldeado por el viento y las olas, compone una escenografía abrumadora. Sus alucinantes formas cautivaron a más de un autor surrealista. El cabo Norfeu emerge del mar como una zarpa de un animal prehistórico. Según cuenta una leyenda, el creador de este paraje fue Orfeo, dios griego de la música. Cuando llegó a unos islotes cercanos a Roses, Orfeo quedó tan admirado por la belleza del lugar que dedicó una canción a los Pirineos. Las montañas, atraídas por aquella melodía, se acercaron hechizadas al agua e hicieron surgir el cabo Norfeu, el cabo de Creus y la hermosa bahía de Roses.

OROGRAPHICAL APOTHEOSIS

Cap de Creus, shaped by the wind and the waves, forms an overwhelming setting. Its incredible forms captivated more than one surrealist writer. Cap Norfeu emerges from the sea like the paw of a prehistoric animal. According to the legend, the creator of this spot was Orpheus, the Greek god of music. When he arrived at some islets close to Roses, Orpheus was so taken aback by the beauty of the spot that he dedicated a song to the Pyrenees. The mountains, attracted by the melody, came closer, spellbound, towards the water and made Cap Norfeu, Cap de Creus and the beautiful Bay of Roses rise up.

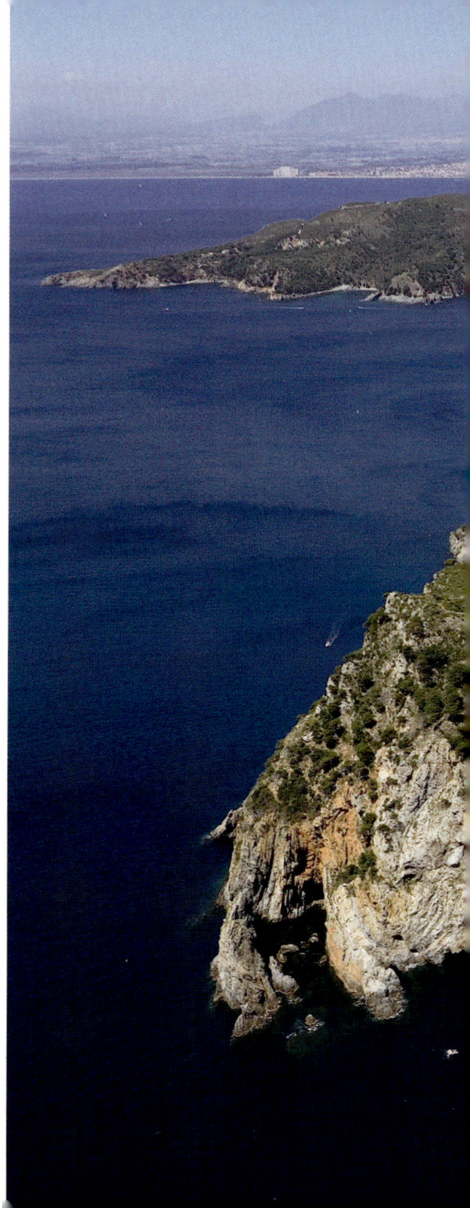

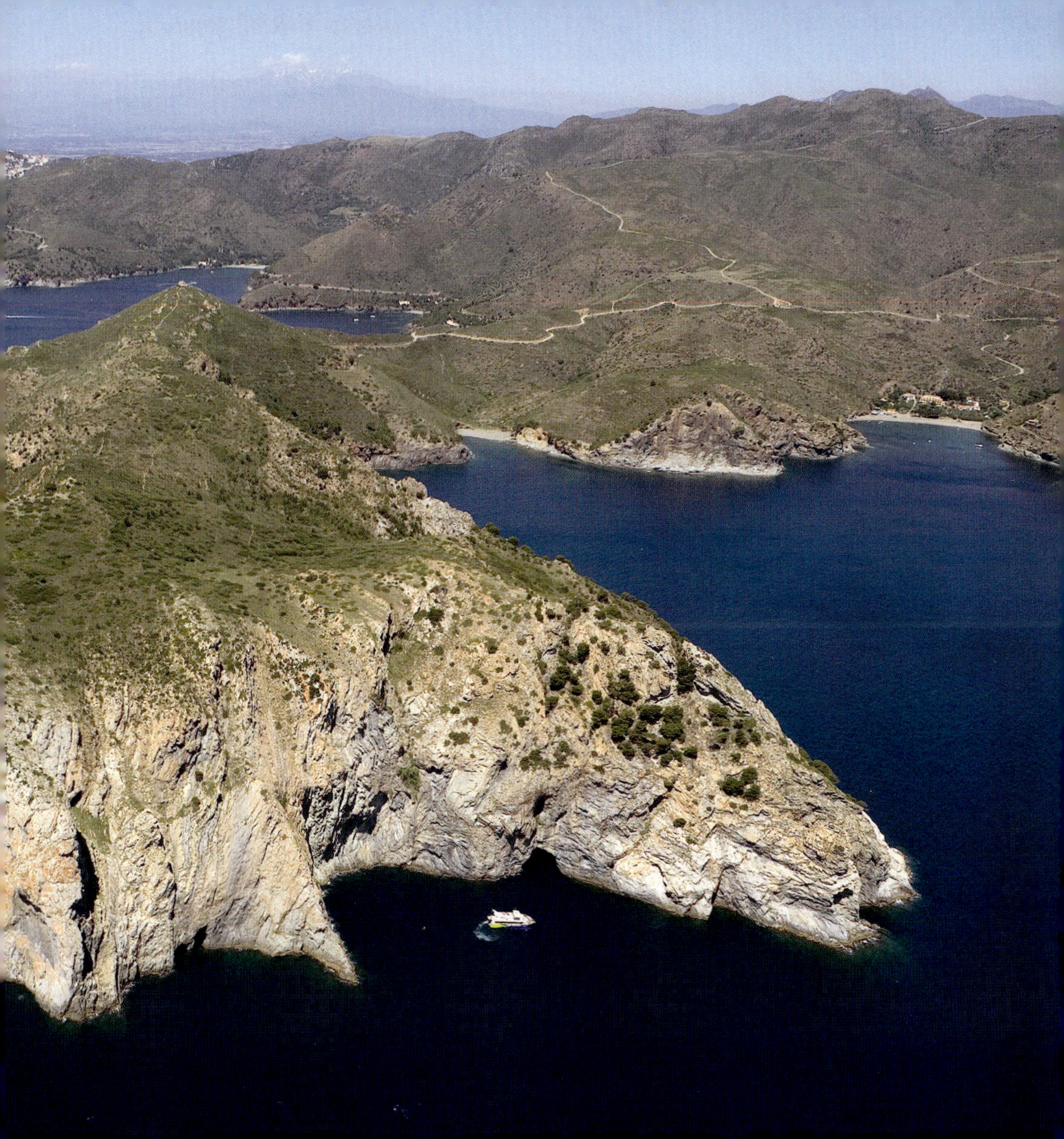

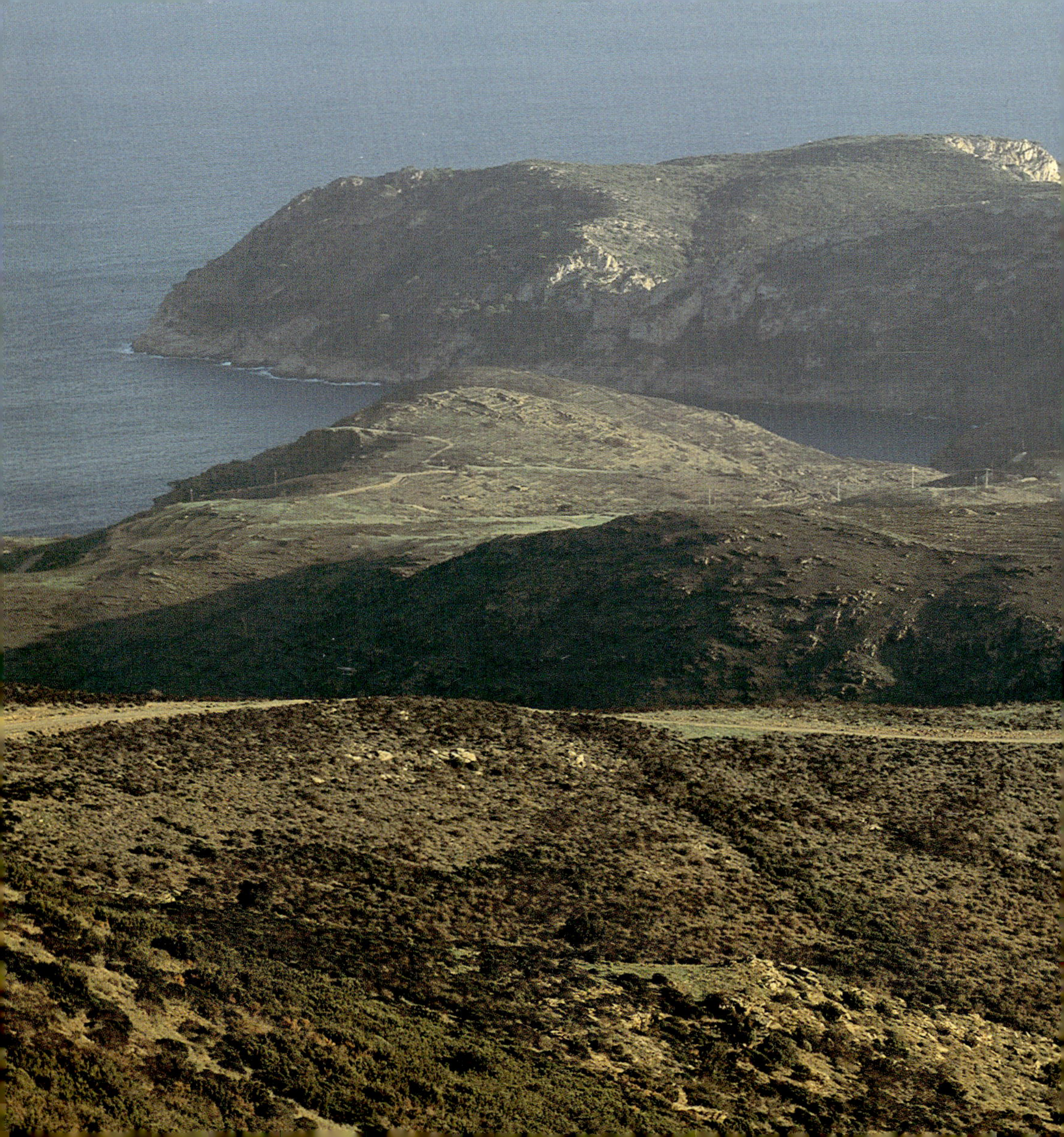

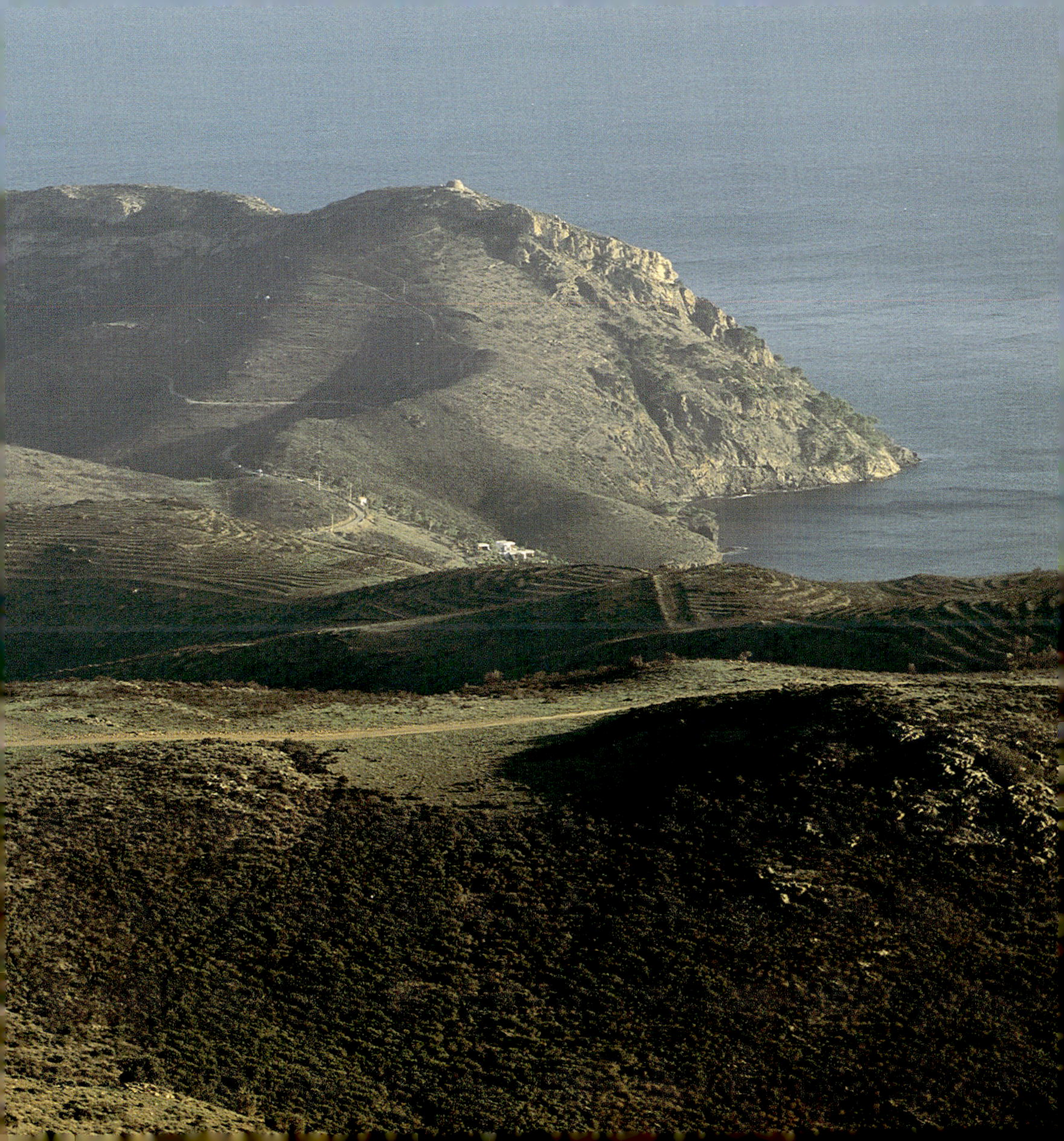

Calitjàs
Calitjàs
Calitjàs

›› **Cala Pelosa**
Cala Pelosa
Cala Pelosa

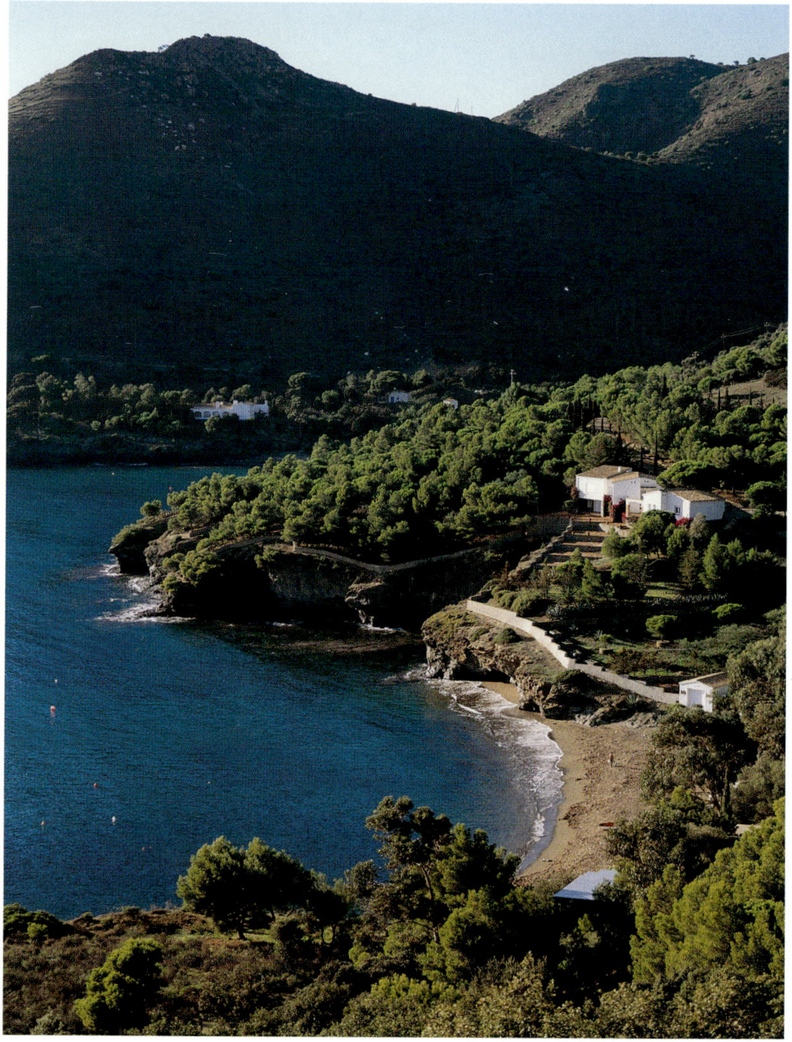

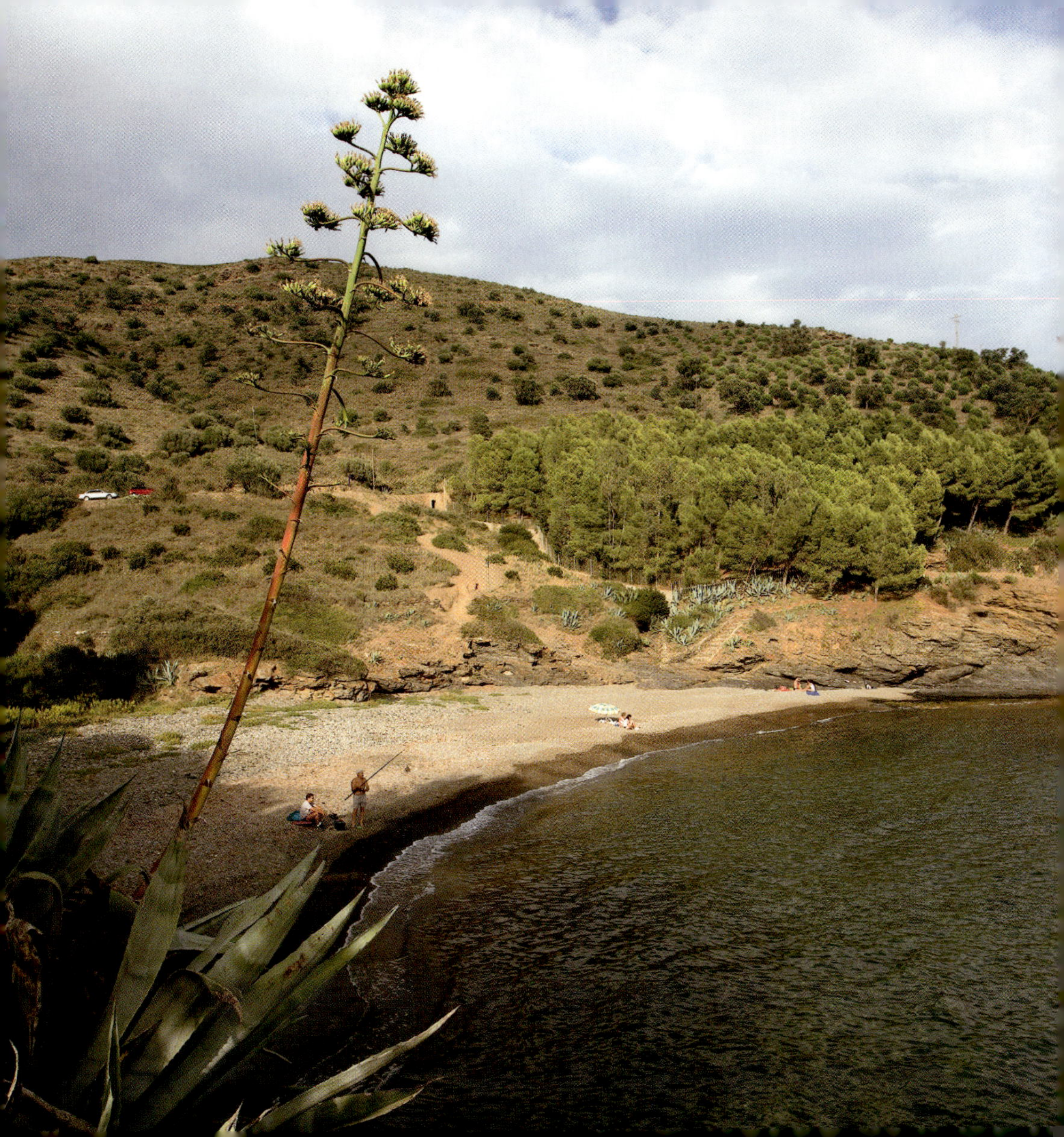

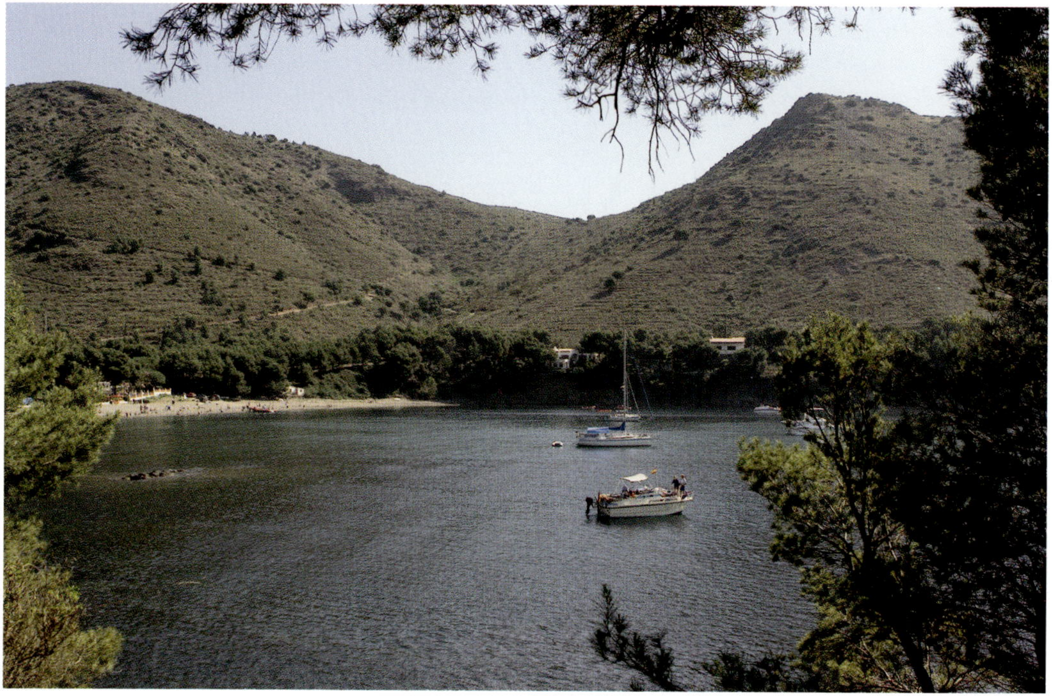

LA DELICADESA DE CALA MONTJOI

Per arribar a aquest paratge extraordinari, cal superar set quilòmetres de giragonses sense asfaltar. Val la pena atrevir-s'hi per descobrir un racó de costa que ha captivat poetes, pescadors i literats. Envoltada d'aigües transparents, que són un paradís per als submarinistes, la platja de Montjoi és una abraçada franca, lluminosa i acollidora. Durant les últimes dècades, la cala s'ha vist catapultada a la fama gràcies a la presència d'*El Bulli*, un referent de l'alta cuina internacional. Ningú no ho hauria sospitat a finals dels anys 50, quan a Montjoi regnaven les graellades de carn a l'aire lliure, sota la mirada desaprovadora de la Guàrdia Civil.

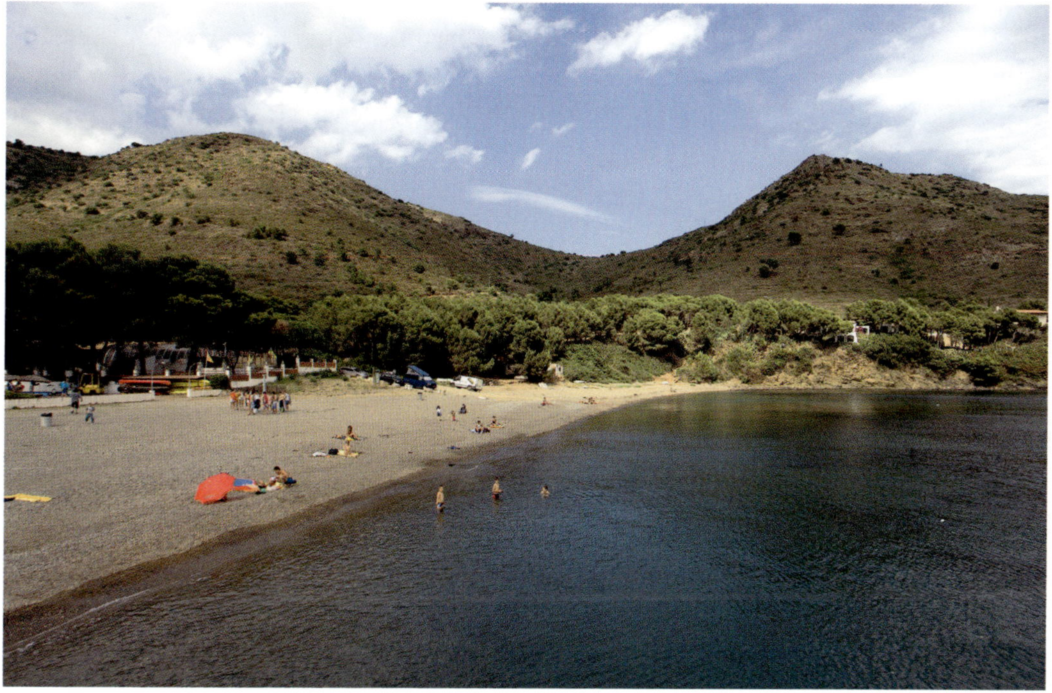

LA DELICADEZA DE CALA MONTJOI

Para llegar a este extraordinario paraje, hay que superar siete serpenteantes kilómetros sin asfaltar. Merece la pena atreverse a recorrerlos para descubrir un rincón de costa que ha cautivado a poetas, pescadores y literatos. Acariciada por aguas transparentes, un paraíso para los submarinistas, la playa de Montjoi es un abrazo franco, luminoso y acogedor. Durante las últimas décadas, la cala ha saltado a la fama gracias a la presencia de *El Bulli*, un referente de la alta cocina internacional. Nadie lo hubiera podido sospechar a finales de los años 50, cuando en Montjoi reinaban las parrilladas de carne al aire libre bajo la desaprobadora mirada de la Guardia Civil.

THE GENTLENESS OF CALA MONTJOI

To reach this extraordinary spot, you have to overcome seven twisting kilometres of dirt track. It is well worth making the effort to cross them though, since you will discover a corner of the coast that has captivated poets, fishermen and men and women of letters. Caressed by transparent waters, a paradise for divers, the beach of Montjoi is an open, illuminated and welcoming embrace. Over the last few decades the cove has become famous due to the presence of *El Bulli*, a reference point for high international cuisine. Nobody could have imagined it at the end of the 1950s, when Montjoi was ruled by the open-air barbeques beneath the disapproving look of the Civil Guard.

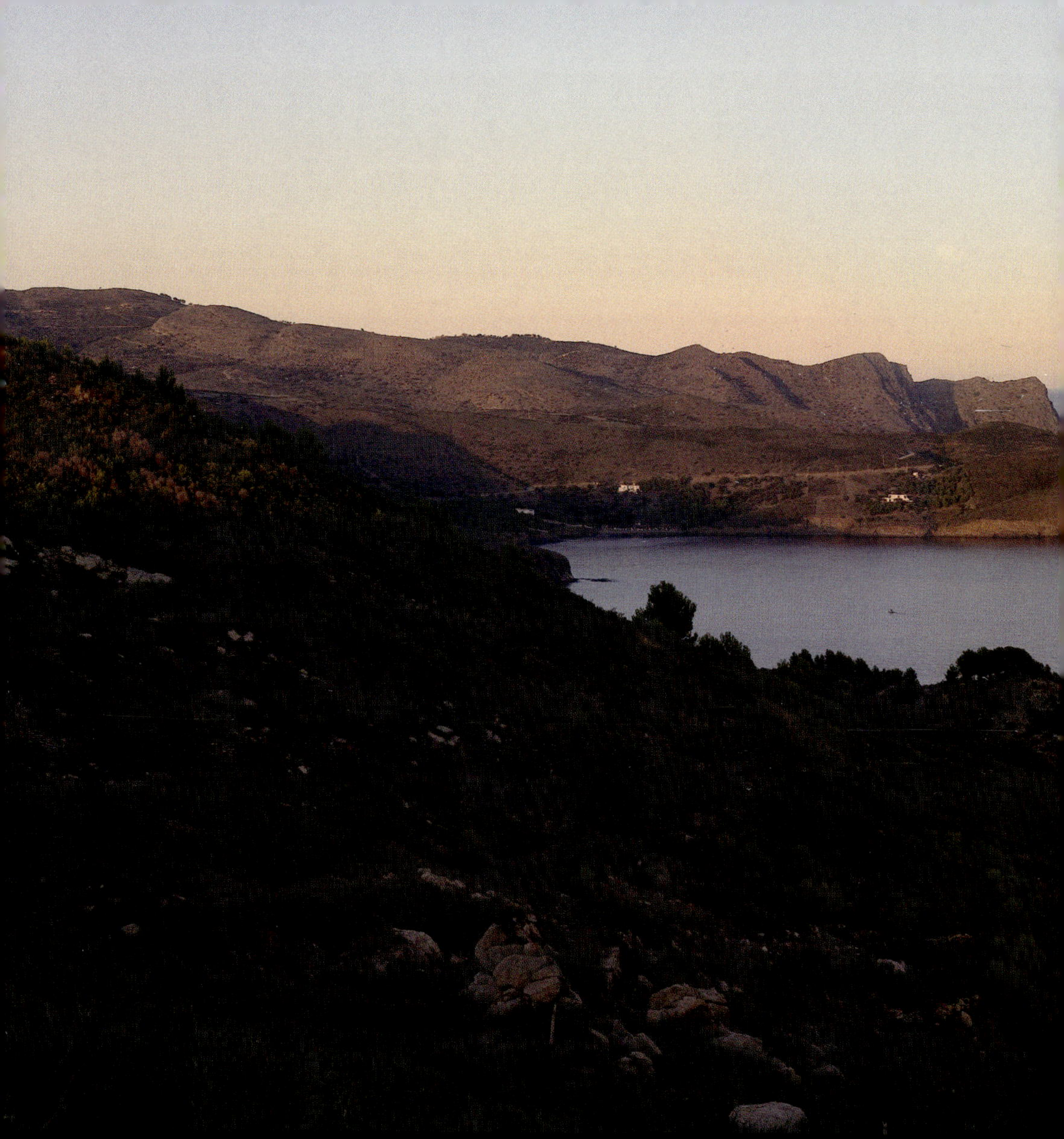

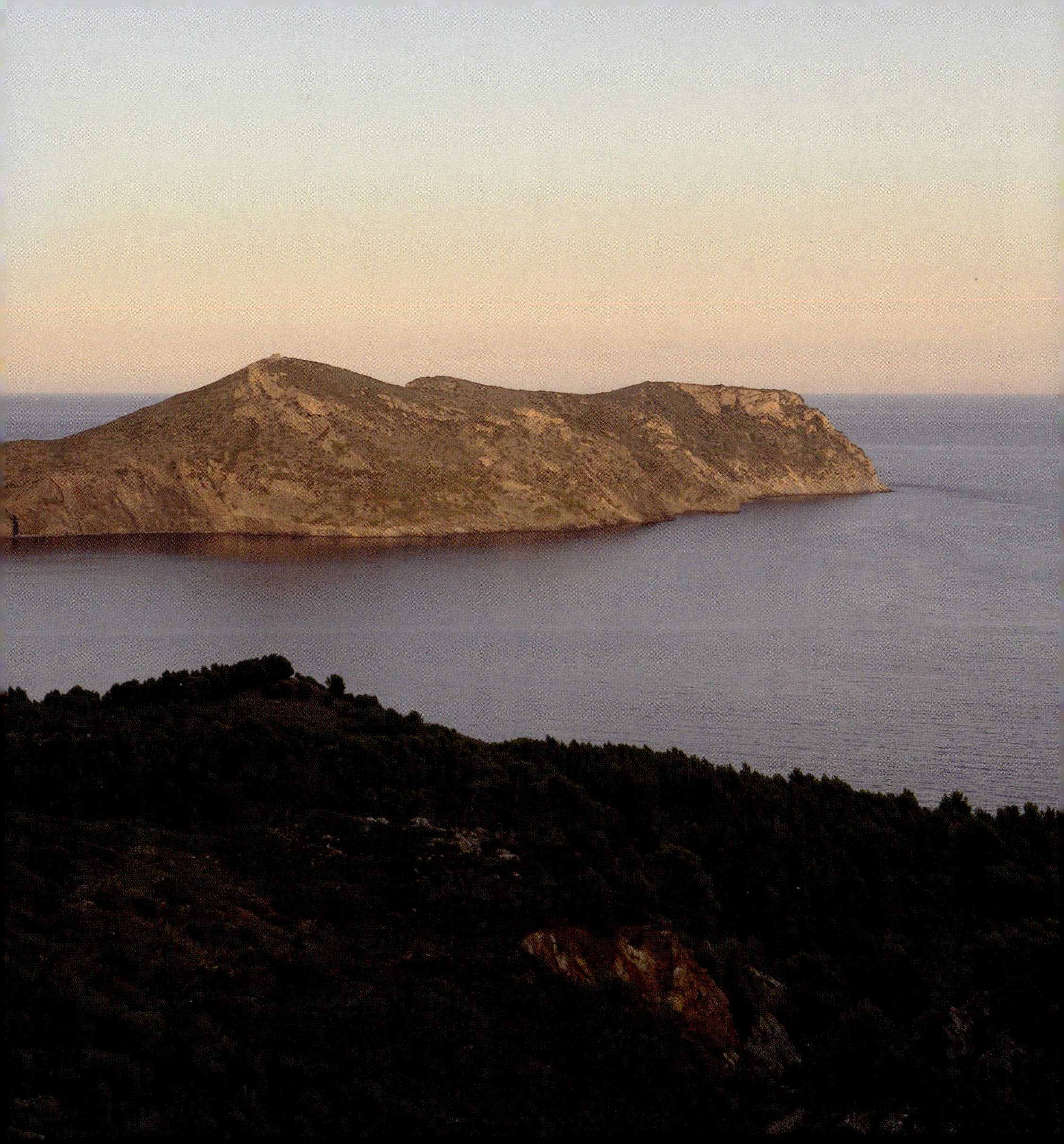

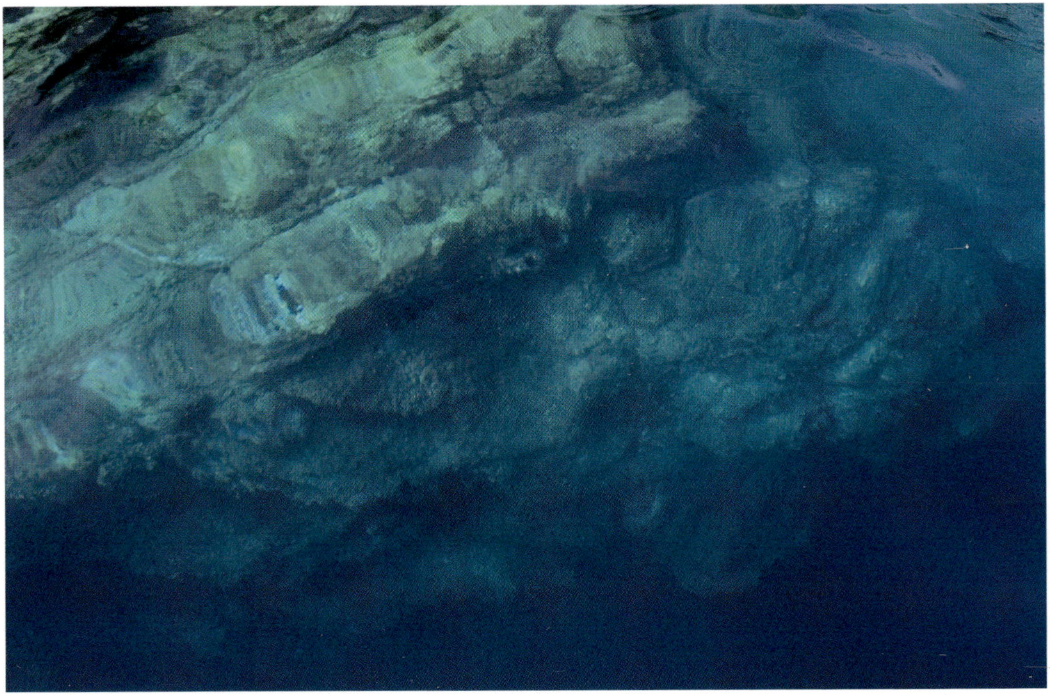

UNA ULLADA A LES FONDÀRIES

Les platges i els penya-segats que envolten Cap Norfeu hostatgen una mostra variada i multicolor de fauna i flora mediterrània. Els bussejadors poden delectar-se resseguint parets rocoses clapejades d'esponges grises, grogues, blanques i taronges. També hi abunden les anemones, les gorgònies i els fons encatifats d'algues sinuoses. Entre la fauna piscícola, és habitual la presència de neros, congres i morenes. Els submarinistes asseguren que, des que les lleis de protecció mediambientals de la zona s'han tornat més estrictes, a les fondàries del golf rosinc hi han retornat espècies desaparegudes.

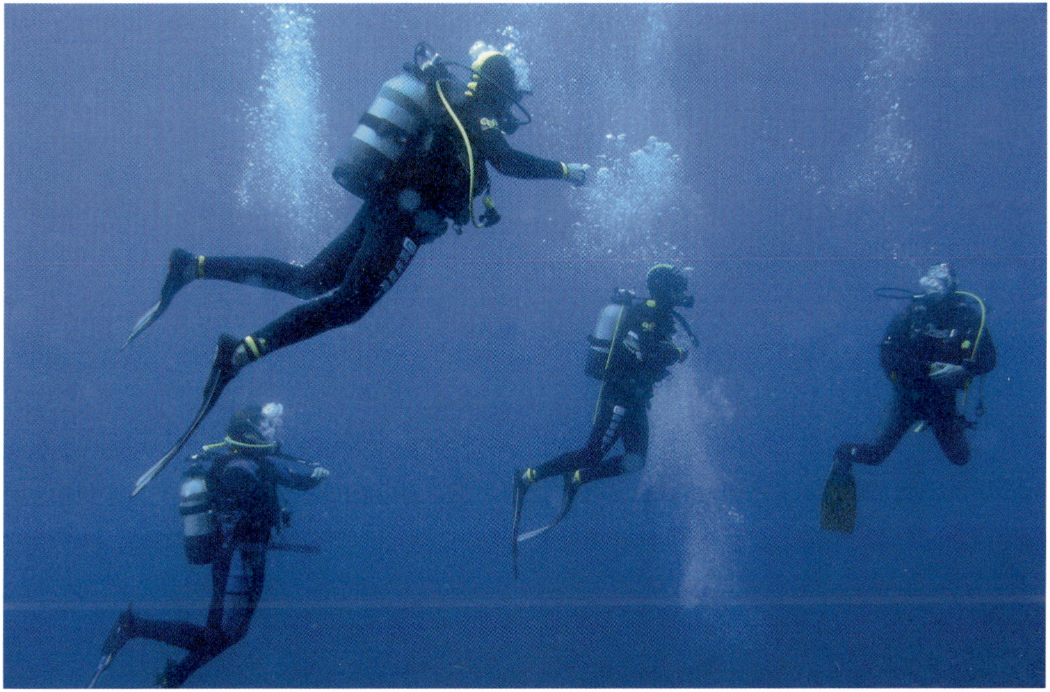

UNA MIRADA A LAS PROFUNDIDADES

Las playas y los acantilados que rodean al Cap Norfeu hospedan a una muestra variada y multicolor de fauna y flora mediterránea. Los buceadores pueden deleitarse siguiendo paredes rocosas moteadas de esponjas grises, amarillas, blancas y naranjas. También abundan las anémonas de mar, las gorgonias y los fondos alfombrados de sinuosas algas. Entre la fauna piscícola, es habitual la presencia de neros, congrios y morenas. Los submarinistas aseguran que, desde que las leyes de protección medioambientales de la zona son más estrictas, han vuelto a las profundidades del golfo especies que habían desaparecido.

A LOOK INTO THE DEPTHS

The beaches and cliffs surrounding Cap Norfeu play host to a varied and multi-coloured sample of Mediterranean flora and fauna. Divers can delight in following rocky walls speckled with grey, yellow, white and orange sponges. There are also many sea anemones, gorgonias and the seabed is carpeted with sinuous algae. Among the fish inhabitants, the presence of grouper fish, conger eels and morays is quite common. The divers assure us that since the environmental protection laws in the area were tightened up, species that had disappeared have returned to the depths of the gulf.

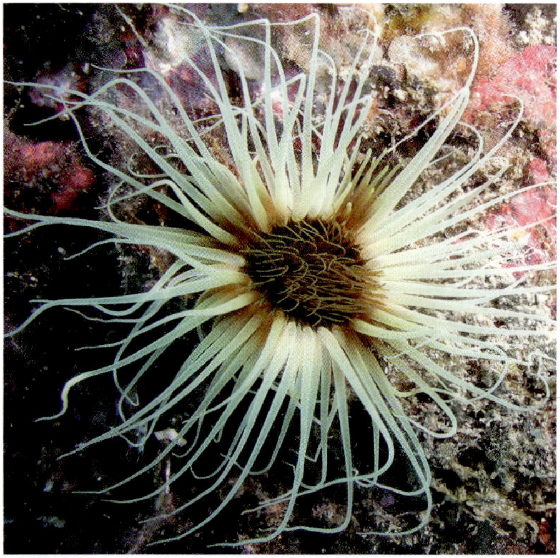
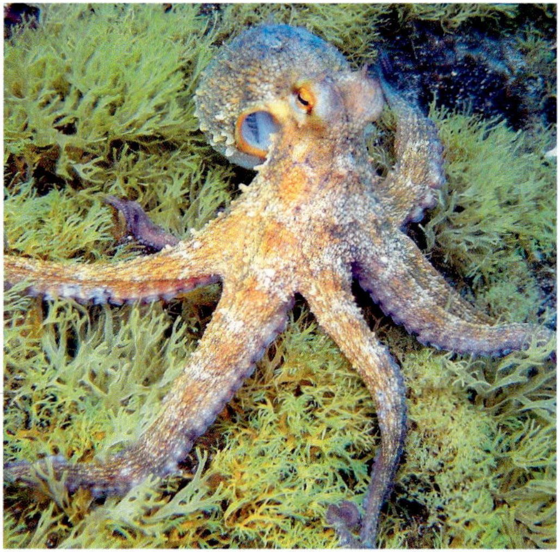
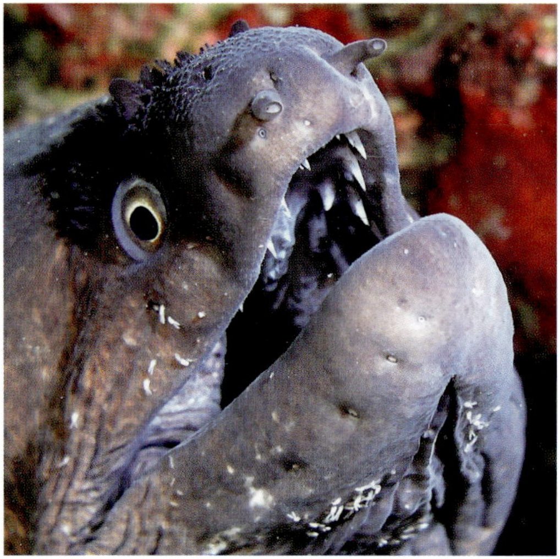
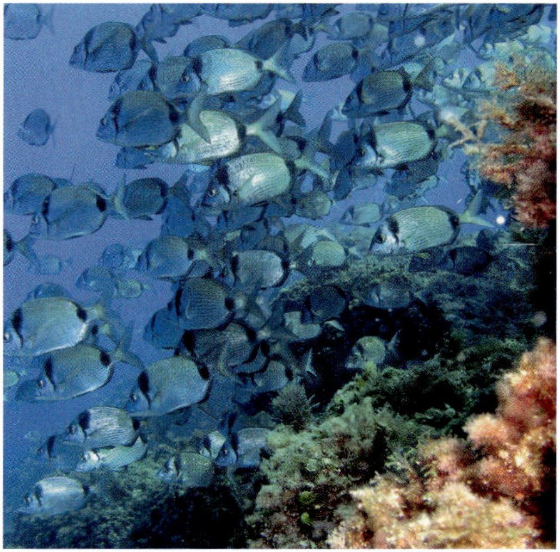

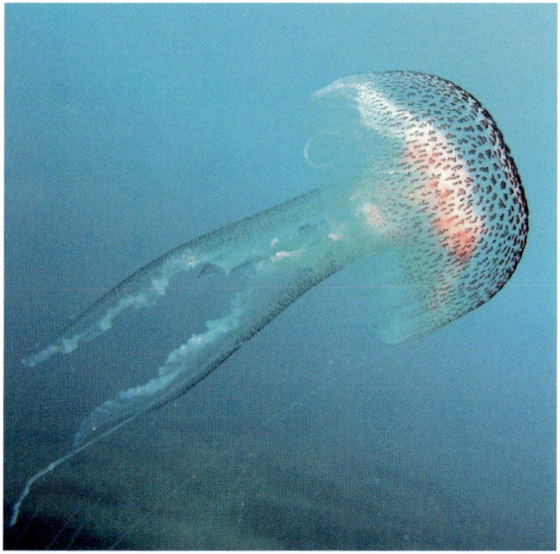

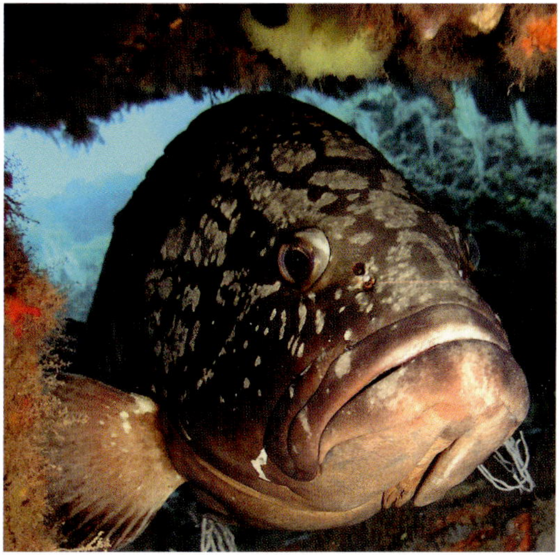

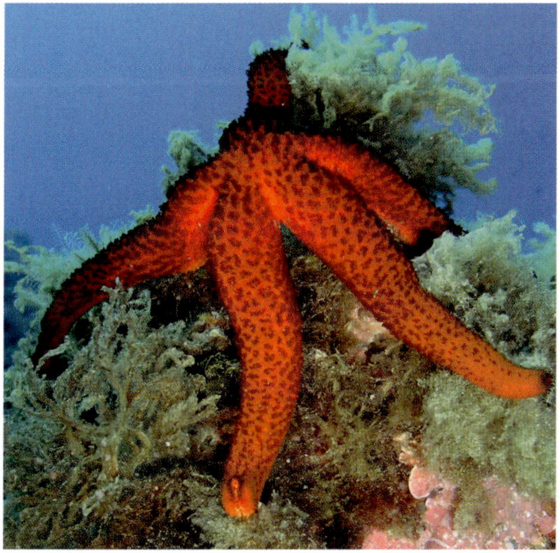

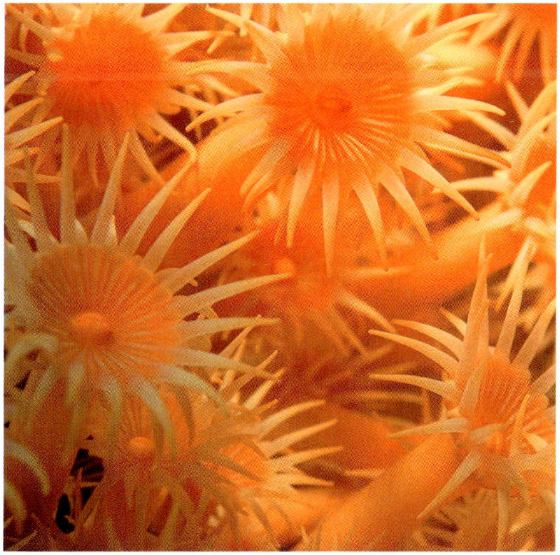

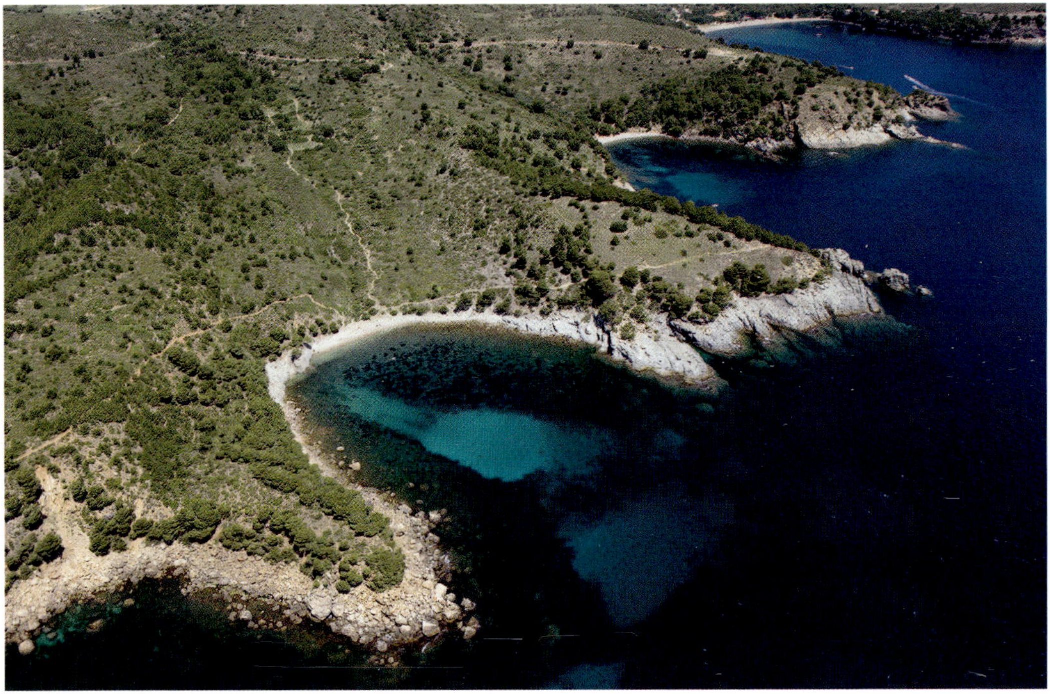

| **Transparència a les cales Murtra, Rostella i Montjoi**
Transparencia en las calas Murtra, Rostella y Montjoi
Transparency in the coves of Murtra, Rostella and Montjoi

›› | **Vista des del camí de ronda**
Vista desde el camino de ronda
View from the coastal path

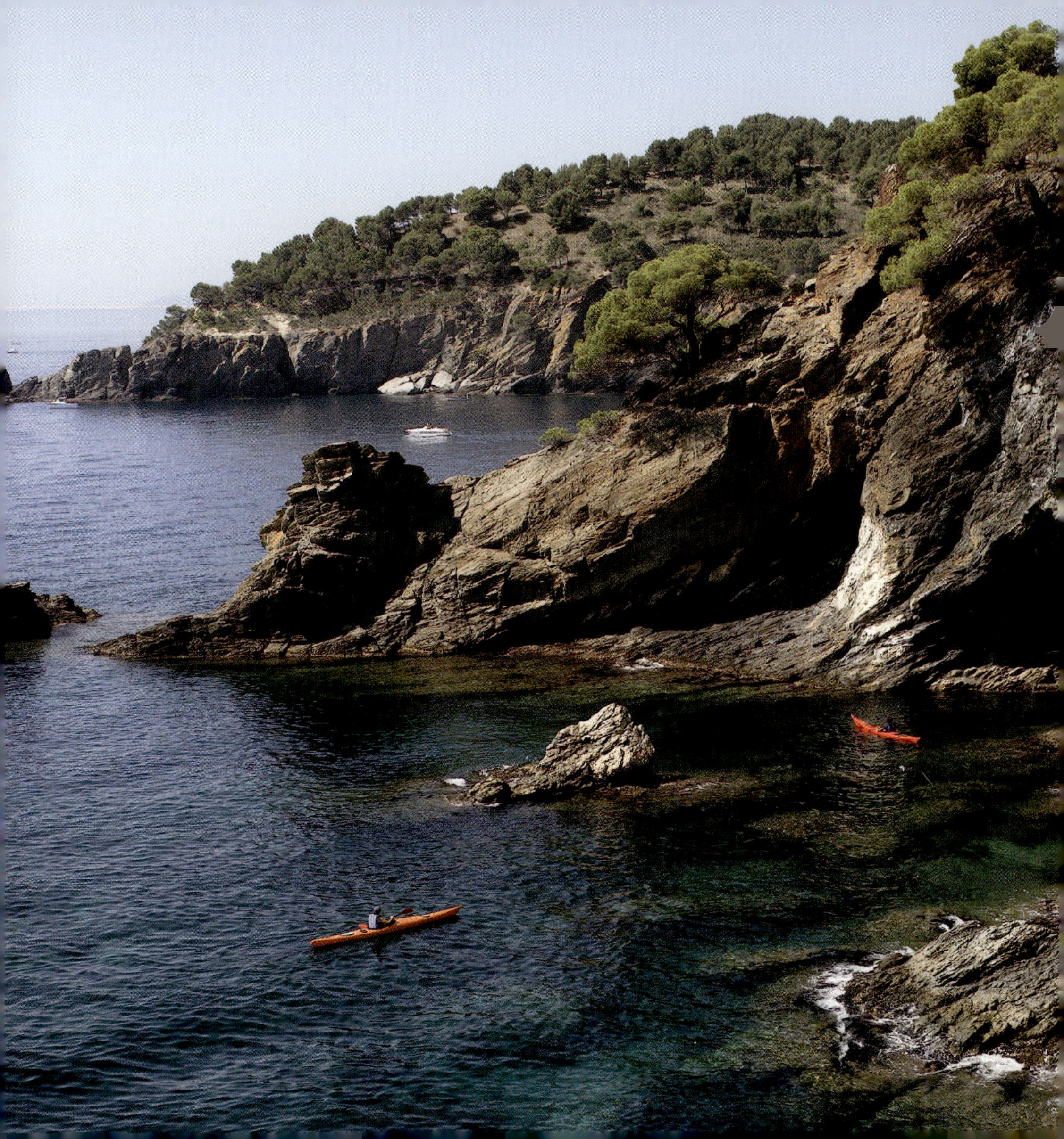

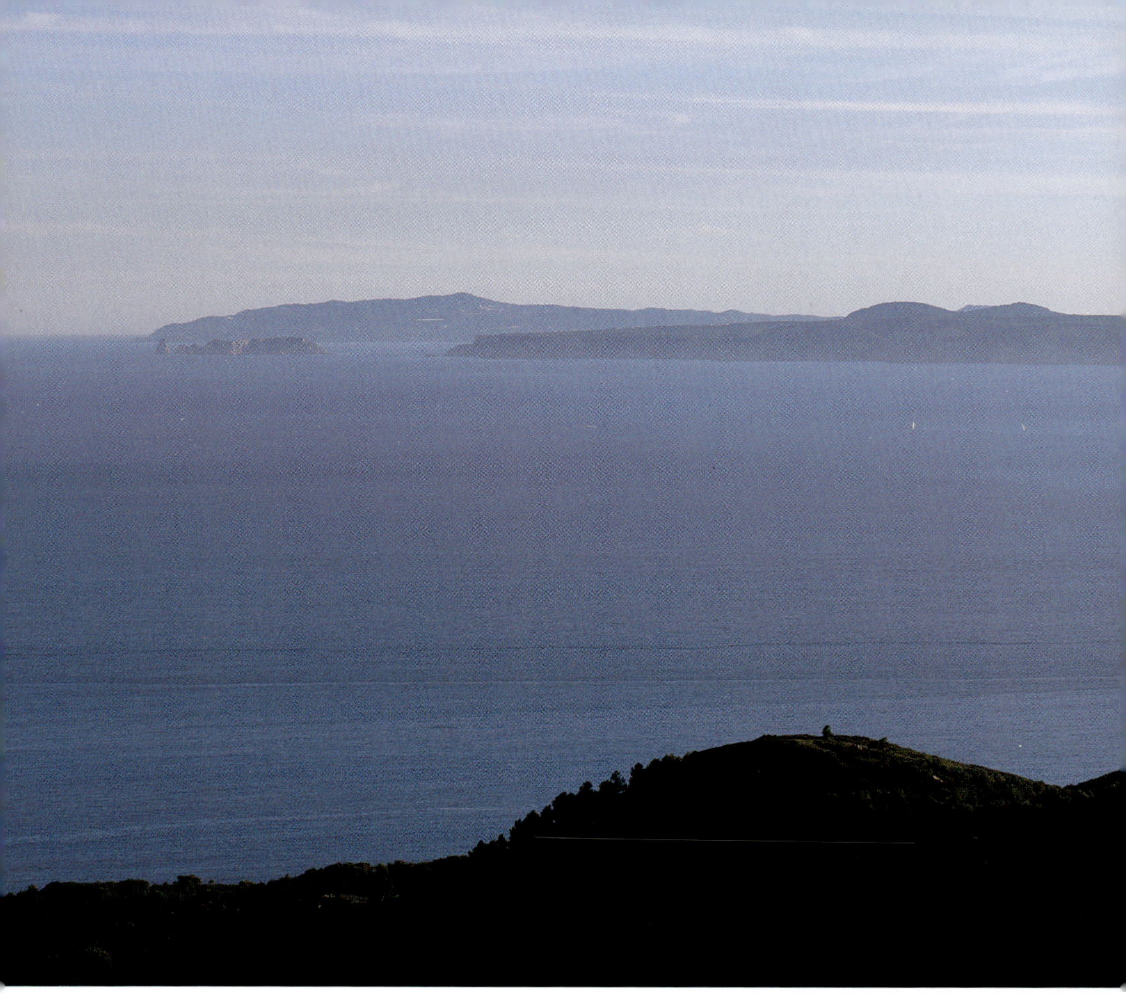

La badia de Roses atrapada entre Punta Falconera i Punta del Milà (Torroella de Montgrí)
La bahía de Roses atrapada entre Punta Falconera y Punta del Milà (Torroella de Montgrí)
The Bay of Roses trapped between Punta Falconera and Punta del Milà (Torroella de Montgrí)

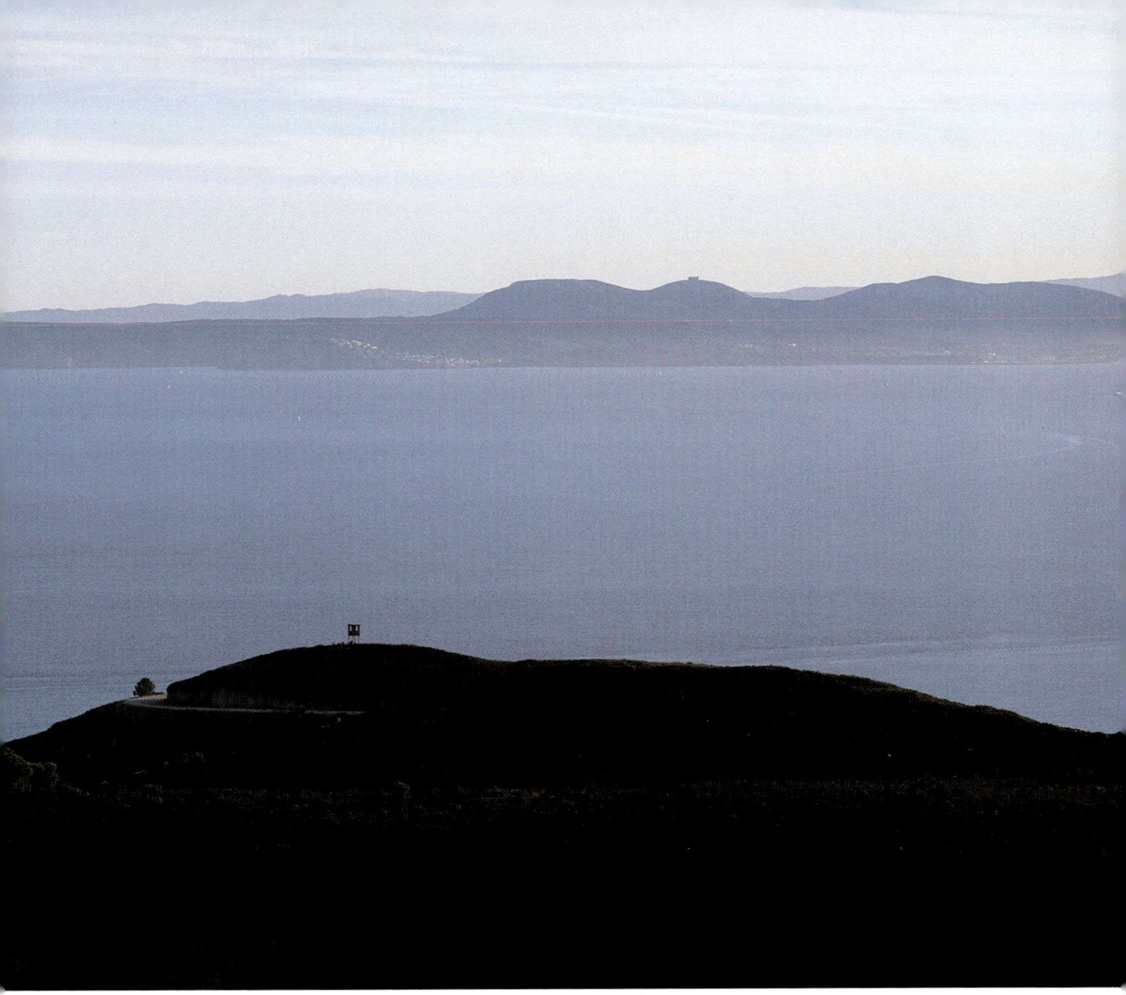

A PEU PEL CAMÍ DE RONDA

La millor manera de conéixer aquest tros de costa és endinsar-se pel camí de ronda de Roses, que forma part del GR-92 i l'E-10. L'itinerari, que discorre vorejant el mar entre mates i arbres, surt del final de l'avinguda Díaz Pacheco i permet anar des de la punta de l'Almadrava fins a Cala Jóncols. El passejant es trobarà amb cales reservades, torres de guaita centenàries, coves subaquàtiques, escalons tallats a la roca que condueixen fins al mar i barraques on es refugiaven els pagesos. La ruta, de 19 quilòmetres, travessa la mola imponent del cap Norfeu, que s'alça amb sumptuositat entre les cales de la Pelosa i el Canadell.

A PIE POR EL CAMINO DE RONDA

La mejor manera de conocer este trozo de costa es adentrarse en el camino de ronda de Roses, que forma parte del GR-92 y el E-10. El itinerario, que discurre bordeando el mar entre matas y árboles, sale del final de la avenida Díaz Pacheco y permite ir desde la punta de la Almadrava hasta la cala Jòncols. El caminante se encontrará con calas reservadas, torres de vigilancia centenarias, cuevas subacuáticas, escalones tallados en la roca que conducen hasta el mar y barracas donde se refugiaban los campesinos. La ruta, de 19 km, atraviesa la imponente mole del cabo Norfeu, que se alza suntuoso entre las calas de la Pelosa y el Canadell.

WALKING ALONG THE COASTAL PATH

The best way of getting to know this section of the coastline is to walk along the Roses coastal path, which forms part of the GR-92 and E-10 signposted walks. The route, which runs along the edge of the sea between bushes and trees, starts at the end of Avinguda Díaz Pacheco and takes us from the Almadrava point until Cala Jòncols. The rambler will come across concealed coves, hundreds-year-old watchtowers, underwater caves, steps cut out of the rock that lead to the sea and huts where the peasants sought refuge. The route, 19 kilometres long, crosses the imposing hill of Cap Norfeu, which rises sumptuously between the coves of Pelosa and Canadell.

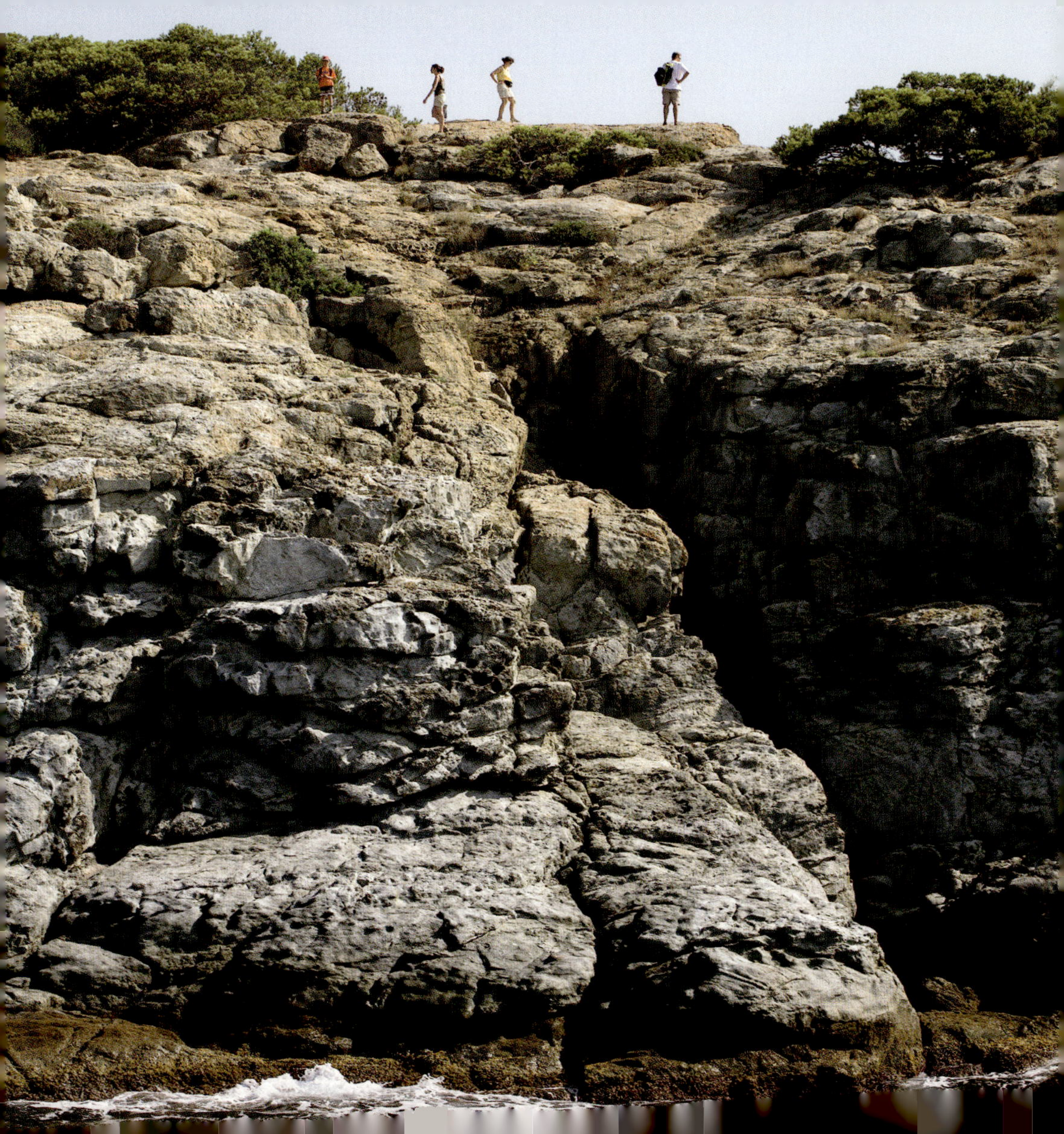

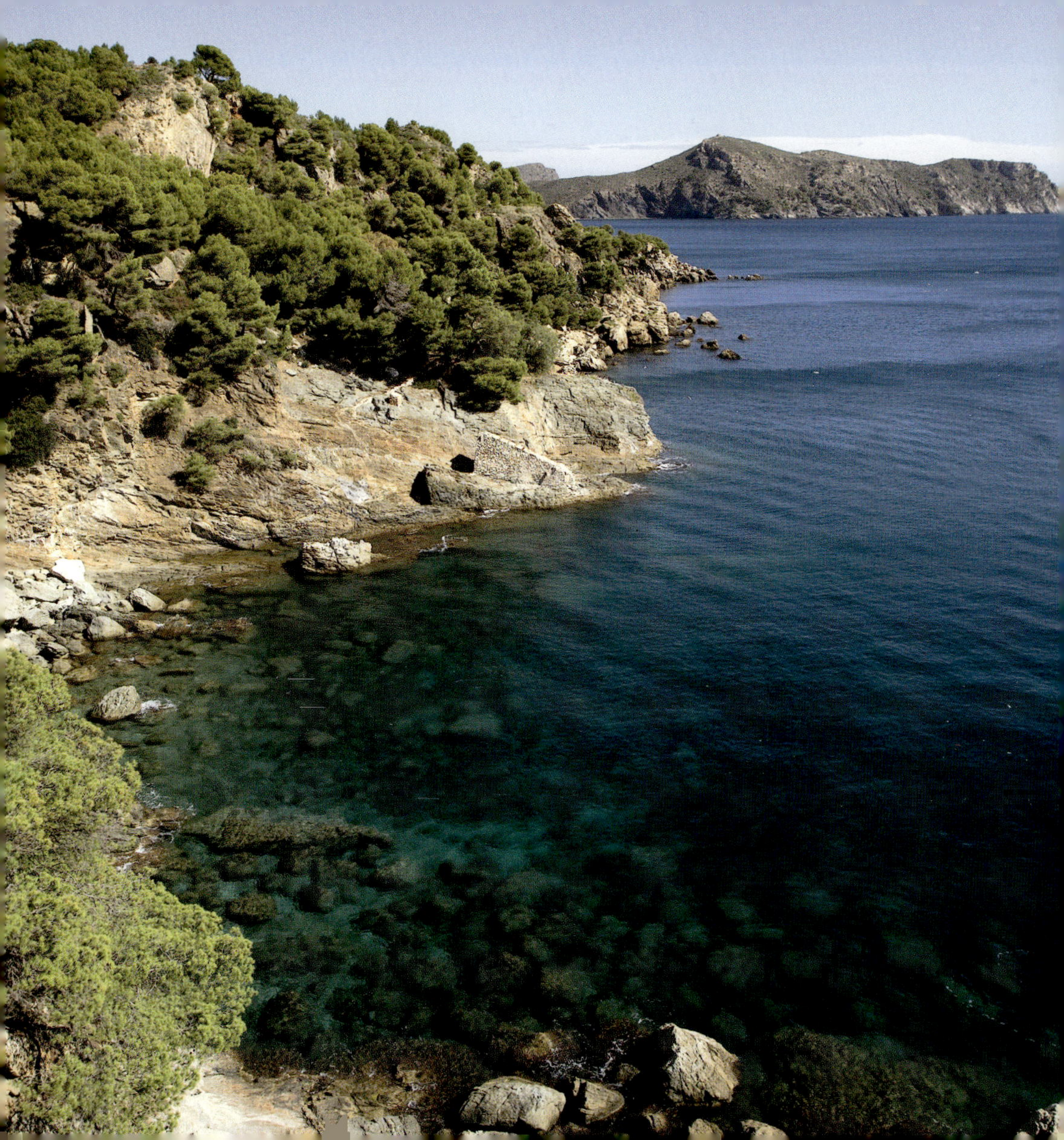

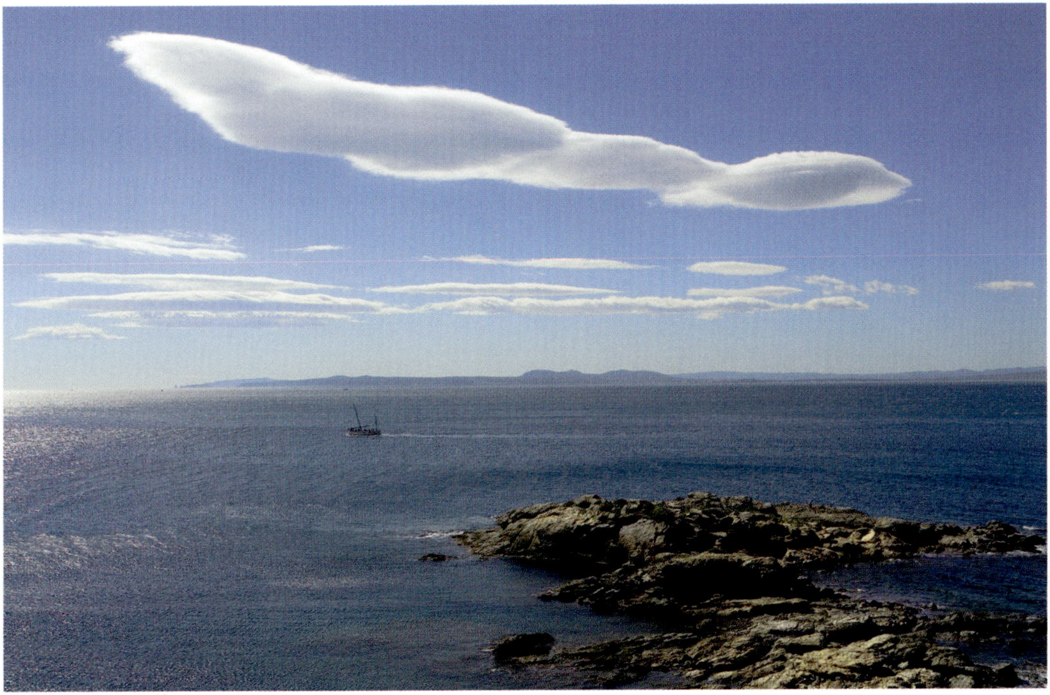

«| **Cala del Lladó**
Cala del Lladó
Cala del Lladó

| **Onades d'argent a la punta de l'Ullastrell**
Olas de plata en la Punta de Ullastrell
Silver waves on the Punta de l'Ullastrell

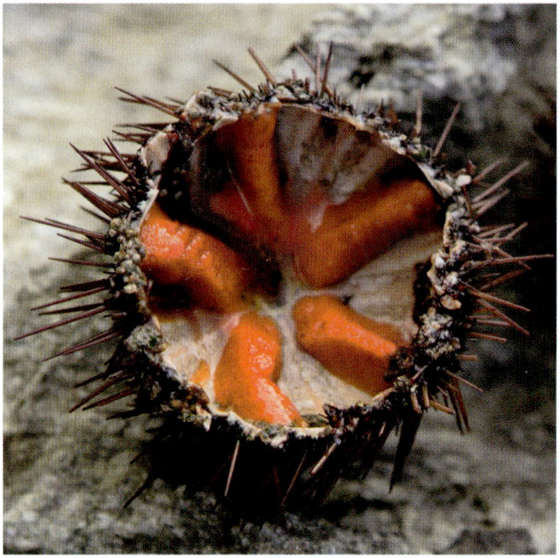

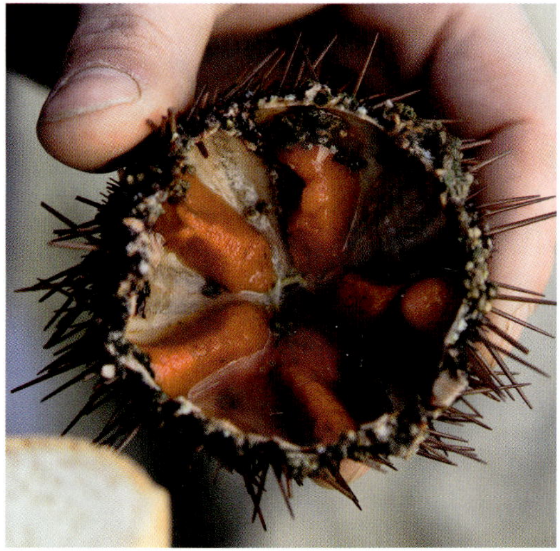

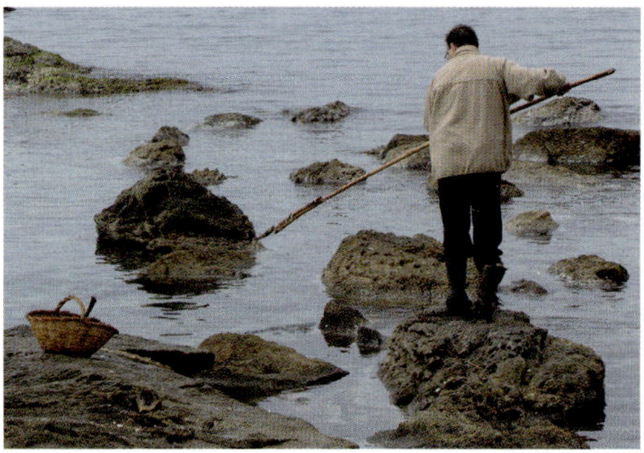

GAROTES: PREMI SOTA LA CUIRASSA

Les punxes de la garota no són cap defensa davant d'un paladar sibarita. Els fruits interiors d'aquest coixí d'agulles són exquisits. Per assaborir-los, cal obrir les garotes en dues meitats i buidar l'aigua de mar que contenen. La substància vermellosa, disposada en forma d'estrella, es menja crua, amb una gota de vinagre, un polsim de pebre, pa i vi. Si pot ser, en un recés i a ple sol. El pintor Salvador Dalí considerava la garota l'organisme més perfecte de la creació. Durant una estada a Nova York, va col·locar un pinzell a la boca d'unes quantes per demostrar que també podien pintar quadres.

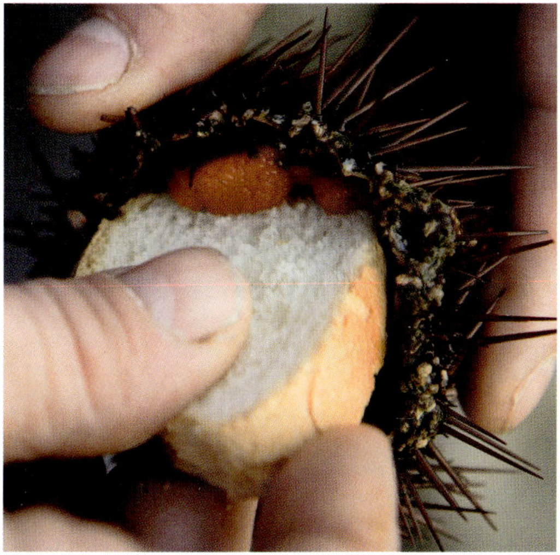

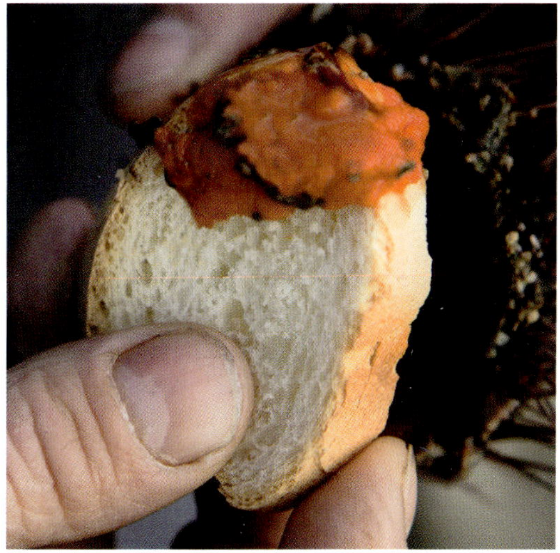

ERIZOS DE MAR: PREMIO BAJO LA CORAZA

Los pinchos de los erizos de mar no ofrecen ninguna defensa ante un paladar sibarita. Los frutos interiores de este acerico son exquisitos. Para saborearlos conviene abrirlos en dos mitades y vaciarlos del agua de mar que contienen. La rojiza substancia, dispuesta en forma de estrella, se come cruda, con una gota de vinagre, una pizca de pimienta, pan y vino. Si puede ser, en un tranquilo retiro y a pleno sol. El pintor Salvador Dalí consideraba al erizo de mar como el organismo más perfecto de la creación. Durante una estancia en Nueva York, colocó un pincel en la boca de unos cuantos para demostrar que también podían pintar cuadros.

SEA-URCHINS: PRIZE BENEATH THE SHELL

The prickles of the sea-urchins are no defence against a luxury-loving palate. The fruits inside this pincushion are exquisite. To appreciate them fully you should open them into two halves and pour away the sea water in them. The reddish star-shaped substance is eaten raw, with a drop of vinegar, a pinch of pepper, bread and wine. And if possible, in a peaceful, sunny spot. The painter Salvador Dalí thought that the sea-urchin was the most perfect organism of all creation. During a stay in New York, he placed a paint brush in the mouths of some of them to show that they could paint pictures as well.

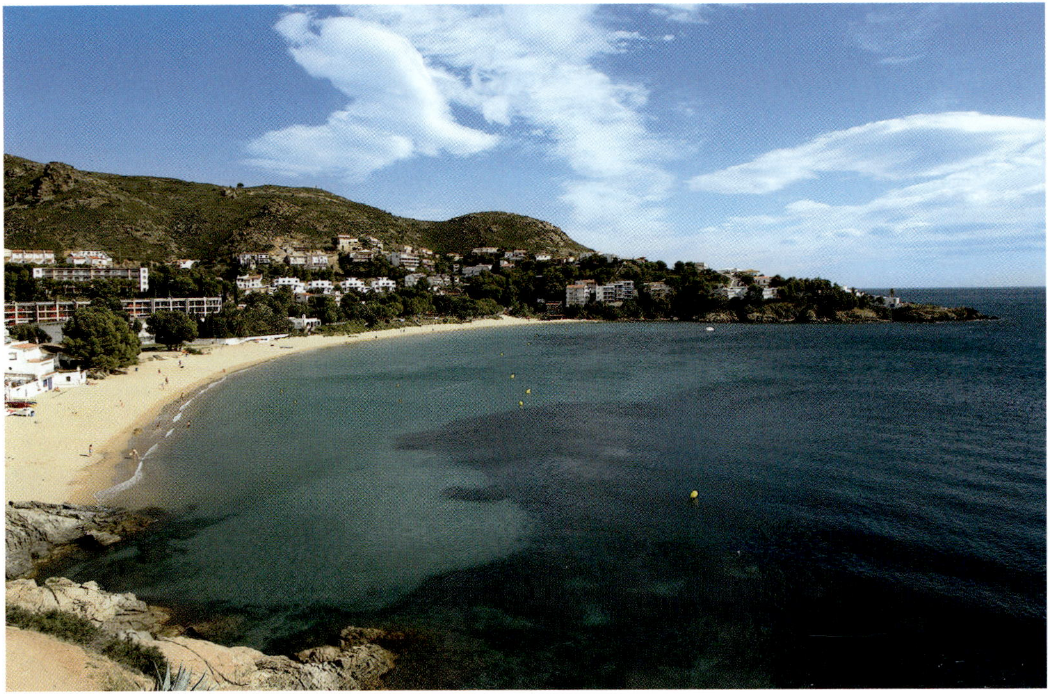

CANYELLES GROSSES, CANYELLES PETITES

A la platja de Canyelles Grosses, a l'esquerra, s'hi pescaven tonyines amb la tècnica de l'almadrava fins a mitjan segle passat. Això ha fet que avui se la conegui popularment amb aquest nom. La seva riba, càlida i daurada, va inspirar els pinzells imaginatius de Salvador Dalí. Si volem arribar-hi en cotxe, abans haurem de passar per la seva germana menor, Canyelles Petites, un dels destins preferits del turisme dels anys 60, que la va encerclar de xalets, casetes i segones residències. Durant aquell boom constructiu, es va fer una piscina singular dedicada al ballet aquàtic, amb brolladors il·luminats, amfiteatre i una cúpula en forma de petxina per a l'orquestra.

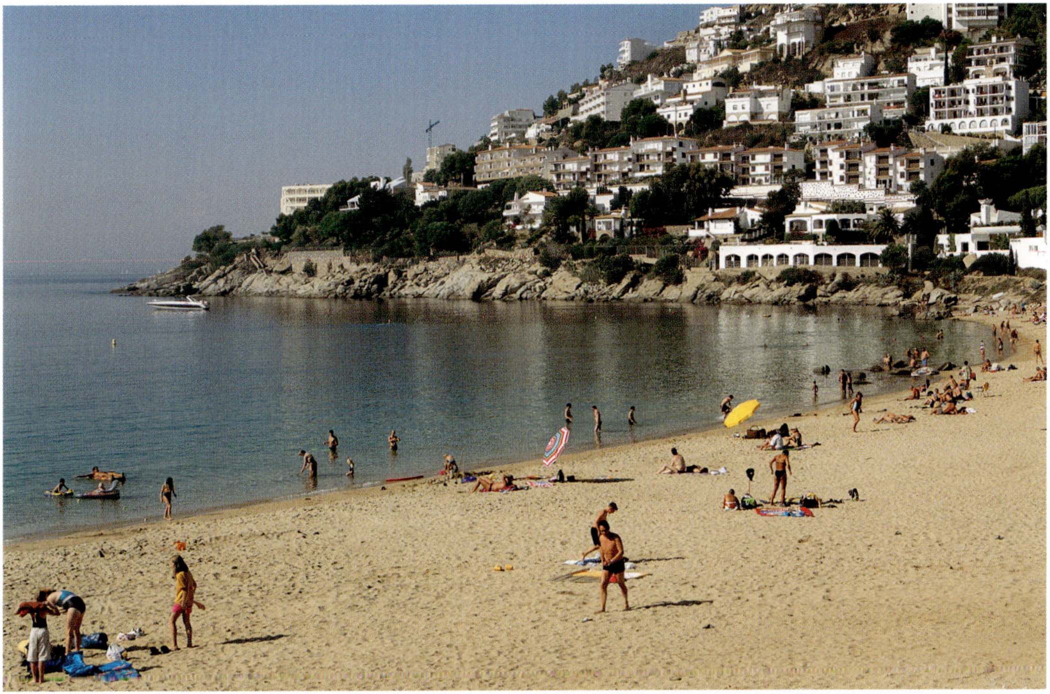

CANYELLES GROSSES, CANYELLES PETITES

En la playa de Canyelles Grosses, a la izquierda, hasta mediados del siglo pasado, se pescaban atunes con la técnica de la almadraba, por lo que hoy en día se la conoce popularmente con ese nombre. Su ribera, cálida y dorada, inspiró a los imaginativos pinceles de Salvador Dalí. Si queremos llegar en coche, habremos de pasar por su hermana pequeña, Canyelles Petites, uno de los destinos preferidos del turismo de los años 60, que la sembró de chalés, casitas, y segundas residencias. Durante aquel bum constructivo, se levantó una piscina singular dedicada al ballet acuático, con surtidores iluminados, anfiteatro y una cúpula en forma de concha para la orquesta.

CANYELLES GROSSES, CANYELLES PETITES (Big and small)

On the beach of Canyelles Grosses, on the left, until midway through the last century, tuna fish were caught using the tunny net technique, *almadraba*, by which the spot is popularly known today. Its shoreline, warm and golden, inspired the imaginative brushstrokes of Salvador Dalí. If you want to get there by car, you have to pass by its smaller sister, Canyelles Petites, one of the favourite spots for tourists in the 1960s, who scattered it with chalets, cottages and second homes. During that property boom, a unique swimming pool was built dedicated to aquatic ballet, with illuminated water jets, an amphitheatre and a dome in the form of a shell for the orchestra.

Far vora la Punta de la Poncella
Faro cerca de la Punta de la Poncella
Lighthouse close to Punta de la Poncella

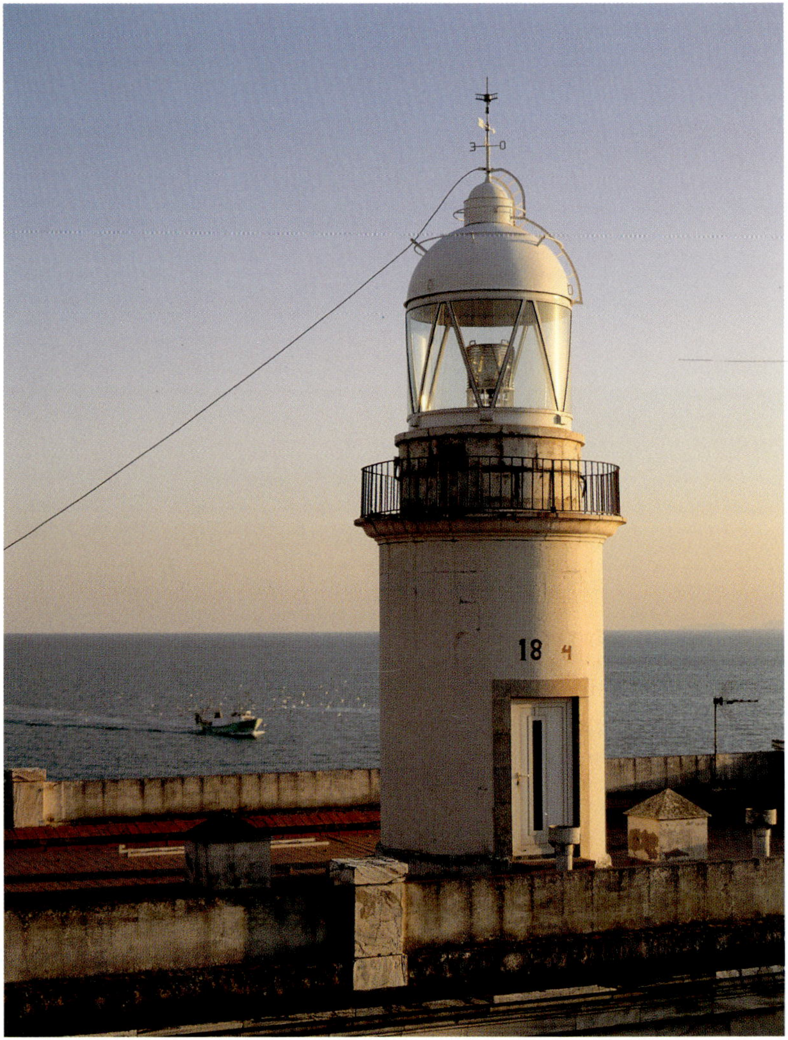

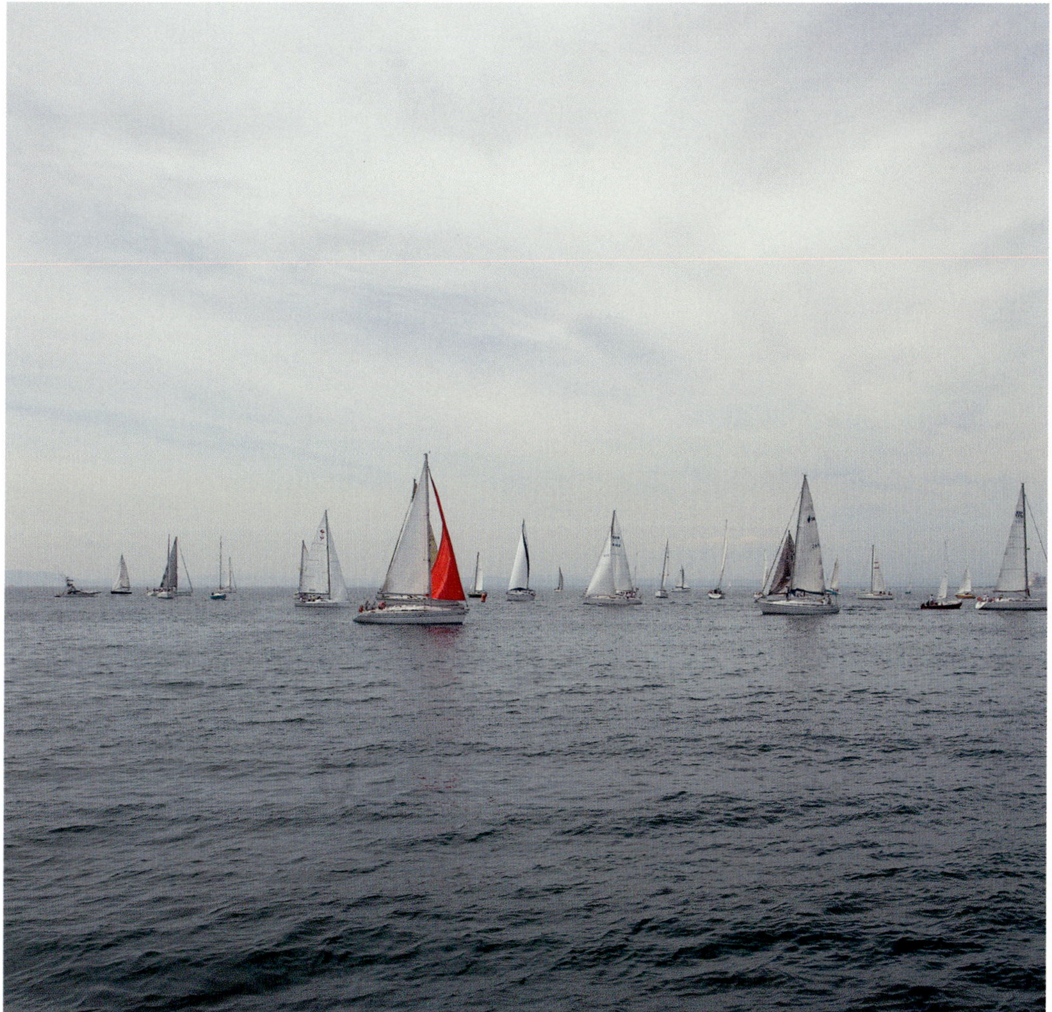

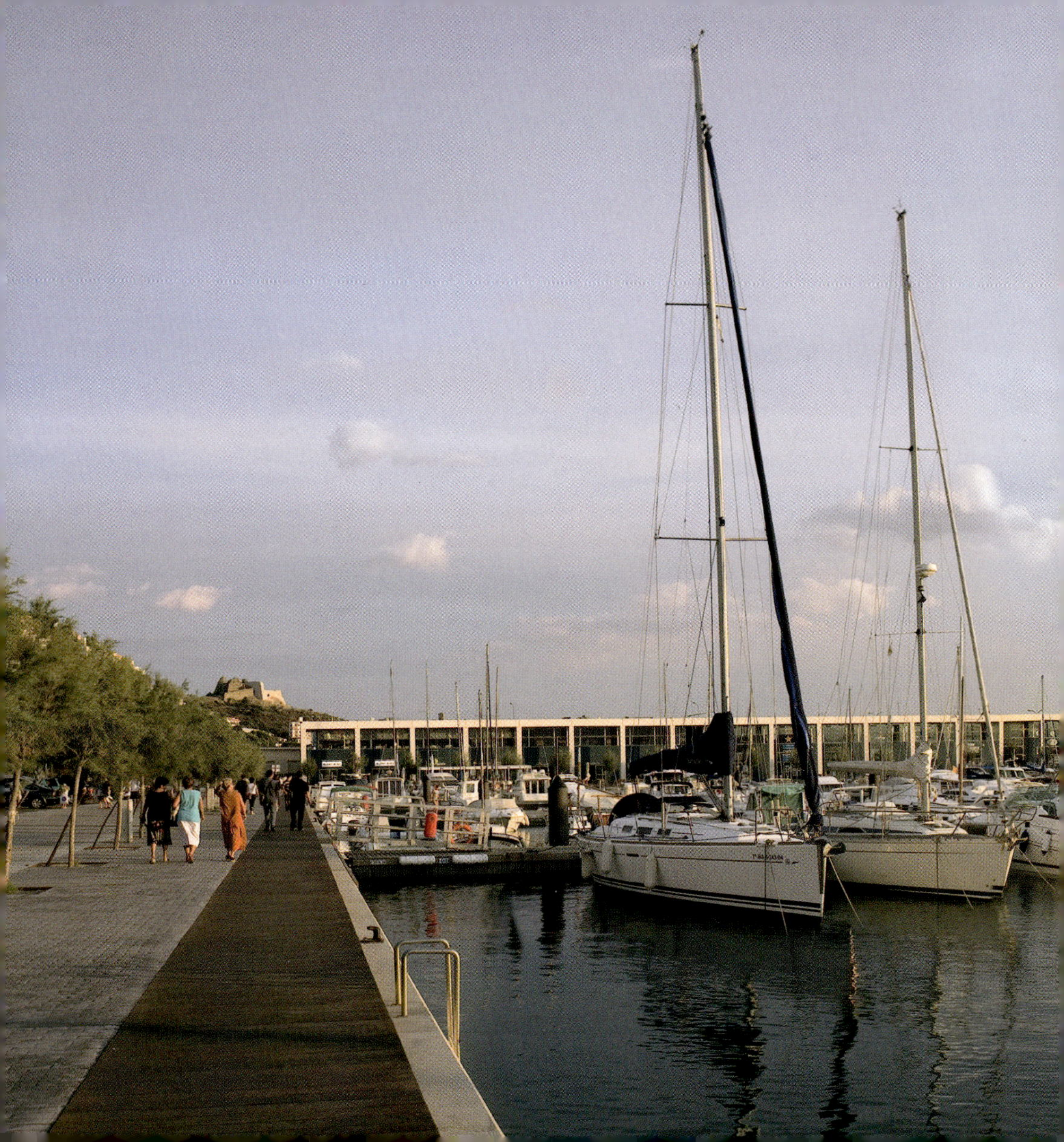

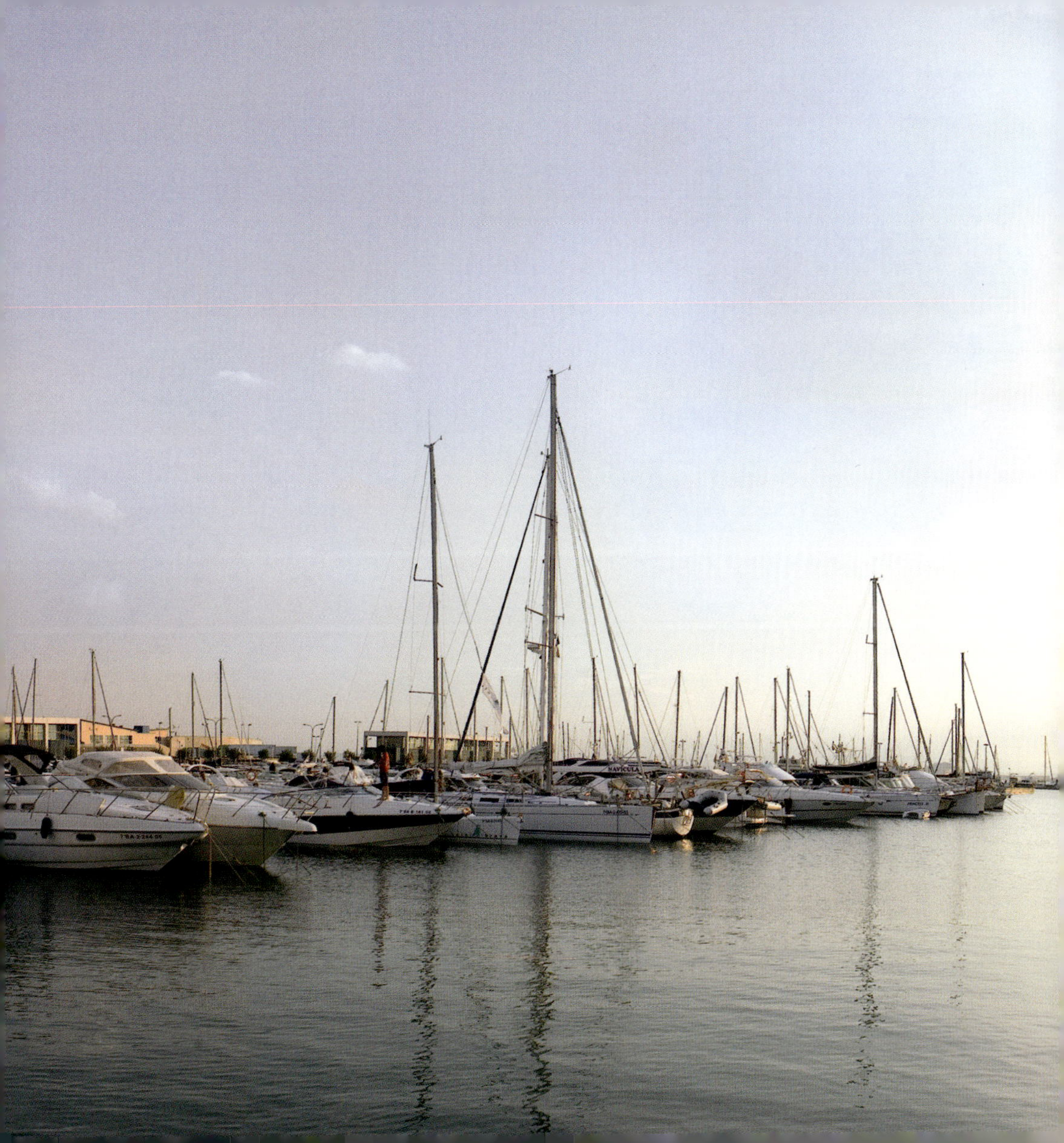

QUAN EL SOL PICA DE VALENT

A l'estiu, les platges urbanes de Roses (Els Estenedors, El Rastrell, El Salatar i Santa Margarida) són una garantia d'èxit. L'escriptor Àngel Burgas evoca aquest paisatge amb exactitud: "Les palmeres del passeig Marítim no abasteixen d'ombra els cossos estirats a la sorra, i el desert daurat que és la platja de febrer es transforma en un quadre puntillista multicolor a dos quarts d'onze del matí de qualsevol dia de juliol o agost". Els banyistes més matiners tenen l'opció de fer classes gratuïtes d'aeròbic a la vora del mar. Si ho prefereixen poden llogar windsurfs, catamarans o kayaks i vorejar la costa amb elegància.

CUANDO EL SOL PICA DE LO LINDO

En verano, las playas urbanas de Roses (Els Estenedors, El Rastrell, El Salatar y Santa Margadira) son una garantía de éxito. El escritor Àngel Burgas evoca este paisaje con exactitud: "Las palmeras del paseo Marítimo no proporcionan sombra a los cuerpos tendidos sobre la arena, y el desierto dorado que es la playa en febrero se transforma en un cuadro puntillista multicolor a las diez y media de la mañana de un día cualquiera de julio o agosto". Los bañistas más madrugadores tienen la opción de hacer clases gratuitas de aeróbic junto al mar. Si lo prefieren pueden alquilar planchas de windsurf, catamaranes o kayaks y bordear la costa con elegancia.

WHEN THE SUN REALLY BURNS

In summer, the urban beaches of Roses (Els Estenedors, El Rastrell, El Salatar and Santa Margarida) are a guarantee of success. The writer Àngel Burgas evokes this landscape with exactitude: "The palm trees of the promenade do not provide shade for the bodies stretched out on the sand, and the golden desert that is the beach in February is transformed into a multi-coloured pointillist painting at half-past-ten in the morning on any day in July or August". The earliest-up bathers have the choice of doing free aerobics classes by the sea. Or they can hire windsurfing boards, catamarans or kayaks and elegantly sail the edge of the coast.

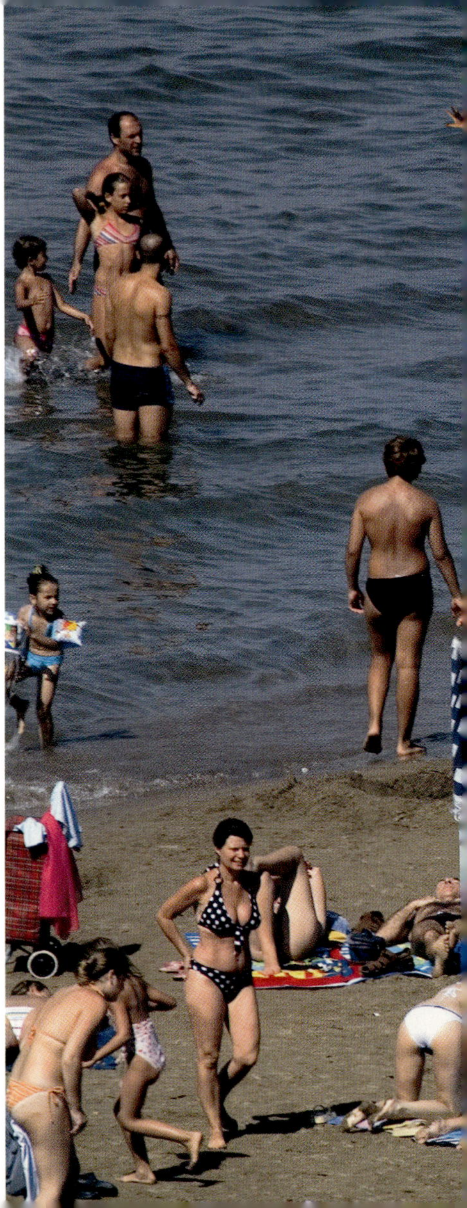

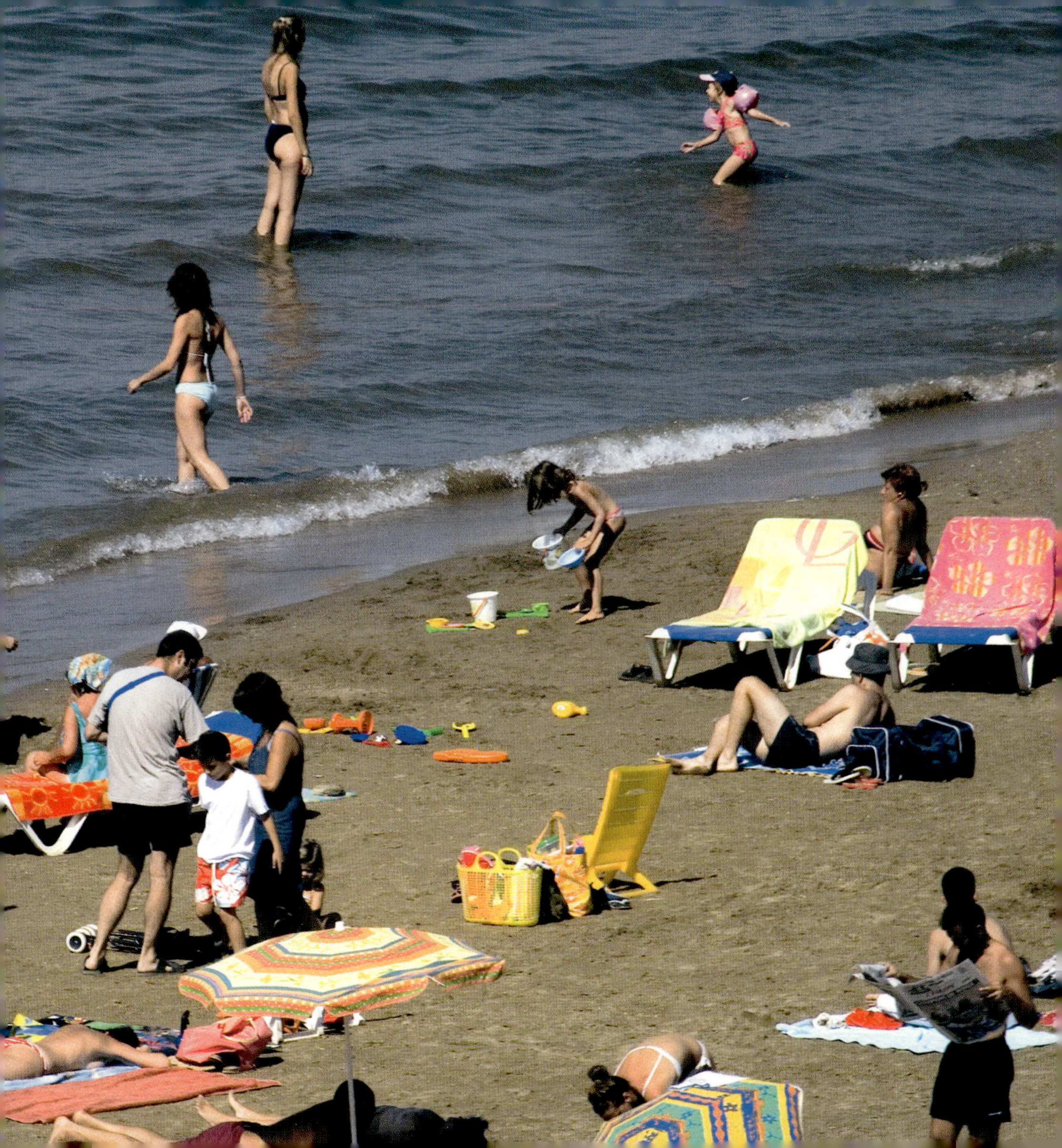

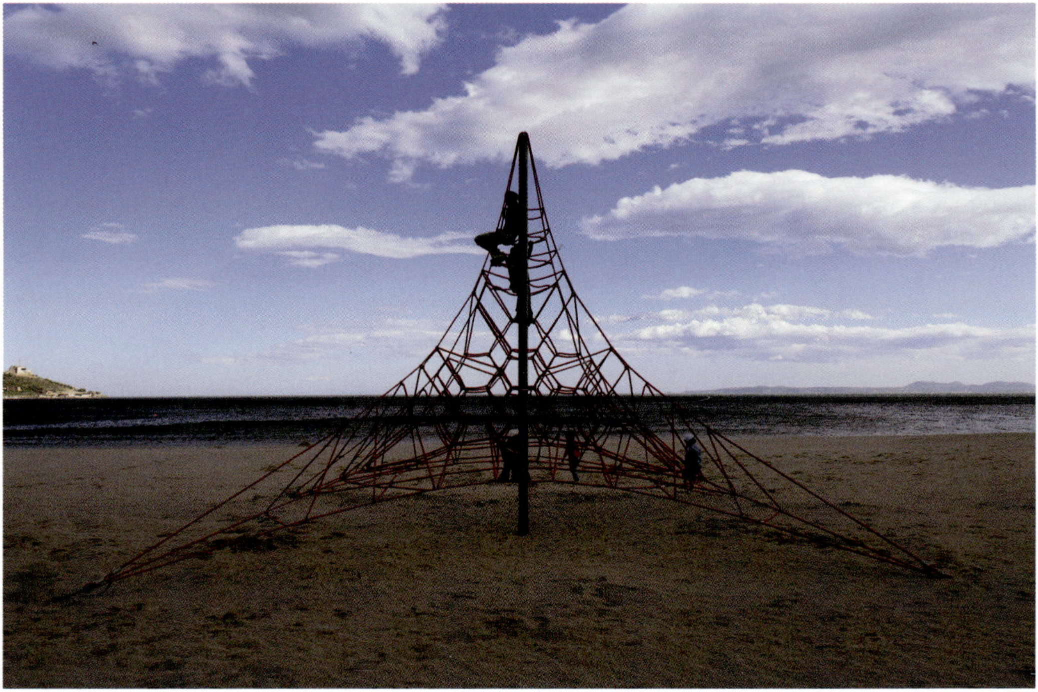

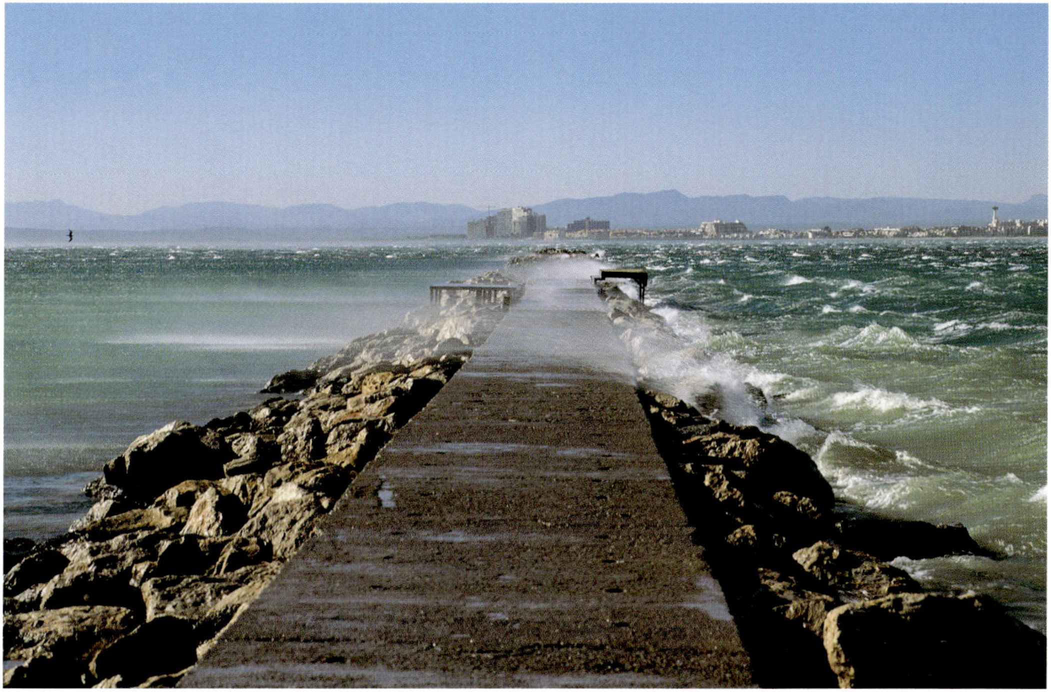

Tramuntanada a l'espigó
Fuerte tramontana en el espigón
Strong *tramontana* wind on the breakwater

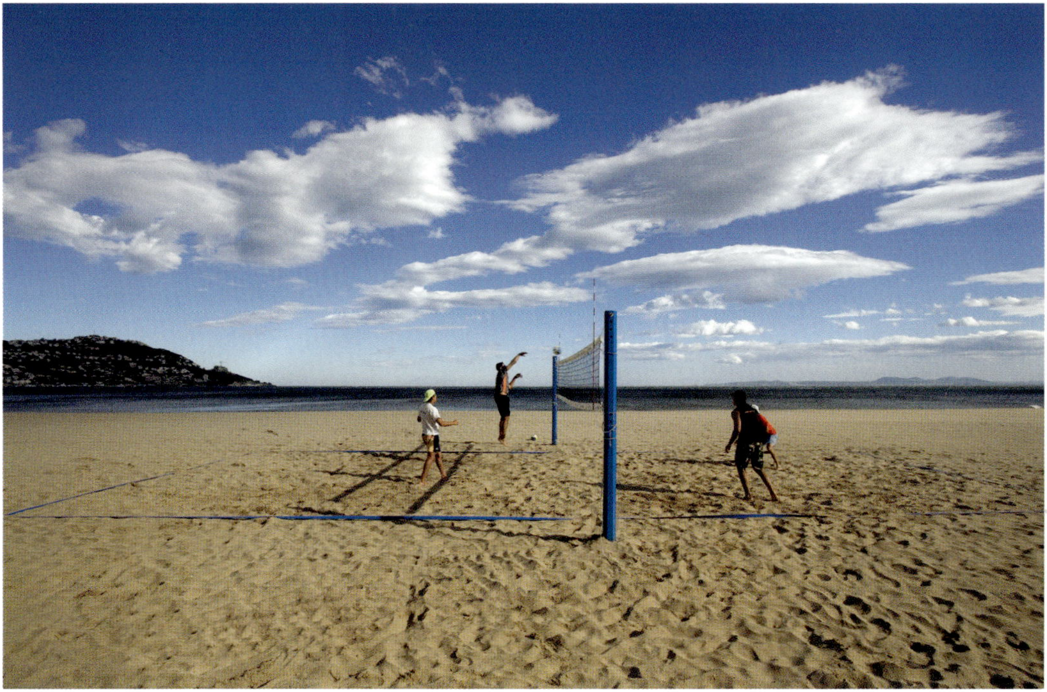

Jugant al voleibol a Santa Margarida
Jugando al voleibol en Santa Margarida
Playing volleyball in Santa Margarida

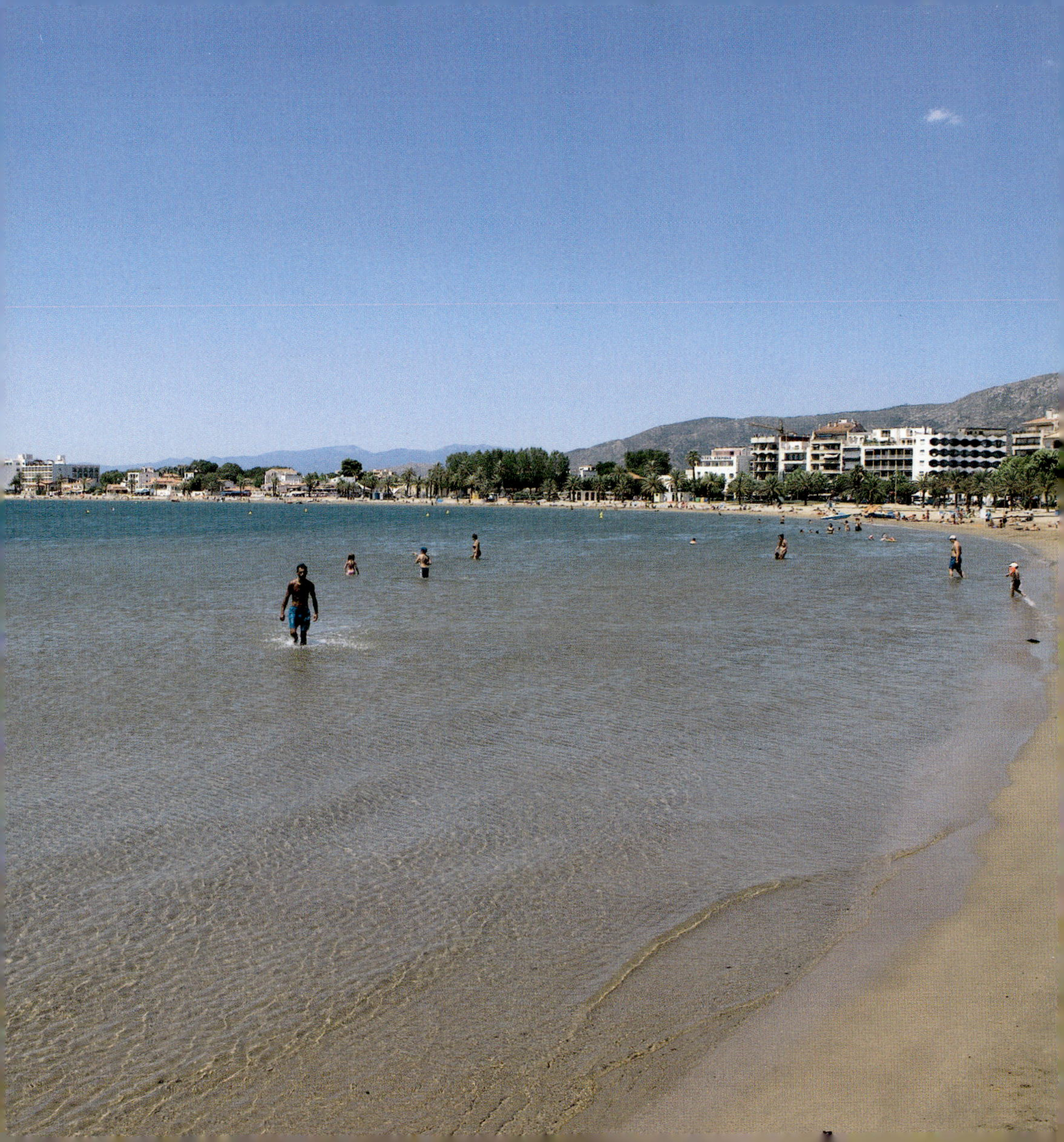

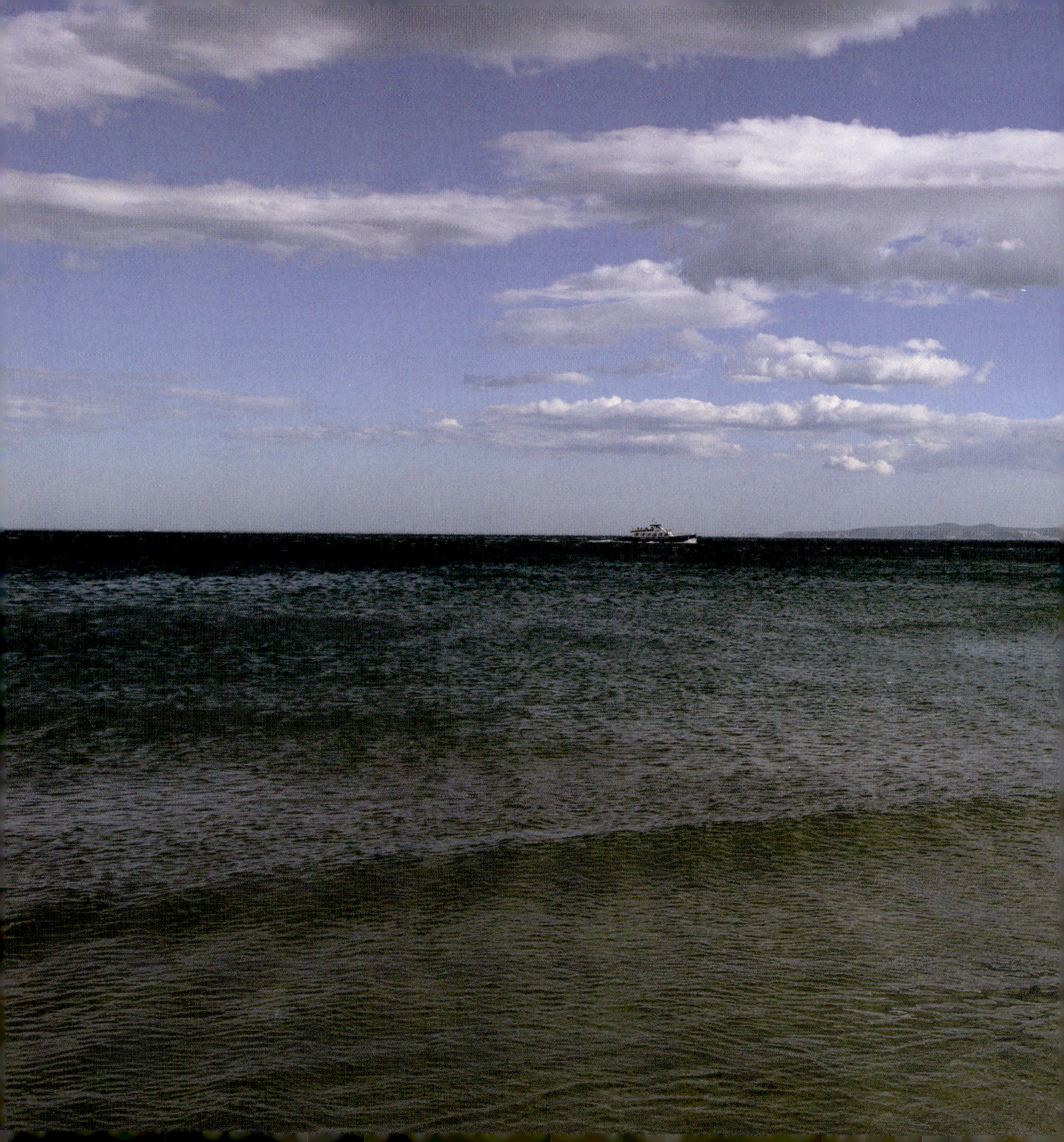

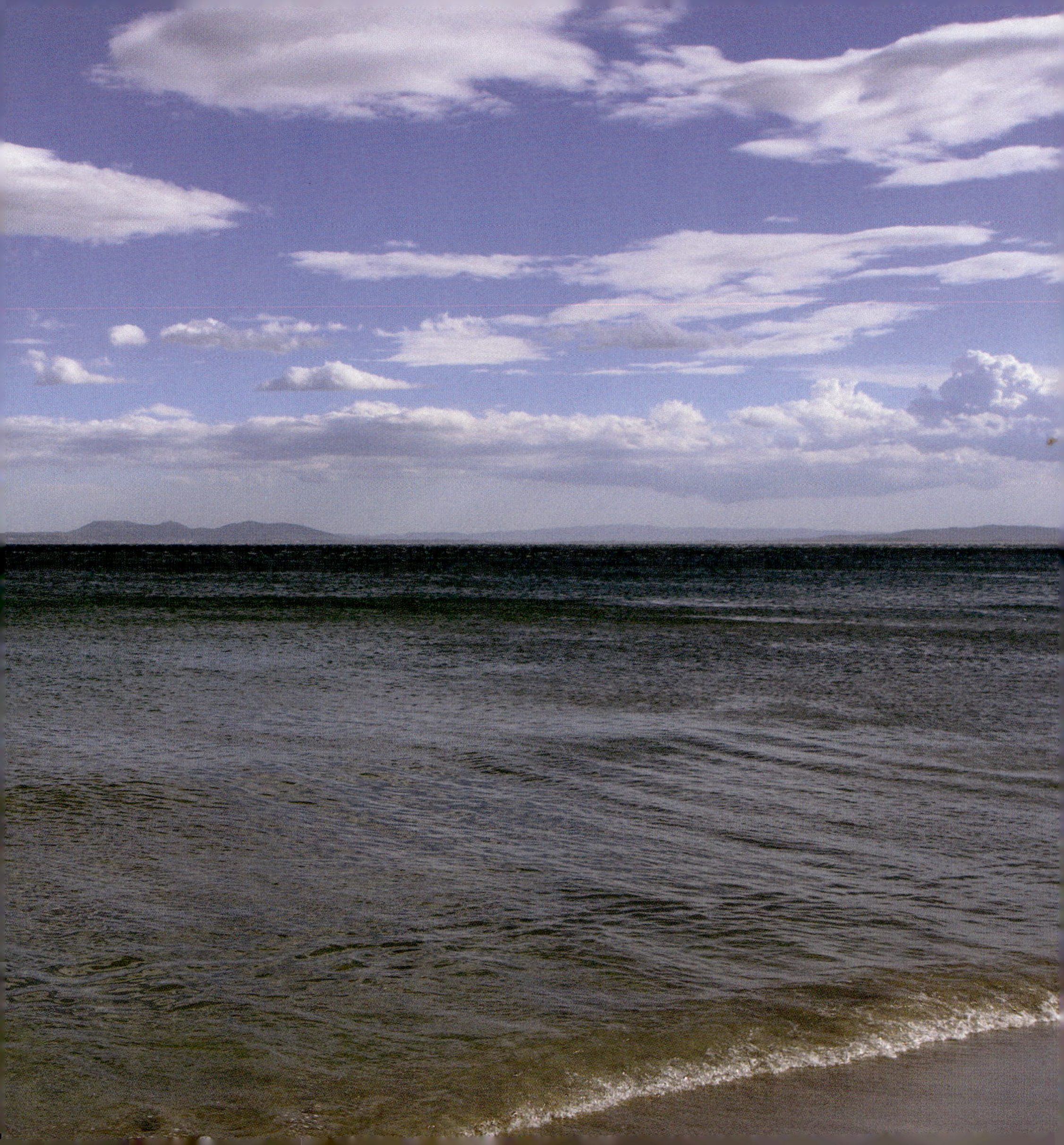

La Ciutadella de Roses disfruta de un prestigio secular, es un fragmento de historia, un testigo de luchas encarnizadas, sacrificios y heroísmos.

The Ciutadella of Roses has an age-old status, is a fragment of history, a witness to fierce battles, sacrifices and heroic acts.

LA CIUTADELLA

DE ROSES TÉ UN PRESTIGI SECULAR, ÉS UN TROS D'HISTÒRIA, UN TESTIMONI DE LLUITES AFERRISSADES, SACRIFICIS I HEROÏSMES

JOSEP MARIA DE SAGARRA

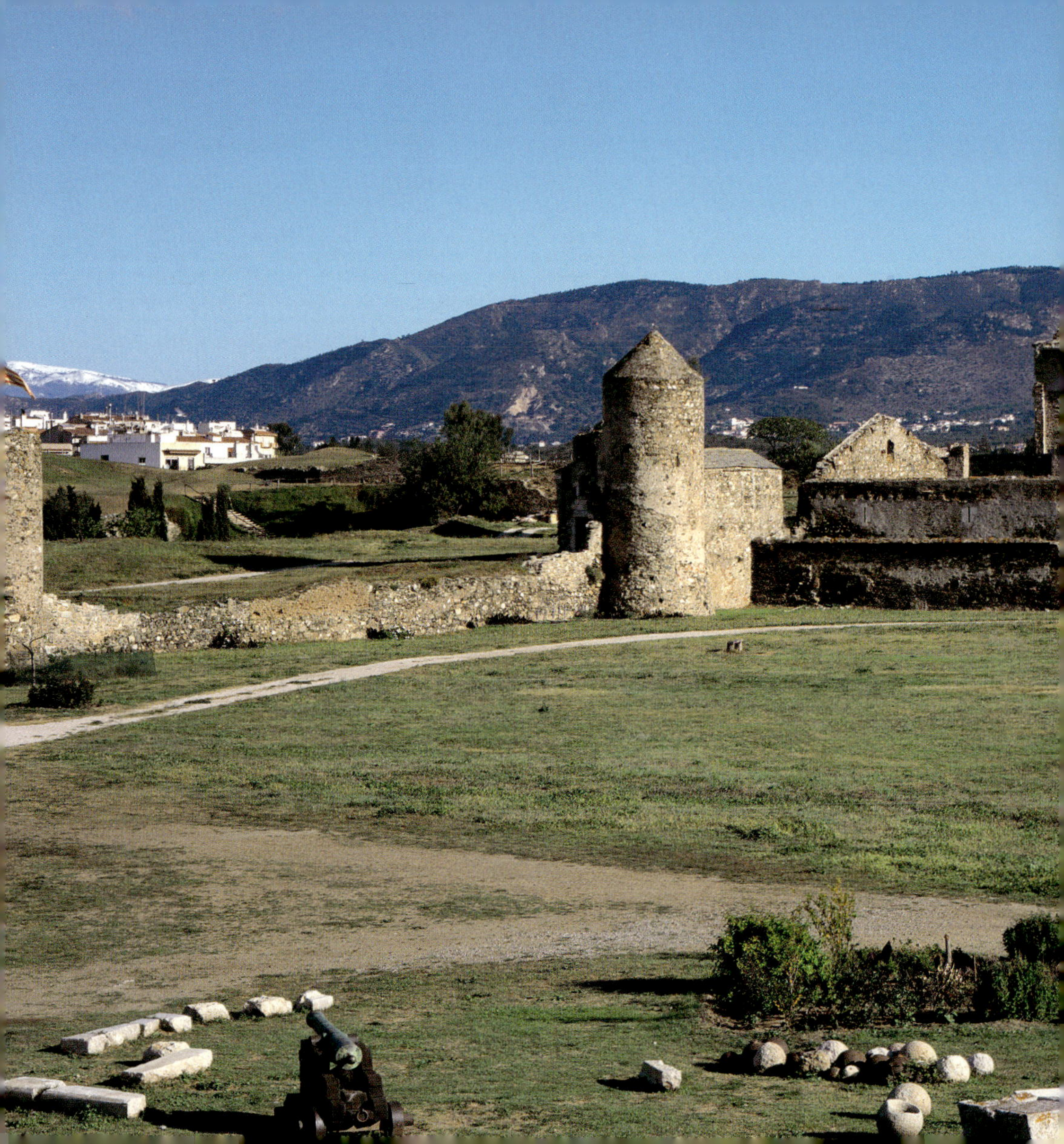

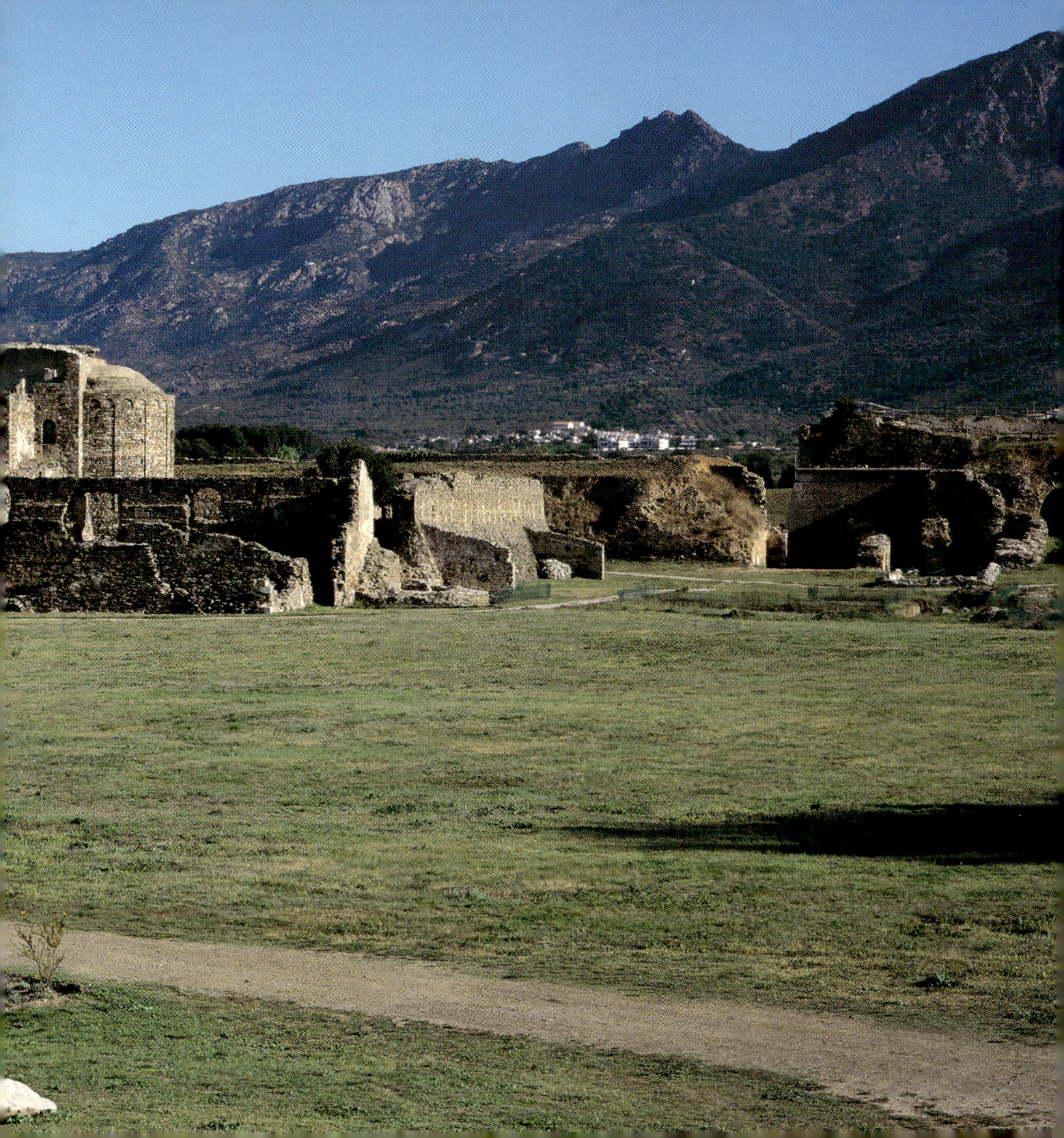

VIURE RERE MURALLES

L'interior de la Ciutadella és una lliçó inesgotable d'història i arqueologia. Quan Roses es deia Rhode, a la fi del segle III a.C., els pobladors grecs hi van construir la primera muralla. Les seves restes, que encara es conserven, eren fetes amb grans blocs de pedra granítica. Vora l'any 1000, es construeix un petit monestir de monjos benedictins al turó de Santa Maria i a ponent s'hi funda la vila. El conjunt es tanca amb una muralla dotada de torres quadrades. D'aquesta només se'n conserva una torre i l'extrem de l'apèndix que envoltava el monestir. Al cap de dos o tres segles, la vila creix i el clos tancat s'ha d'ampliar en direcció al mar. El pes geoestratègic que adquireix la situació de Roses obliga a millorar-ne la fortificació i, a partir de 1544, s'alça la Ciutadella que encerclarà l'antiga població a dins d'un extens pentàgon amb un baluard a cada vèrtex. A partir de 1640, l'estructura es reforça envoltant els quatre costats de terra amb un nou recinte, ple de contraguàrdies i revellins. Els rosincs faran vida a l'interior de la fortificació fins al 1814, quan les muralles són minades i volades durant la Guerra del Francs. La Ciutadella s'abandona i el raval nascut a l'exterior de les muralles s'anirà convertint en la vila moderna. L'any 1929 a les fossanes del recinte hi acampen bohemis, gitanos i captaires, amb estols de criatures nues que juguen i s'empaiten, mentre es discuteix la possibilitat d'enderrocar la fortalesa i transformar-la en una ciutat jardí.

VIVIR TRAS LAS MURALLAS

El interior de la Ciutadella es una lección inagotable de historia y arqueología. Cuando Roses se llamaba Rhode, a finales del siglo III a.C., los pobladores griegos construyeron la primera muralla. Sus restos, que aún se conservan, estaban hechos con grandes bloques de piedra granítica. Hacia el año 1000 se construye un pequeño monasterio benedictino en la colina de Santa María y, a poniente, se funda la villa. El conjunto se cierra con una muralla dotada de torres cuadradas. De ésta, sólo se conserva una torre y el extremo del apéndice que rodeaba el monasterio. Al cabo de dos o tres siglos, la villa crece y el recinto cerrado ha de ampliarse en dirección al mar. El peso geoestratégico que adquiere la situación de Roses obliga a mejorar la fortificación y, a partir de 1544, se levanta la Ciutadella, que encerrará a la antigua población dentro de un extenso pentágono con baluartes en cada vértice. A partir de 1640 la estructura se refuerza rodeando los cuatro lados de tierra con un nuevo recinto lleno de contraguardias y revellines. Los habitantes de Roses harán vida en el interior de la fortificación hasta 1814, cuando las murallas son minadas y voladas durante la Guerra de la Independencia. La Ciutadella se abandona y el arrabal nacido en el exterior de las murallas irá convirtiéndose en la villa moderna. En el año 1929, en las fosas del recinto, acampan bohemios, gitanos y mendigos, con bandadas de criaturas desnudas que juegan y se persiguen, mientras se discute la posibilidad de demoler la fortaleza y transformarla en una ciudad jardín.

LIVING BEHIND THE WALLS

The inside of Ciutadella is a never-ending lesson in history and archaeology. When Roses was called Rhode, at the end of the 3rd century BC, the Greek settlers built the first wall. The remains, which are still preserved, were made with large blocks of granite. Around 1000 AD a small Benedictine monastery was built on the hill of Santa Maria and the small town was founded to the west. The area was closed by a wall with three square towers. The only surviving part is a tower and the end of a wall that surrounded the monastery. After two or three centuries, the town grew and the enclosed precinct had to be enlarged towards the sea. The geo-strategic importance that Roses' location acquired forced it to improve the fortification and, as from 1544, Ciutadella was built, which would encircle the old town within an extensive pentagon with bastions on each side. From 1640 the structure was strengthened surrounding the four land-facing sides with a new precinct full of counterguards and ravelins. The inhabitants of Roses lived inside the fortification until 1814, when the walls were mined and blown up during the War of Independence. Ciutadella was abandoned and the suburb that had had grown outside the walls gradually became the modern town. In 1929, in the moats of the precinct lived bohemians, gypsies and beggars, with gangs of naked children playing and chasing each other, while the possibility was discussed of demolishing the fortress and turning it into a garden city.

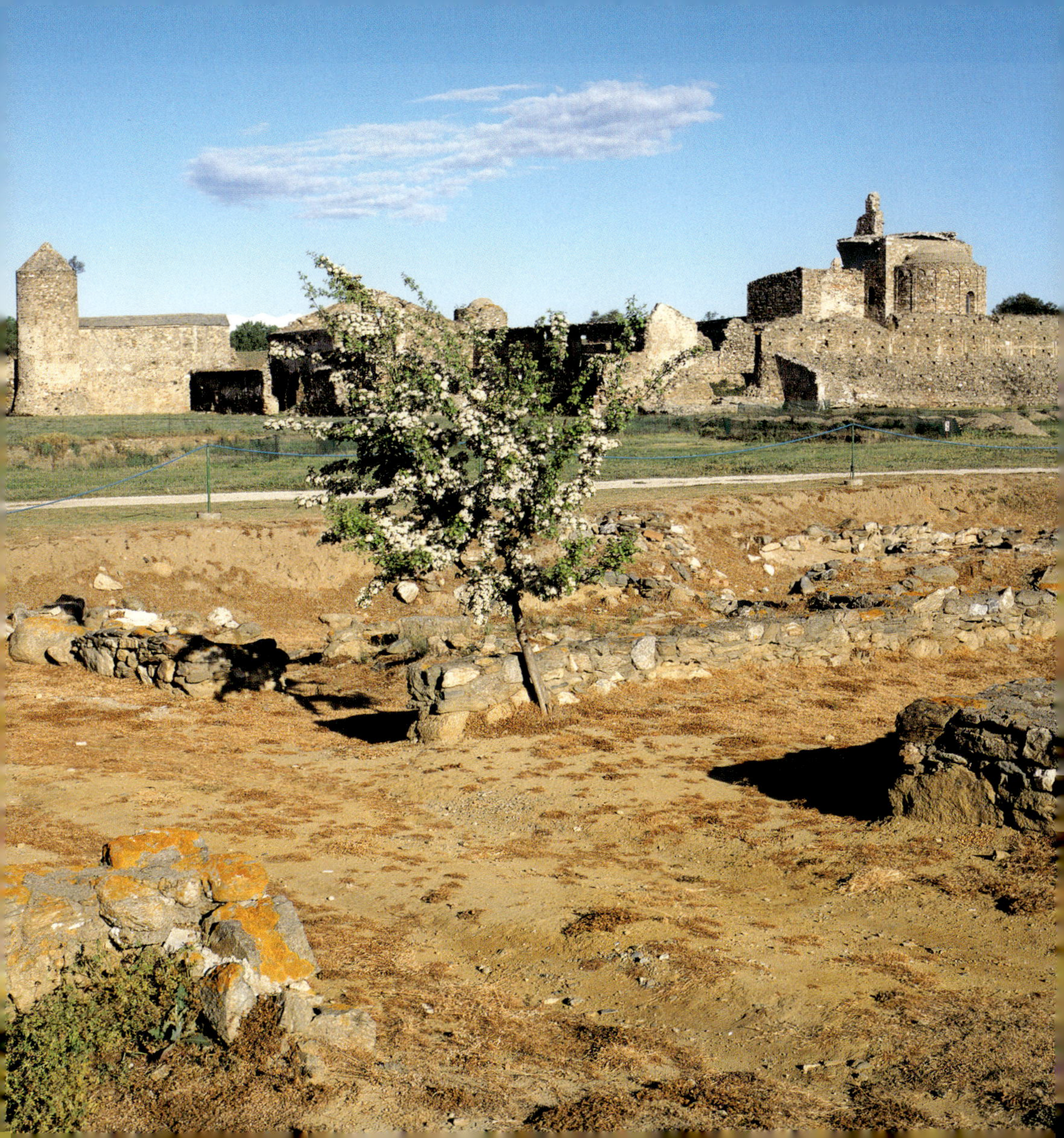

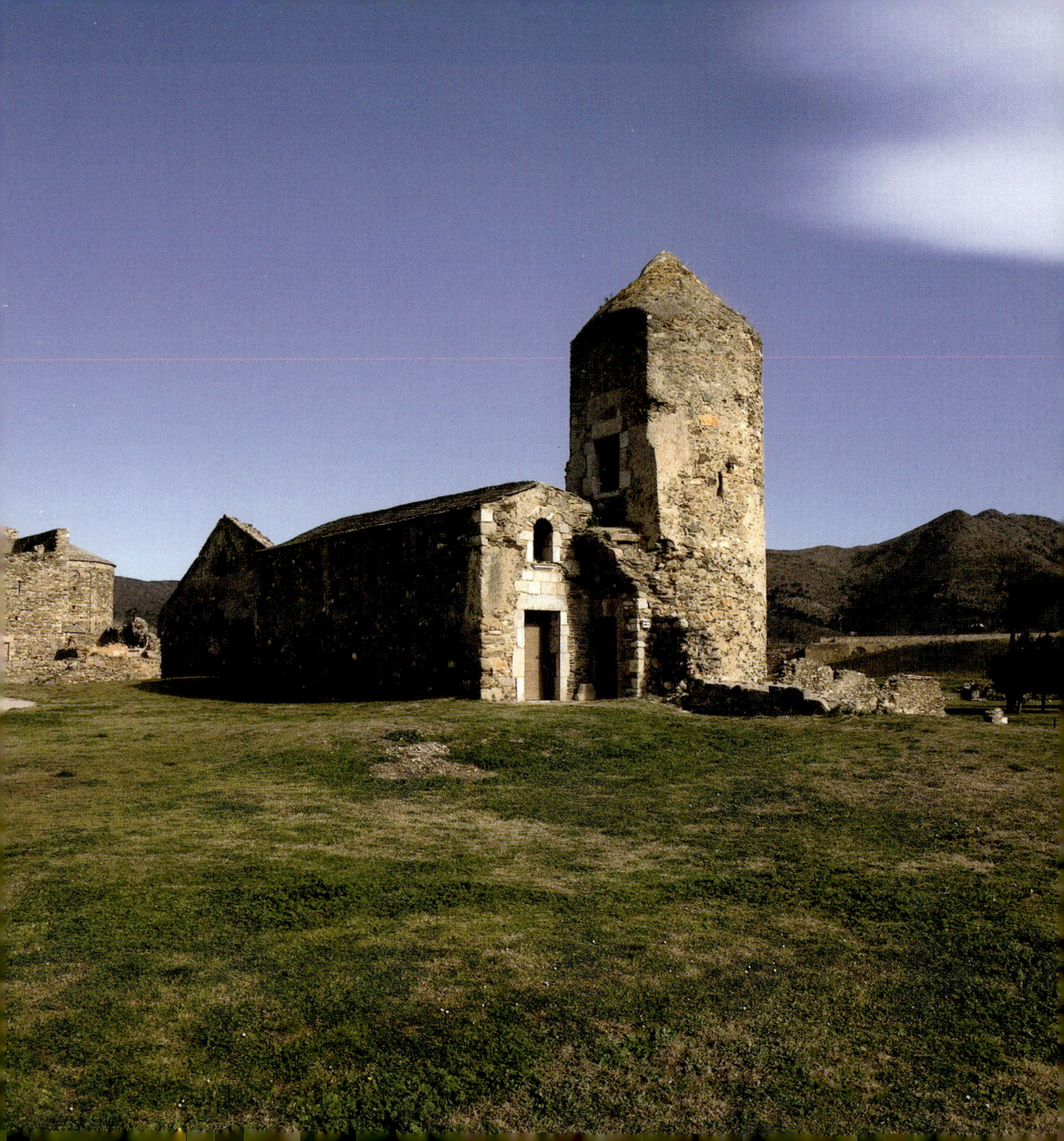

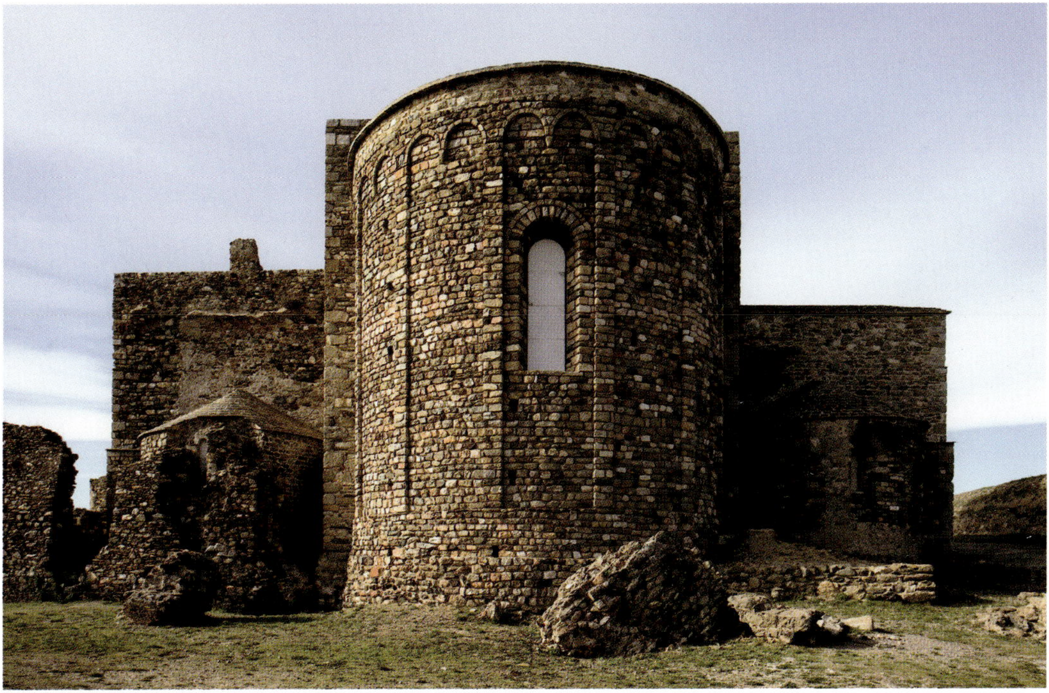

« **La vila medieval**
La villa medieval
The medieval villa

El monestir de Santa Maria
El monasterio de Santa Maria
The monastery of Santa Maria

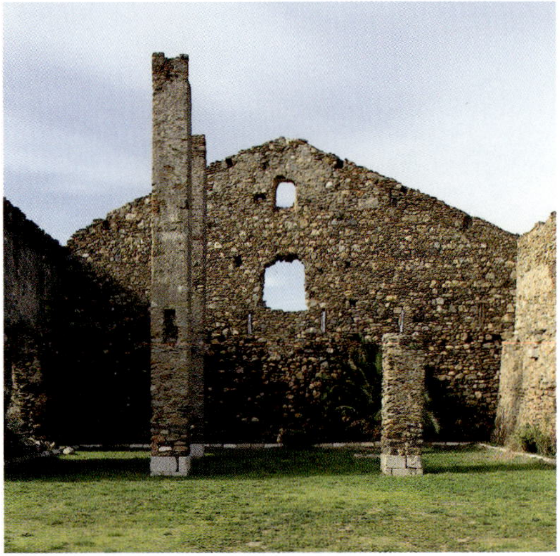
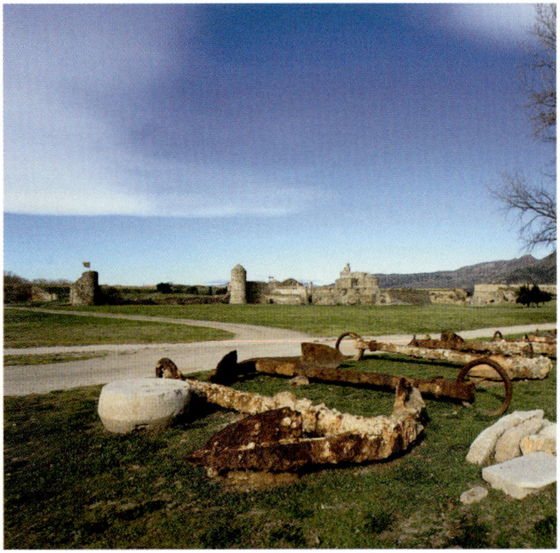
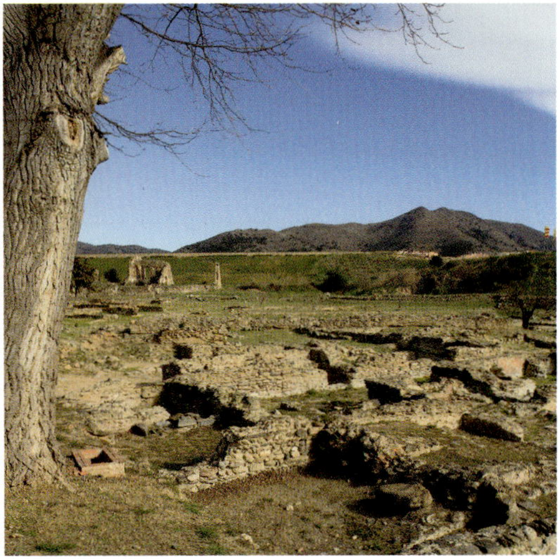
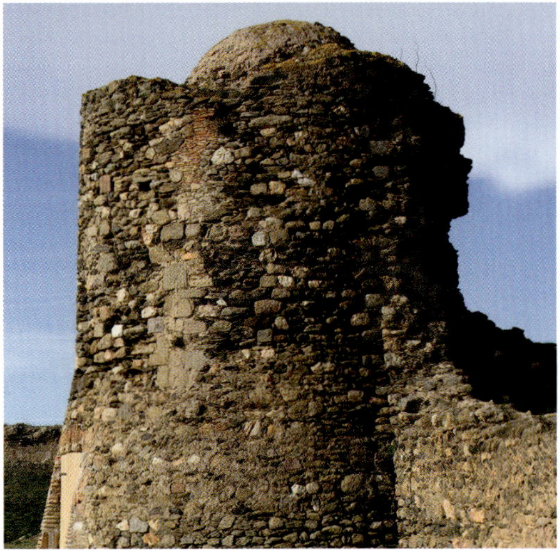

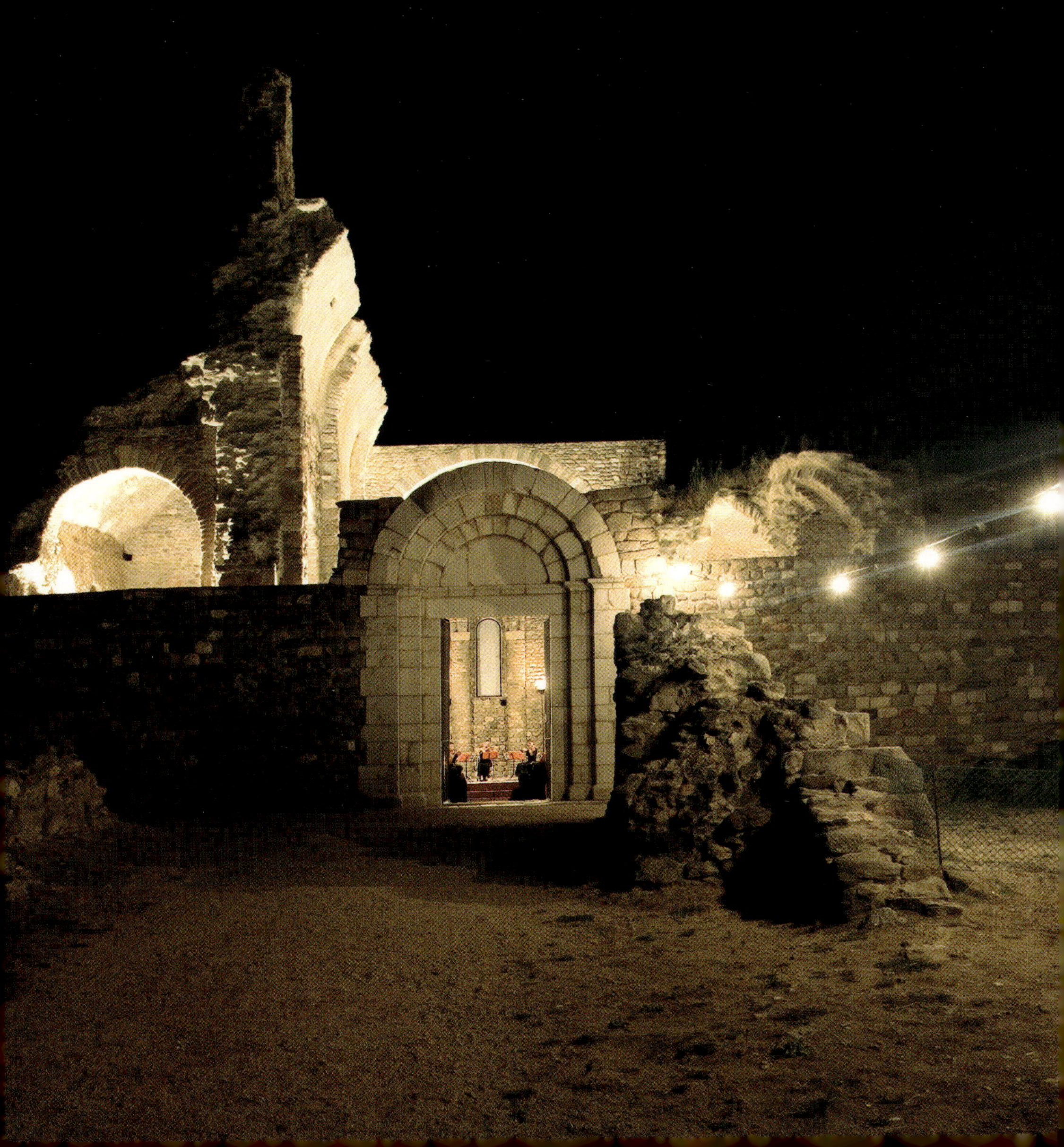

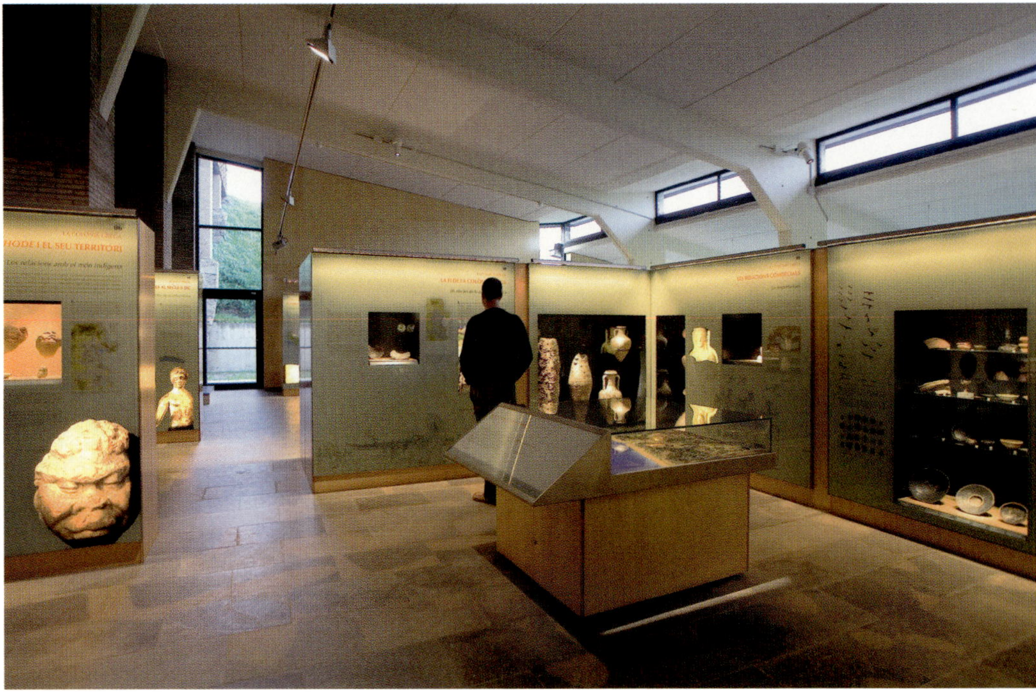

Museu de la Ciutadella
Museo de la Ciutadella
Museum of the Ciutadella

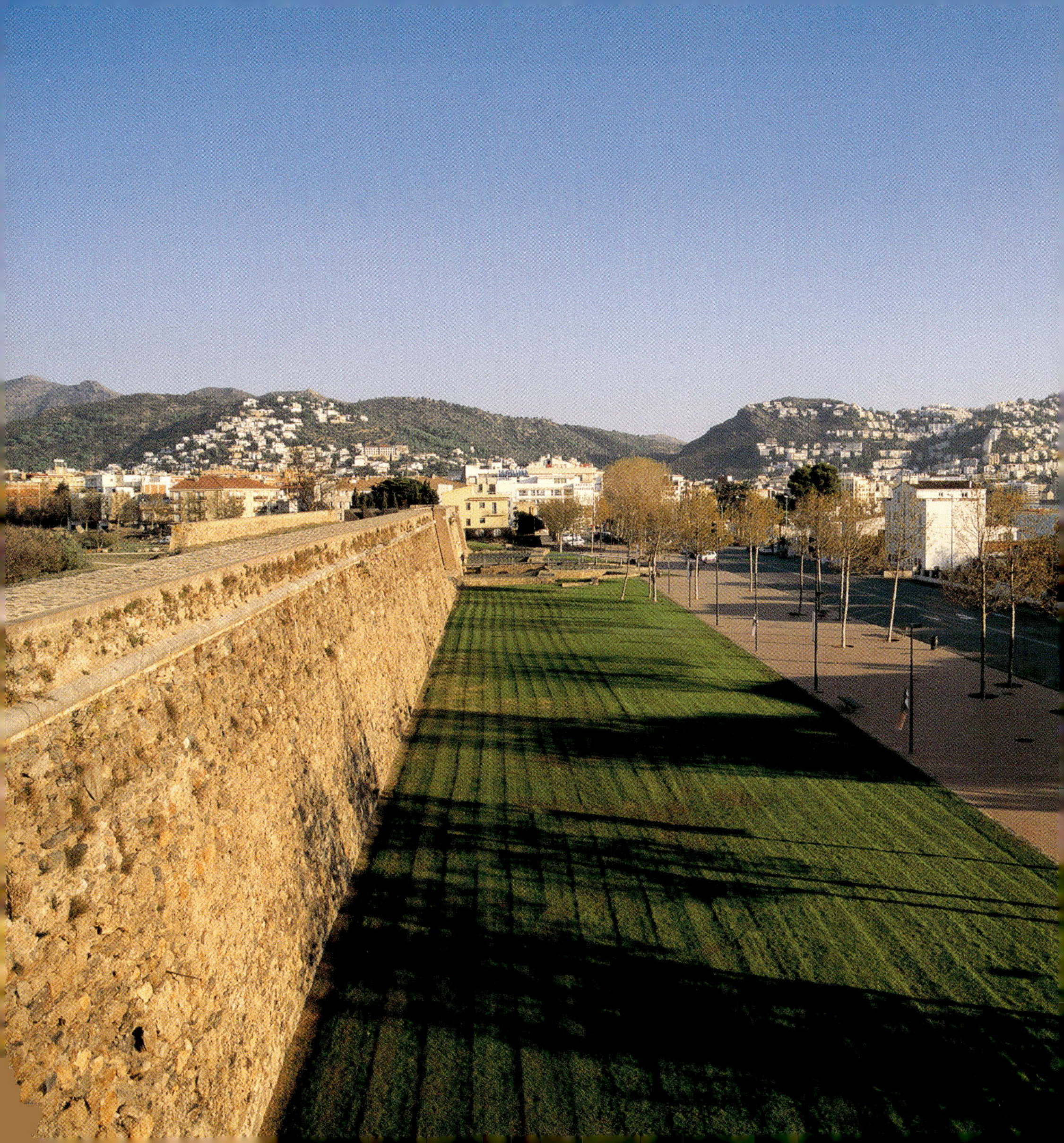

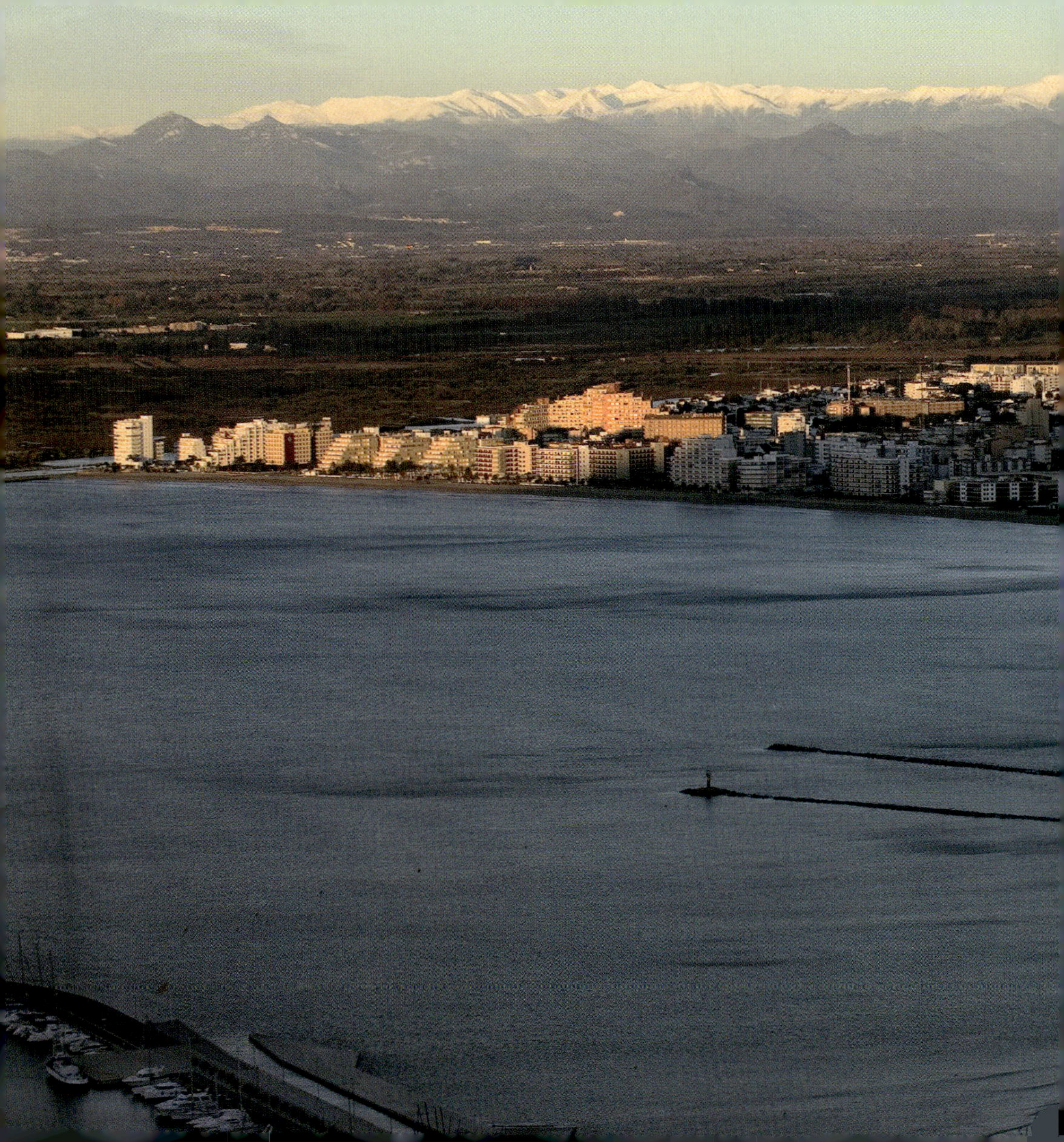

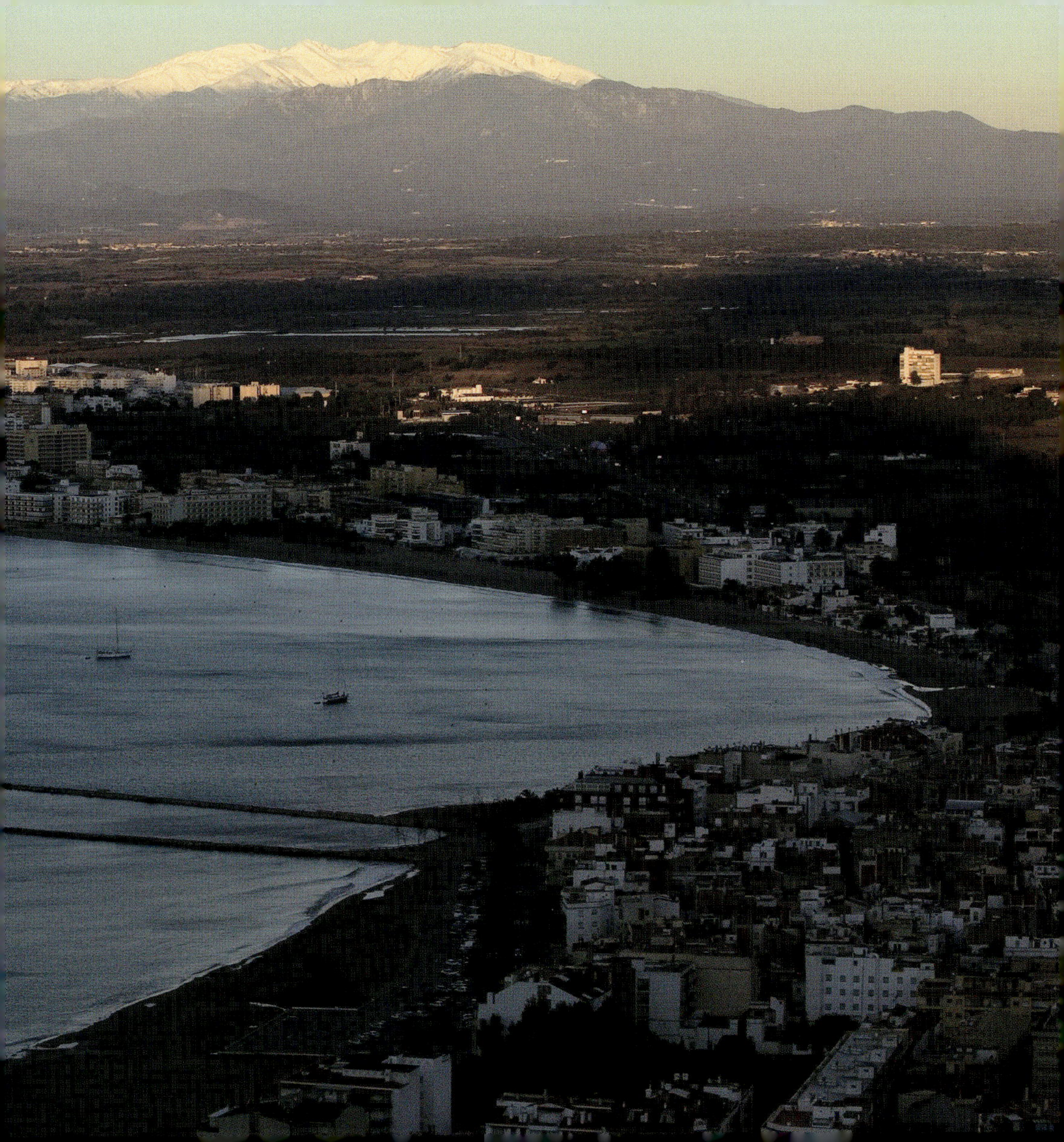

EL CASTELL DE LA TRINITAT

Aquesta fortalesa, també anomenada de la Poncella, es va construir l'any 1544 com a complement de la Ciutadella. La seva funció era defensar la rada i el port. Després de la Guerra del Francès la seva estructura va quedar enderrocada i plena de forats, per on es veia el mar. La seva silueta esbardellada va perdre aquestes connotacions romàntiques després de la seva restauració. Avui, el castell presenta la fesomia d'un bunquer futurista on, en comptes de fantasmes udolants carregats de cadenes, s'hi podrien passejar els ciborgs com Robocop.

EL CASTILLO DE LA TRINITAT

Esta fortaleza, también llamada de la Poncella, se construyó en 1544 como complemento de la Ciutadella. Su función era defender la rada y el puerto. Después de la Guerra de la Independencia, su estructura quedó derruida y llena de agujeros por donde se veía el mar. Su silueta destrozada perdió estas románticas connotaciones después de su restauración. Hoy en día, el castillo presenta un aspecto de búnker futurista donde, en vez de fantasmas ululantes cargados de cadenas, podrían pasear ciborgs como Robocop.

THE CASTLE DE LA TRINITAT

This fortress, also called the Poncella, was built in 1544 as a complement to Ciutadella. Its function was to defend the roadstead and the port. After the War of Independence its structure was in ruins and full of holes through which the sea could be seen. Its destroyed silhouette lost these romantic connotations after its restoration. Today the castle has the appearance of a futurist bunker where, instead of howling ghosts rattling their chains, cyborgs like Robocop could pass by.

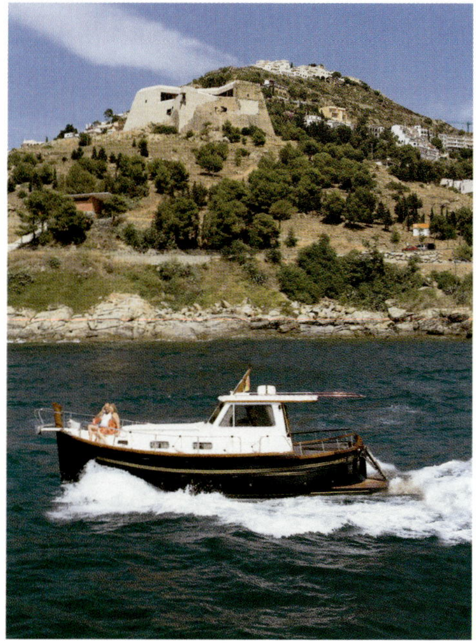

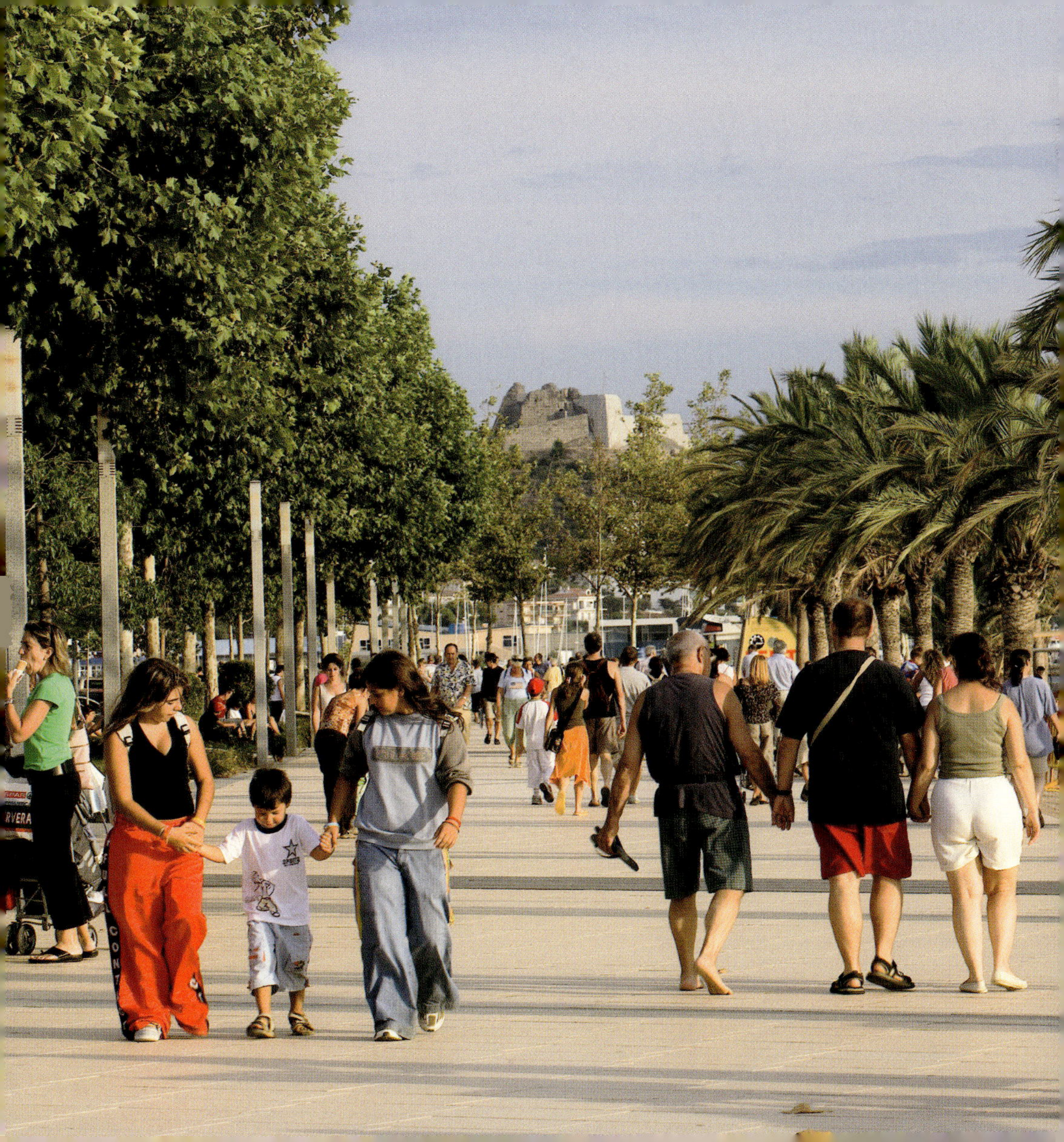

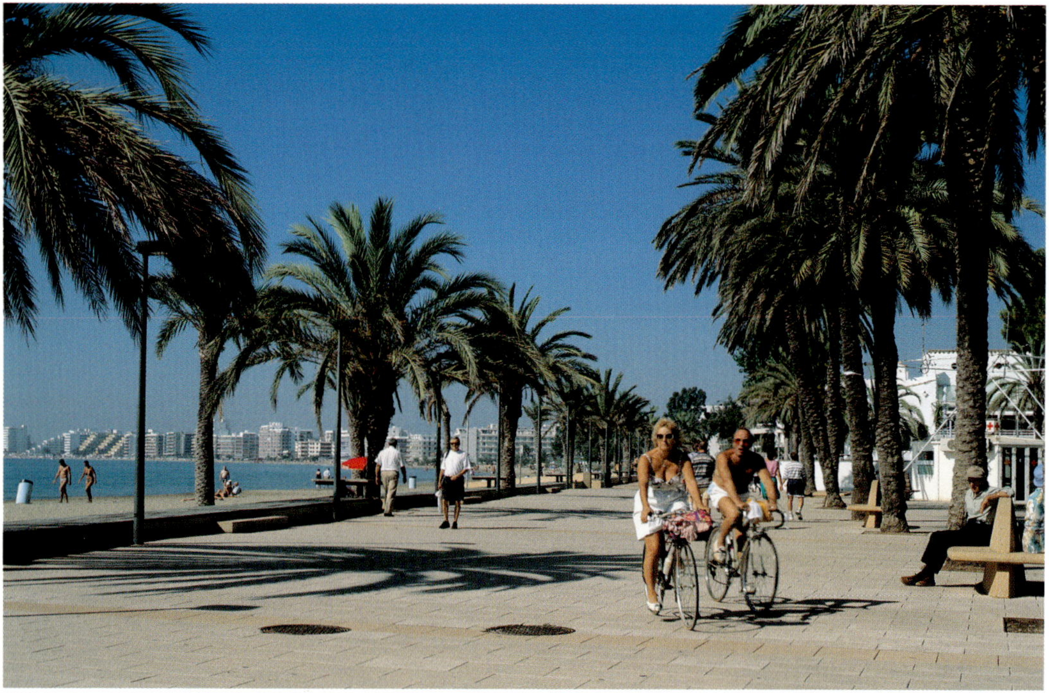

Eclosió de palmeres al Passeig Marítim
Eclosión de palmeras en el Passeig Marítim
A burst of palm trees on the Passeig Marítim

» **Concert d'estiu a la terrassa del bar *Si us Plau***
Concierto de verano en la terraza del bar *Si us Plau*
Summer concert on the terrace of the *Si us Plau* bar

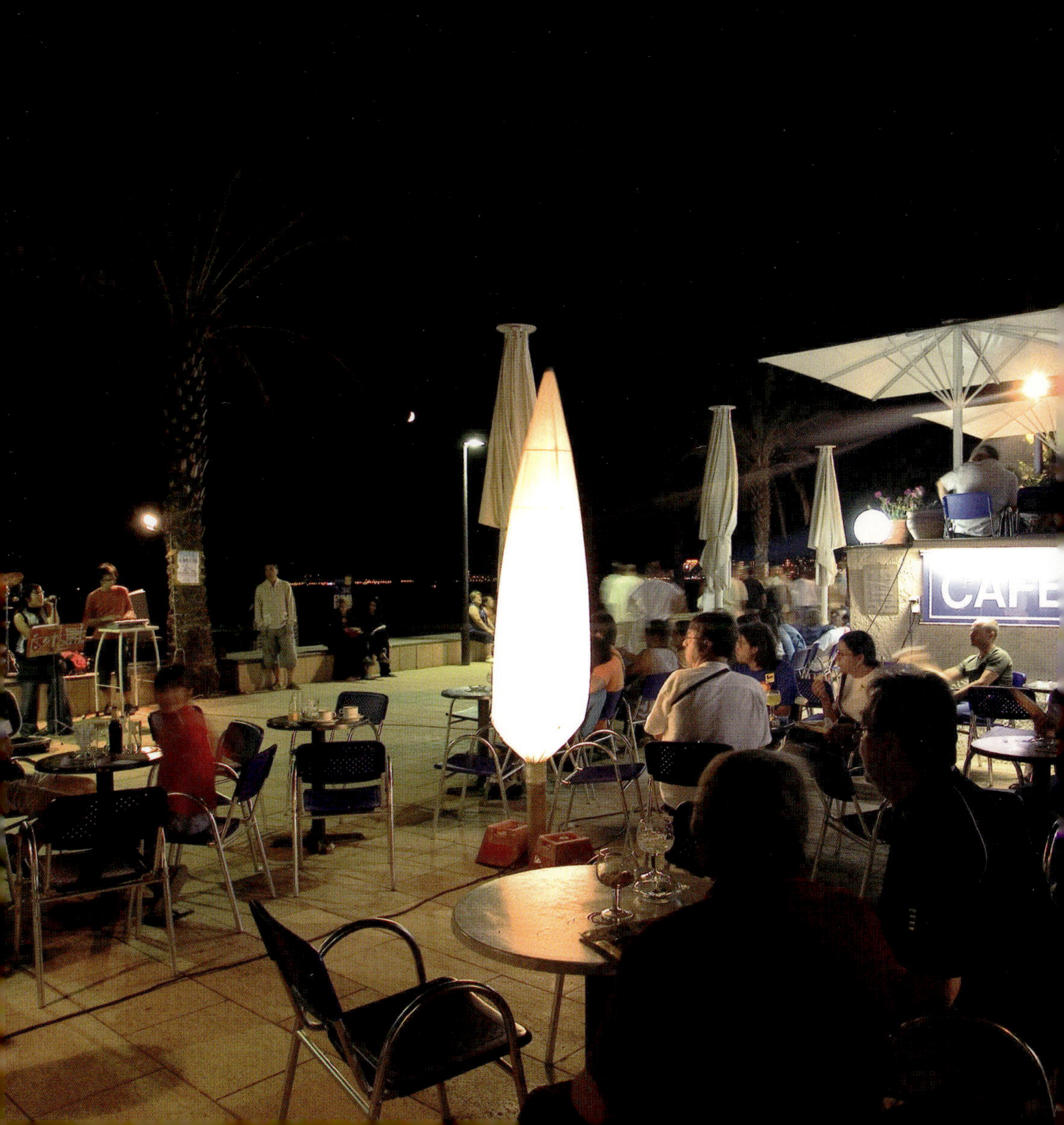
CAFE

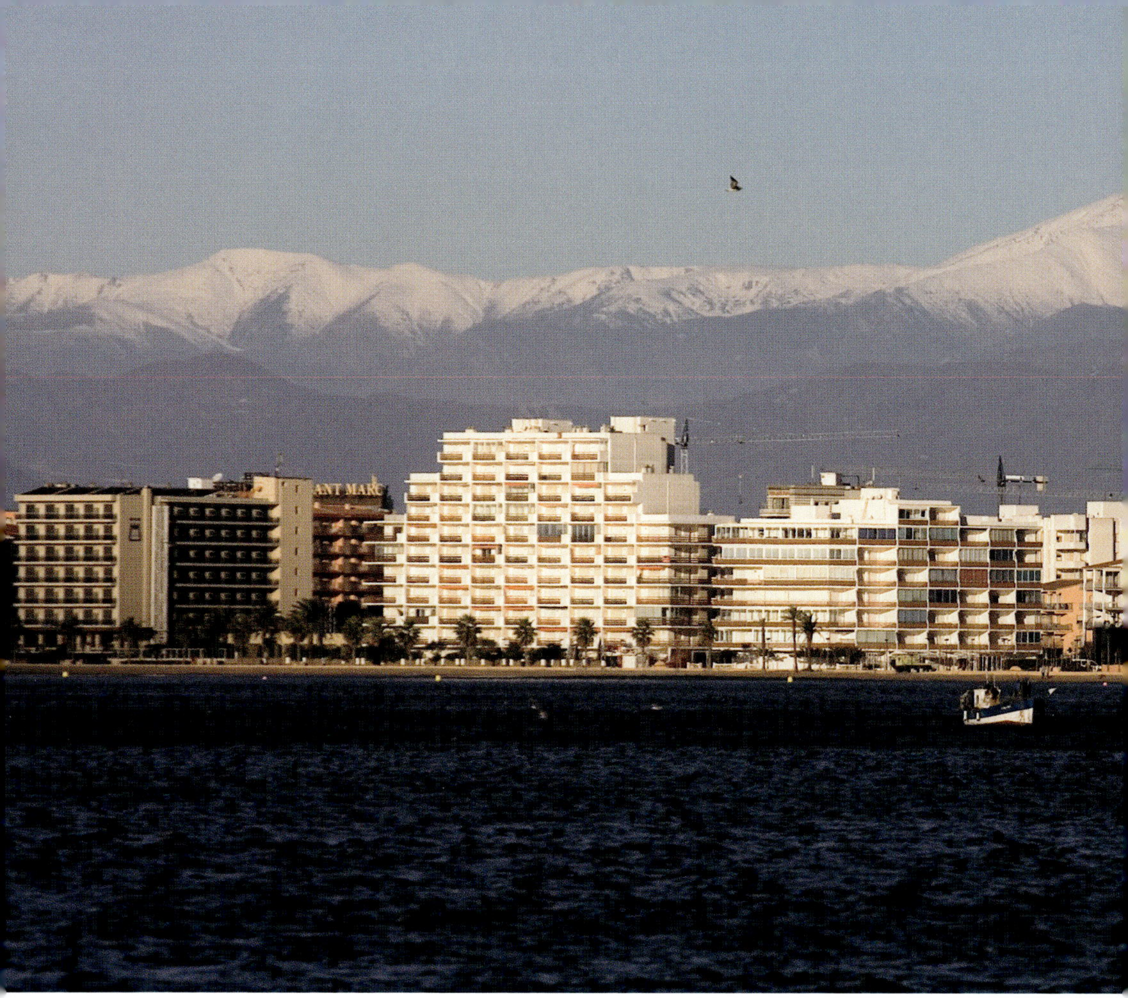

Santa Margarida
Santa Margarida
Santa Margarida

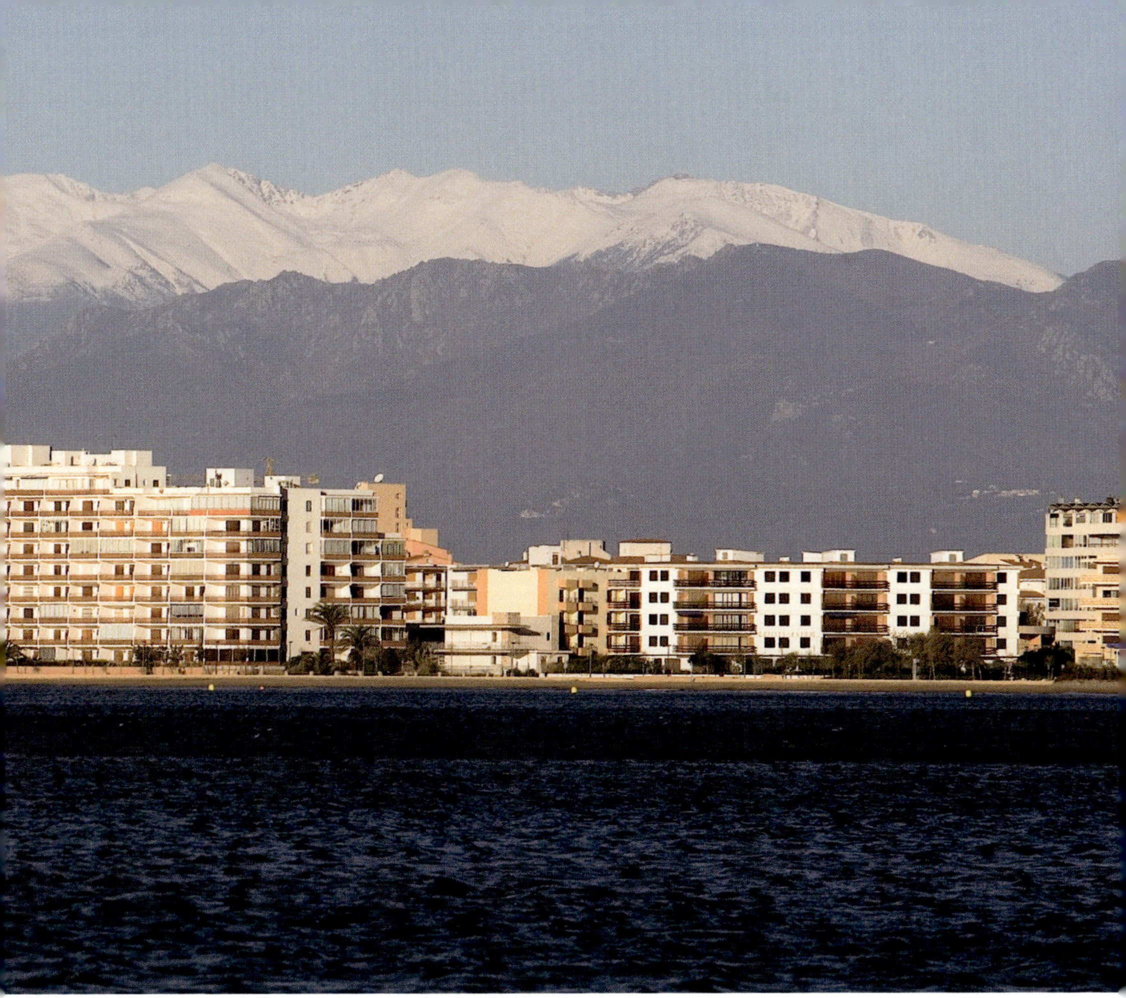

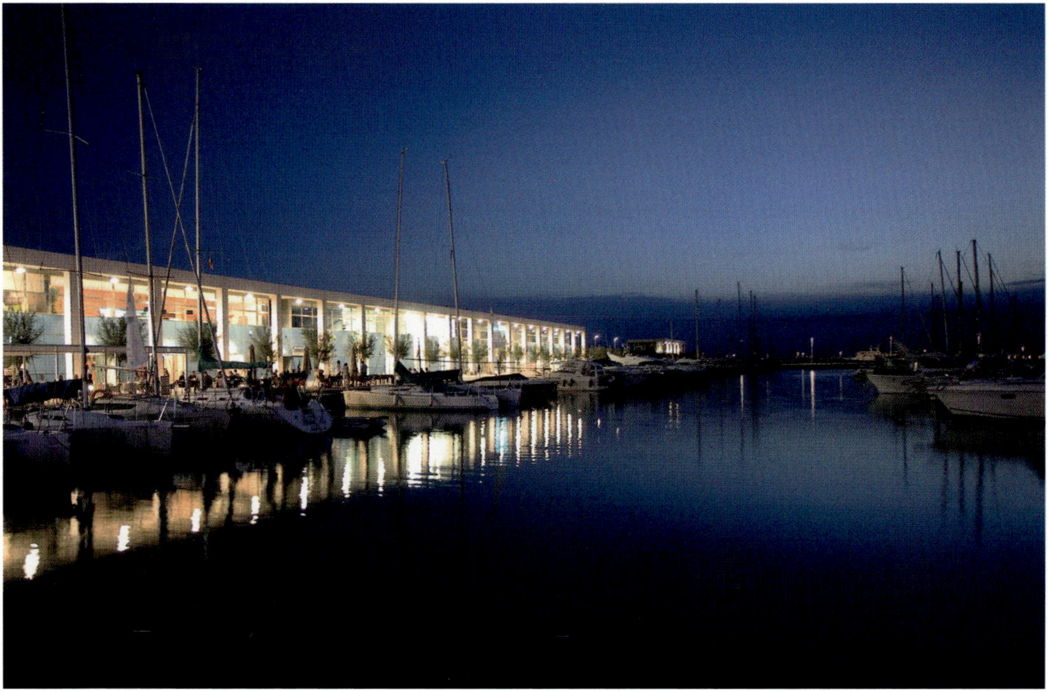

Terrasses del port esportiu
Terrazas del puerto deportivo
Terraces of the sports port

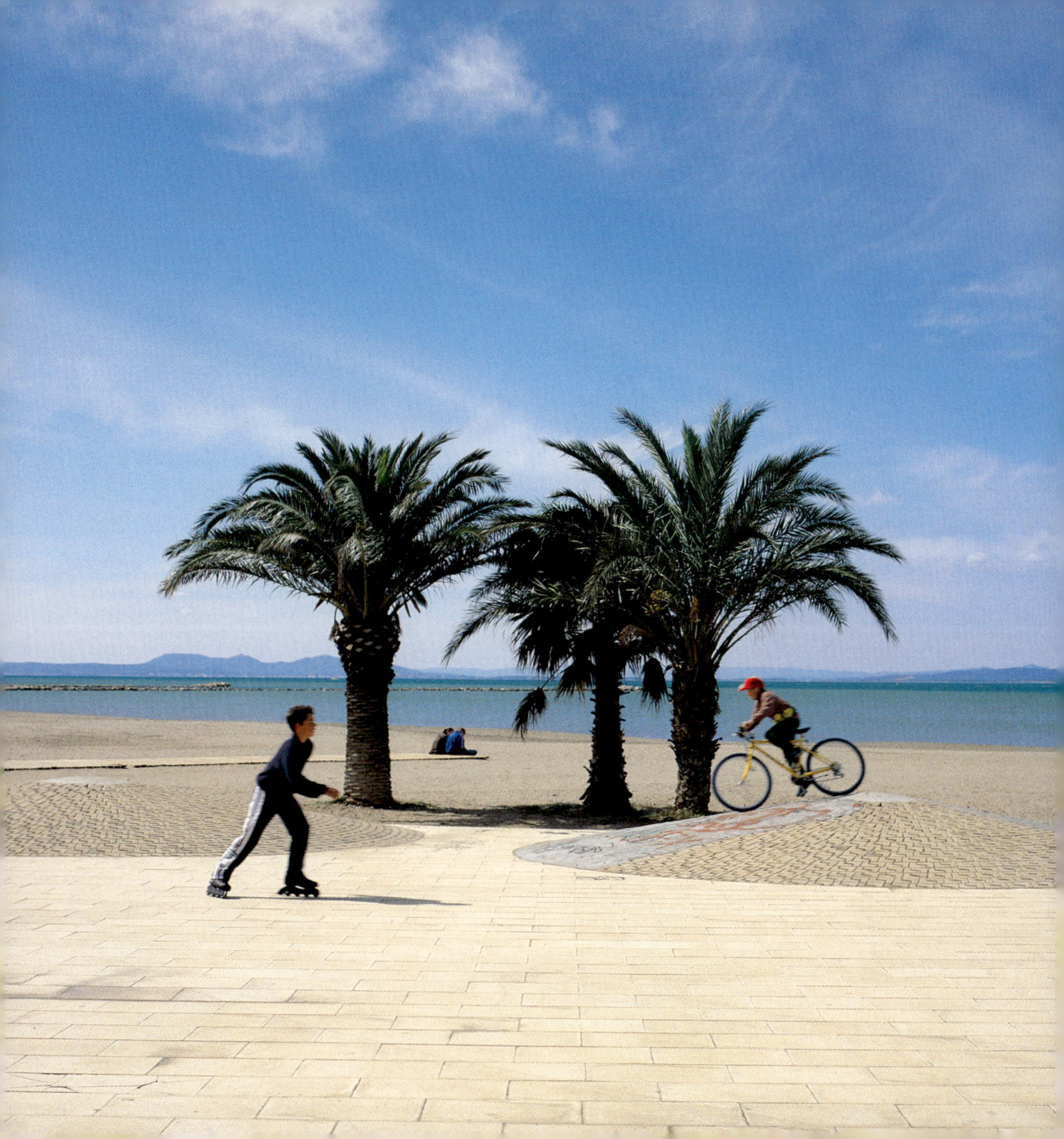

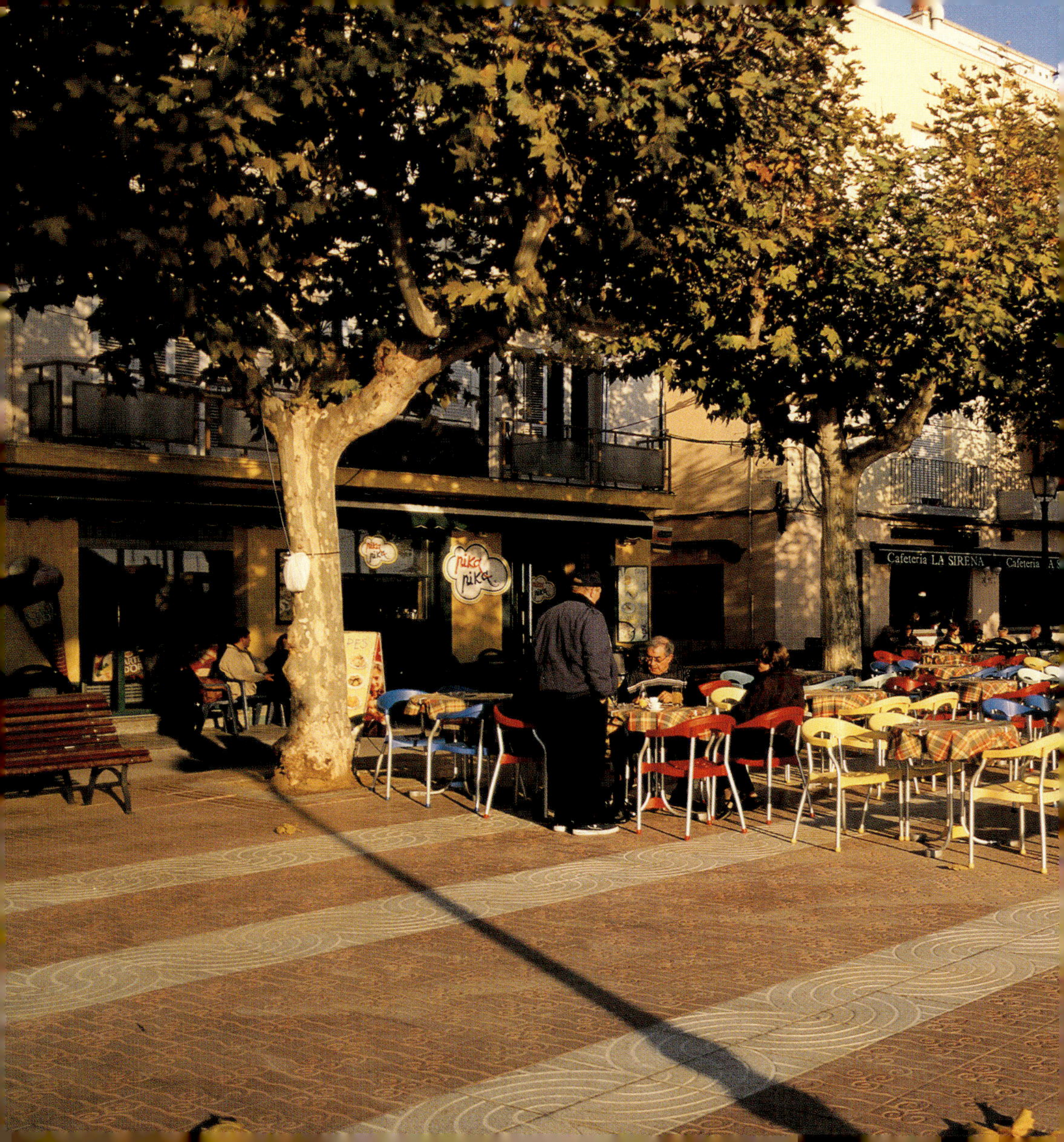
Cafeteria LA SIRENA
pika pika

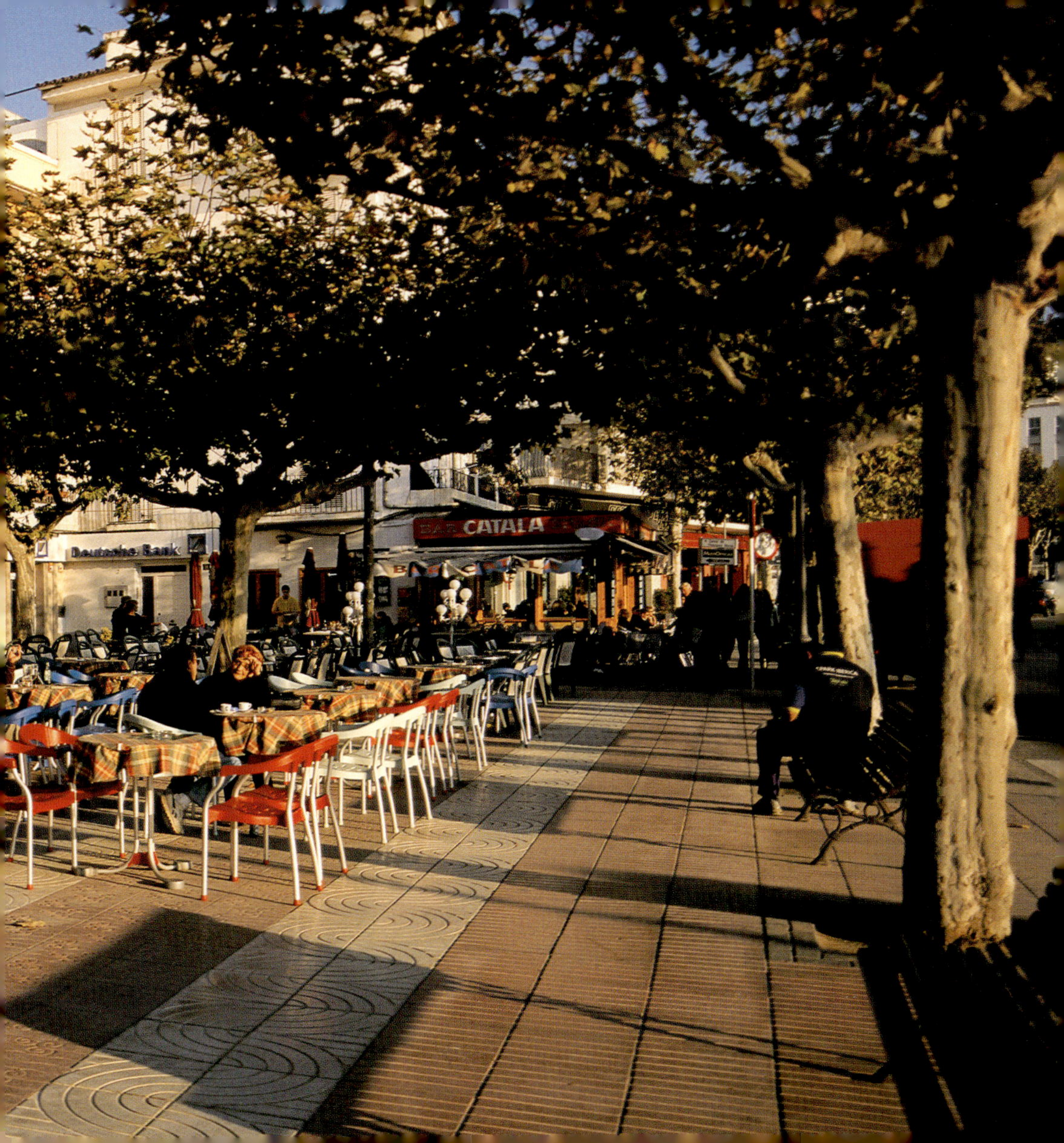
Deutsche Bank
BAR CATALA

EXUBERÀNCIA CONTINGUDA

Can Mallol és la joia modernista del passeig Marítim. La seva façana de corbes inconfusibles, de finestres embellides amb mainells, aporta un toc de distinció a la plaça Catalunya. L'edifici, obra de l'arquitecte Joan Marés, es va construir l'any 1906. L'escala interior, ornamentada amb flors i elements botànics, és molt més austera que la d'altres edificis contemporanis. En l'actualitat, Can Mallol forma part de les dependències de l'Ajuntament de Roses.

EXUBERANCIA CONTENIDA

Can Mallol es la joya modernista del paseo Marítimo. Su fachada de curvas inconfundibles, de ventanas embellecidas con maineles, aporta un toque de distinción a la plaza Cataluña. El edificio, obra del arquitecto Joan Marés, se construyó en 1906. La escalera interior, ornamentada con flores y otros elementos vegetales, es mucho más austera que la de otros edificios contemporáneos. En la actualidad, Can Mallol forma parte de las dependencias del Ayuntamiento de Roses.

CONTAINED EXUBERANCE

Can Mallol is the Modernist jewel of the promenade. Its façade of unmistakable curves and windows embellished with mullions gives a touch of distinction to the Plaça Catalunya. The building, the work of the architect Joan Marés, was built in 1906. The inside stairway, ornamented with flowers and other plant motif elements, is much more austere than that of other contemporary buildings. Can Mallol currently forms part of the premises of the Roses Town Council.

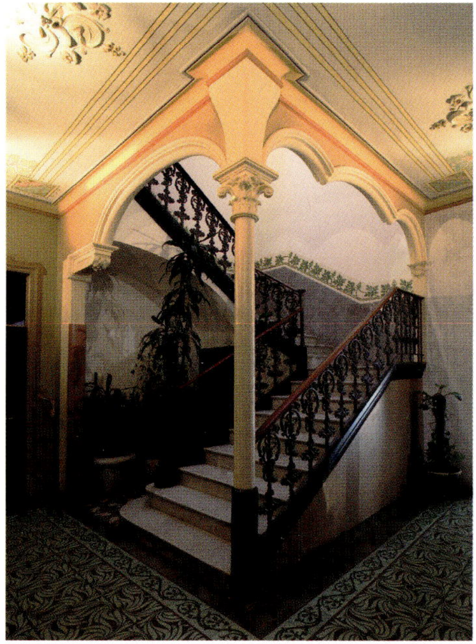

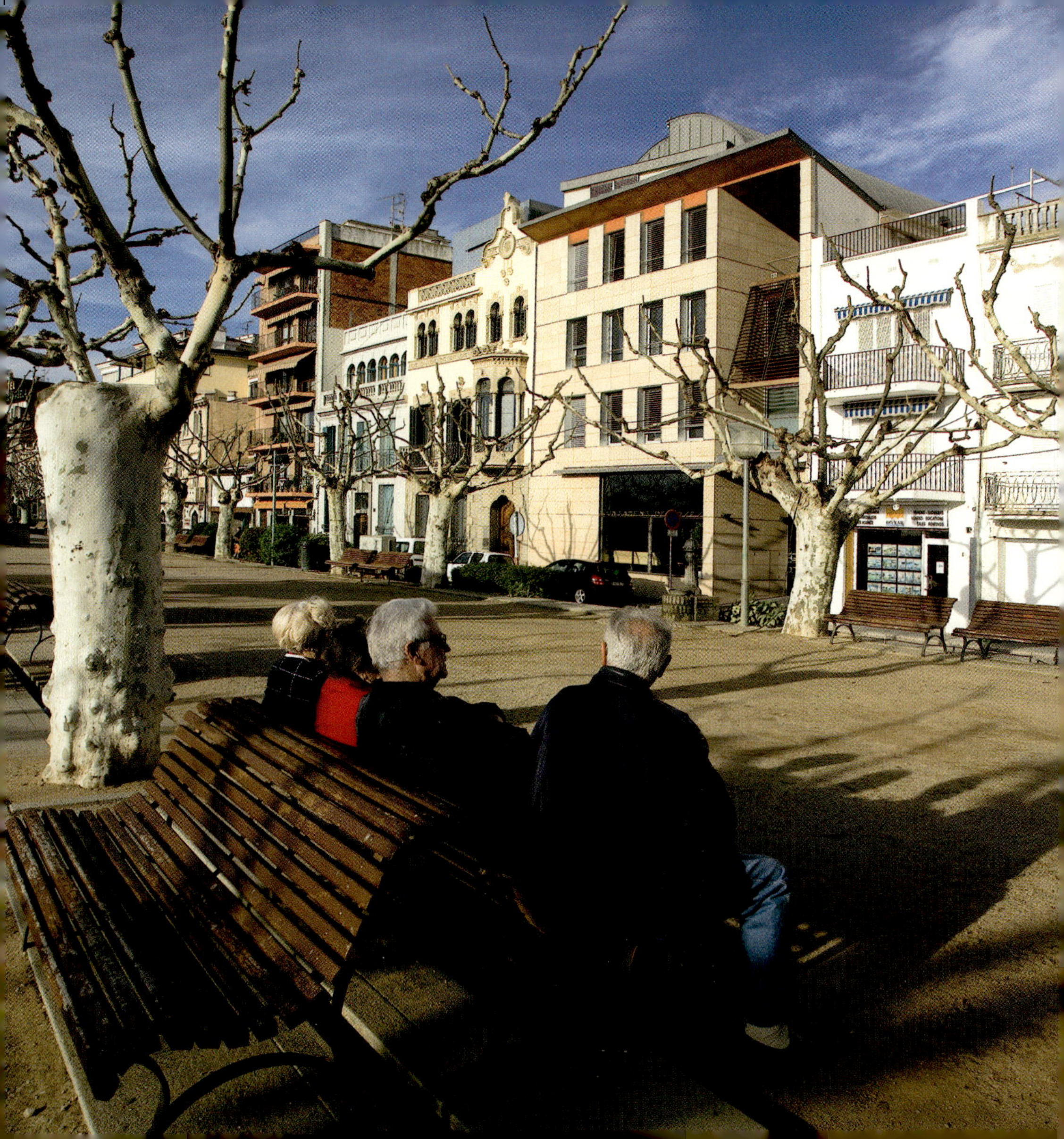

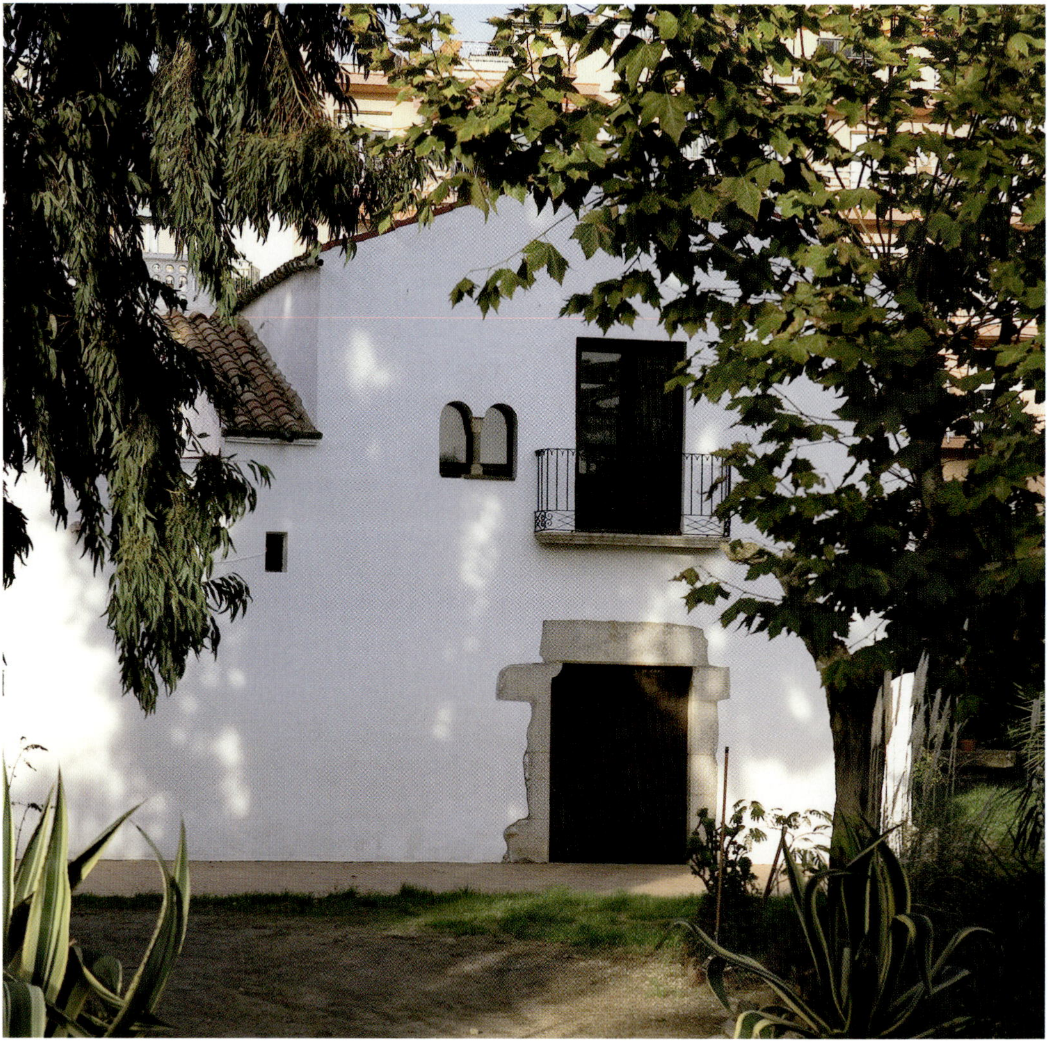

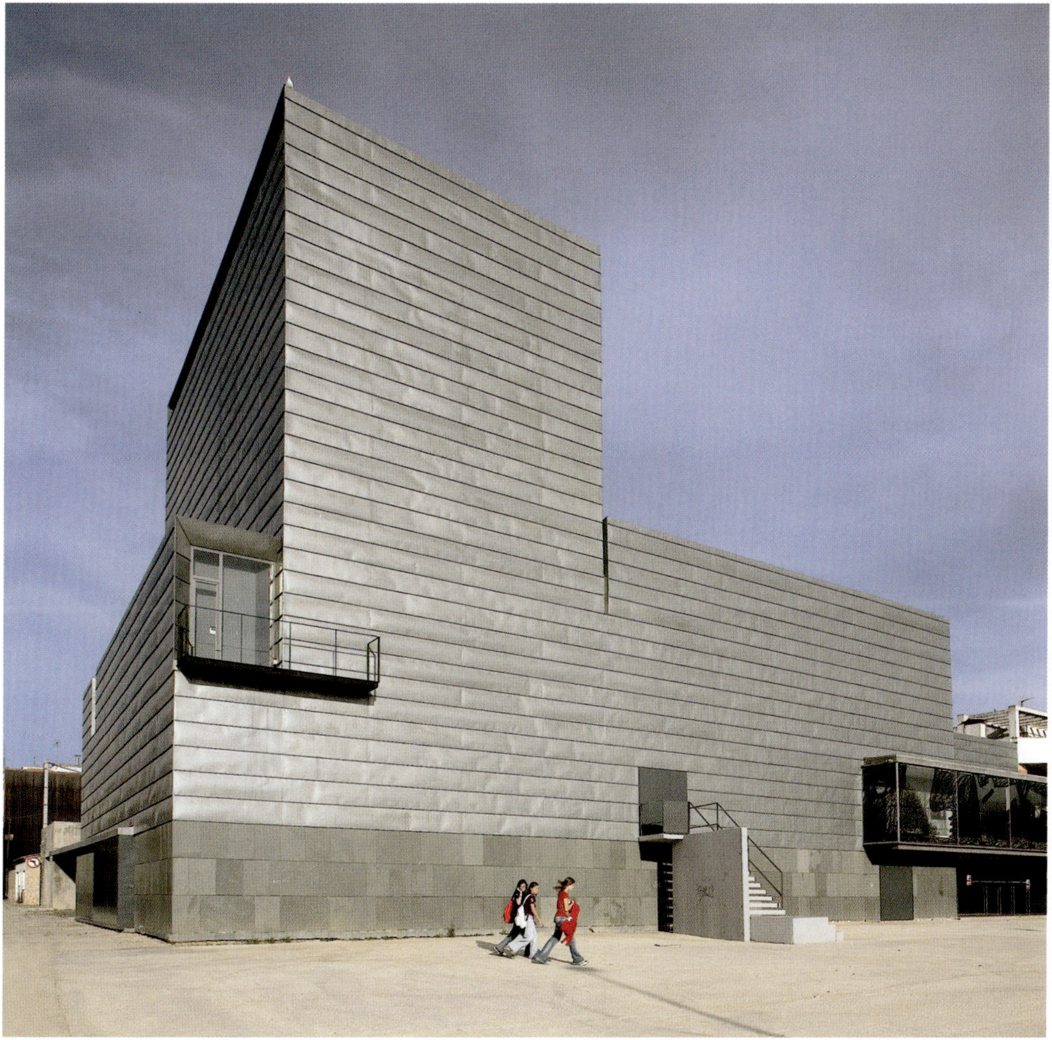

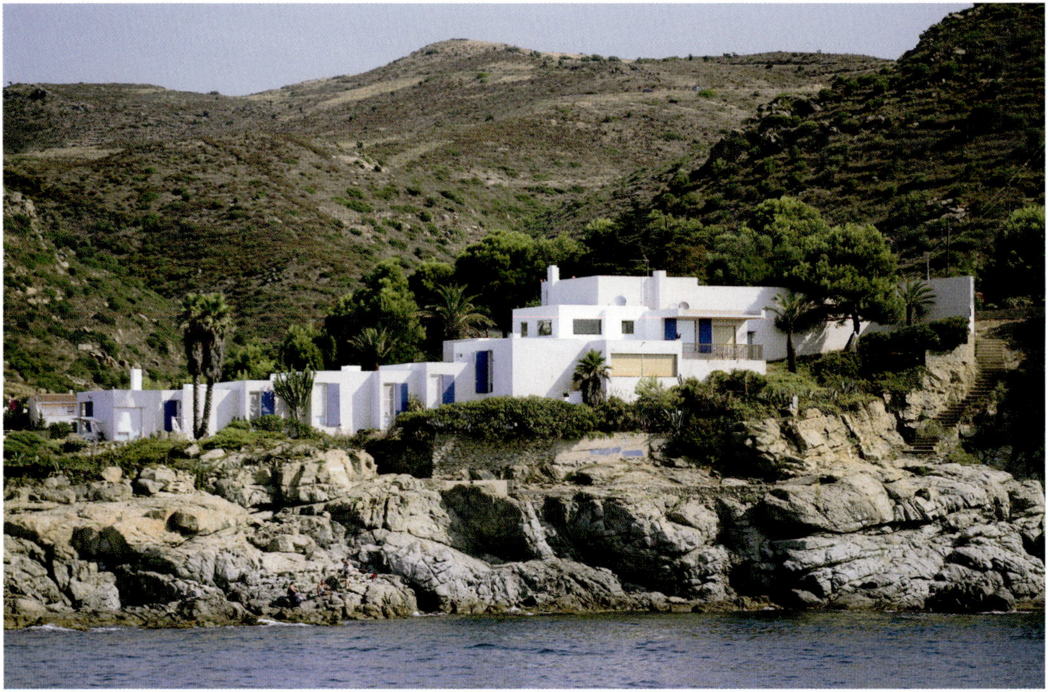

ARQUITECTURA D'AHIR I D'AVUI

Al terme municipal de Roses, hi conviuen estils arquitectònics molt diversos. El visitant hi pot trobar des de masies catalanes tradicionals com el Mas de les Figueres (anterior a 1693) fins a la postmodernitat més recent del Teatre Municipal (2002), dissenyat pels arquitectes Manel Bosch, Joan Tarrús i Jordi Bosch. També cal destacar la Casa Rozès (1962), realitzada per José Antonio Coderch de Sentmenat, on es combina amb elegància la cultura d'avantguarda amb la mediterrània. Algun dels millors hotels de la localitat, com l'Almadrava Park (1969), obra d'Alexandre Bonaterra Matas, representen a la perfecció l'encaix de la contemporaneïtat i el classicisme.

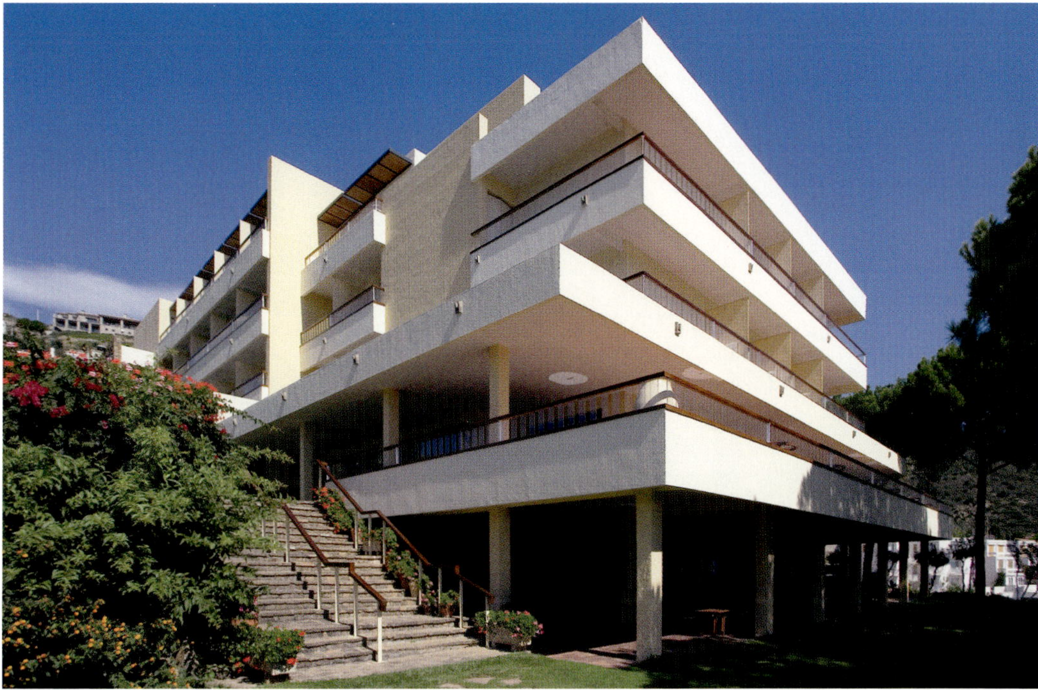

ARQUITECTURA DE AYER Y DE HOY

En el término municipal de Roses conviven estilos arquitectónicos muy diversos. El visitante puede encontrar desde masías catalanas tradicionales como Mas de les Figueres (anterior a 1693) hasta edificios de la más reciente postmodernidad como el Teatro Municipal (2002), de los arquitectos Manel Bosch, Joan Tarrús y Jordi Bosch. También hay que destacar Casa Rozès (1962), realizada por J.A. Coderch de Sentmenat, en la que la cultura de vanguardia y el mediterráneo se combinan con elegancia. Por otra parte, alguno de los mejores hoteles de la localidad, como el Almadrava Park (1969), obra de Alexandre Bonaterra Matas, representan a la perfección el encaje entre la contemporaneidad y el clasicismo.

ARCHITECTURE FROM THE PAST AND TODAY

Very diverse architectural styles live alongside each other in the municipality of Roses. The visitor can find traditional Catalan country houses such as Mas de les Figueres (dated before 1693) or more recent buildings of a post-modern design such as the Municipal Theatre (2002), by the architects Manel Bosch, Joan Tarrús and Jordi Bosch. Also of note is Casa Rozès (1962), designed by J.A. Coderch de Sentmenat, in which avant-garde and Mediterranean culture are elegantly combined. Furthermore, some of the town's best hotels, such as Almadrava Park (1969), the work of Alexandre Bonaterra Matas, represent the combination of contemporariness with classicism to perfection.

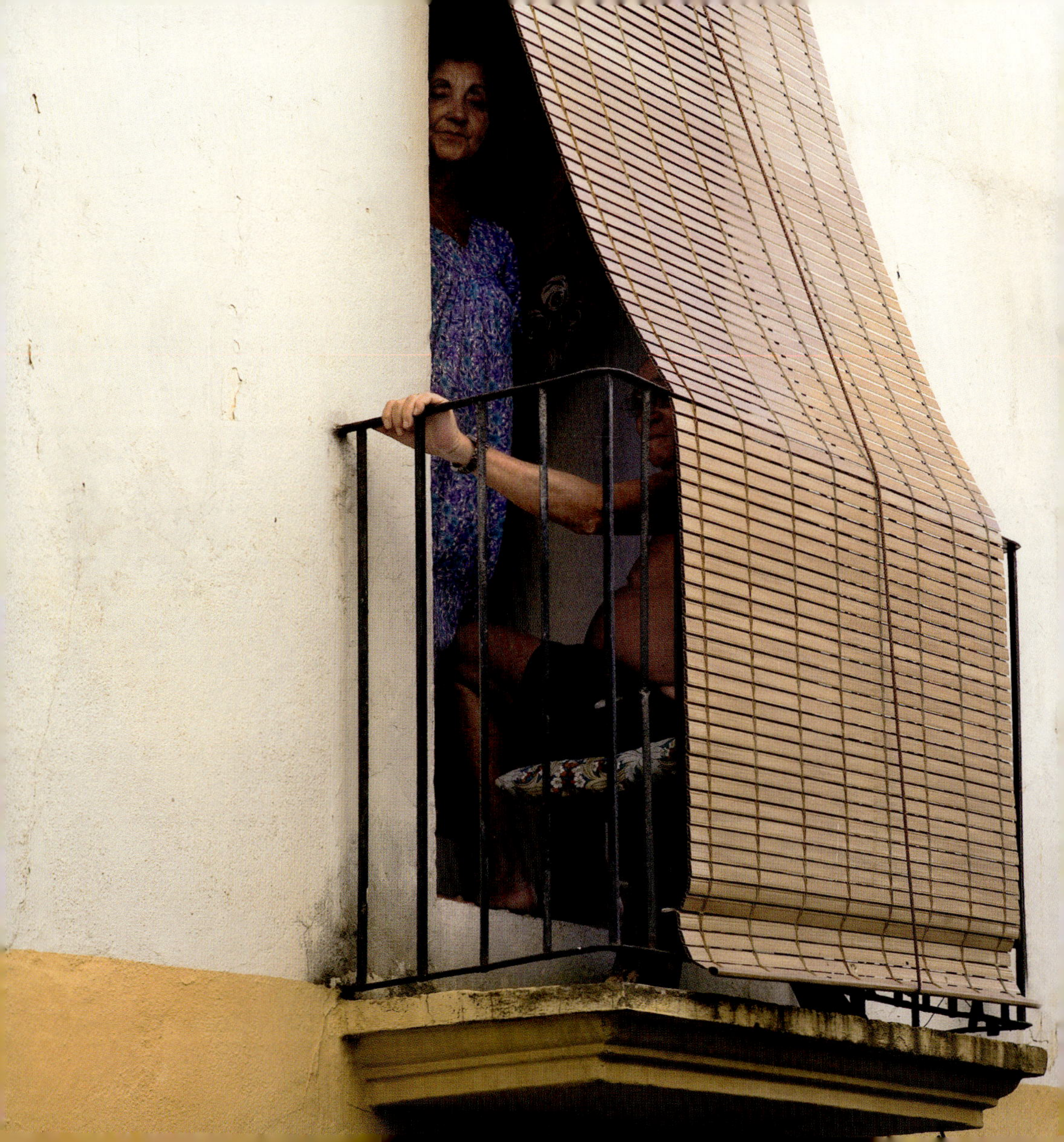

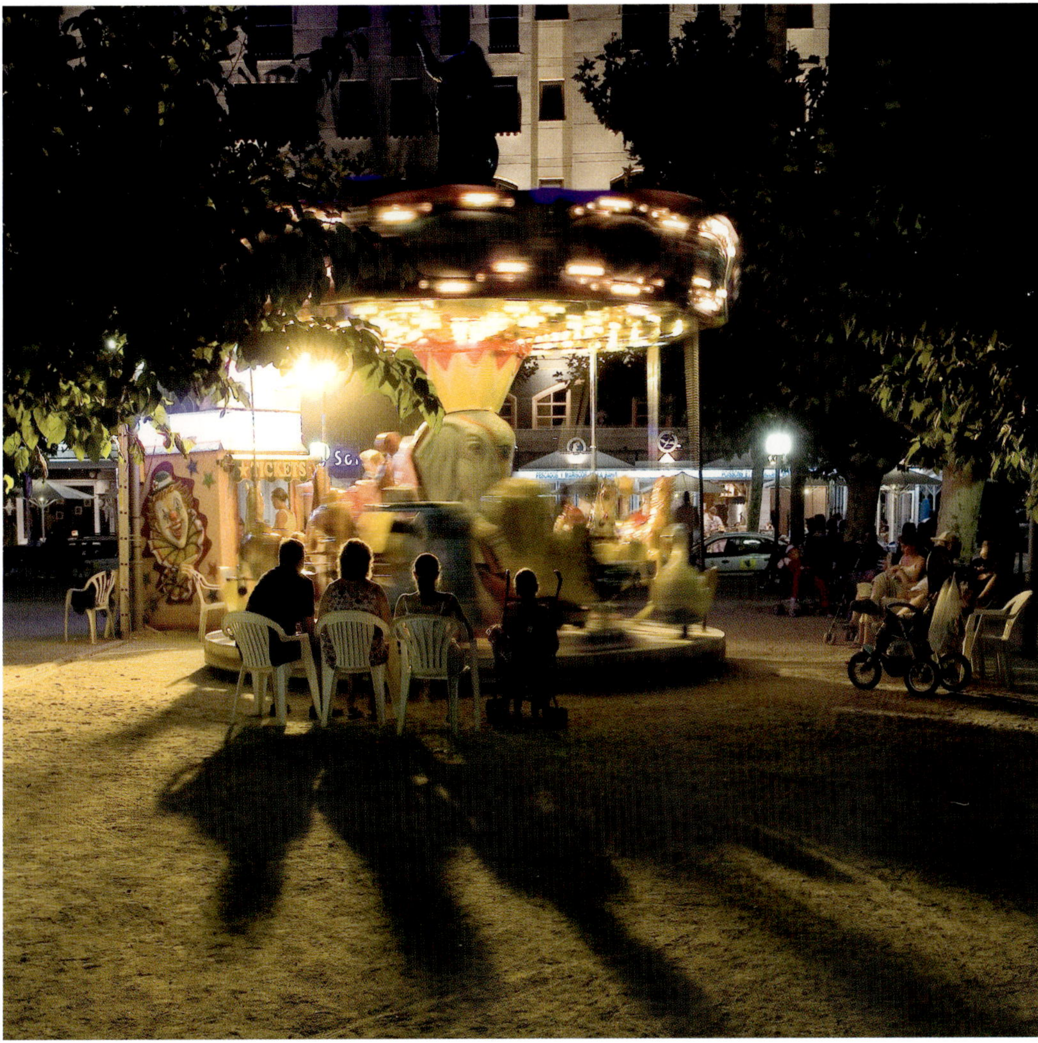
TICKETS

UN RUSC DE BOTIGUES

L'entramat de carrerets que s'agombola a cada banda de la Riera Ginjolers conserva l'eclosió de colors i tipisme que va arribar amb els turistes. Comerços de tota mena, antics i nous, converteixen el passeig en un petit soco empordanès atapeït d'objectes pensats per al consum massiu. L'escriptor Àngel Burgas enumera alguns d'aquests fetitxes essencials: "Una tovallola d'un toro, una tovallola de la Barbie. Unes 'acuarelas artísticas: vistas de España', una mena de mosaic emmarcat amb imatges de la geografia espanyola i samarretes estampades. Les imatges preferides per estampar sobre roba interior són el conillet del Playboy, el rostre de la persona estimada i la fulla de marihuana humanitzada fumant-se un porro".

UN PANAL DE TIENDAS

El entramado de callejuelas que se acomodan a ambos lados de la Riera Ginjolers conserva la eclosión de colores y tipismo que llegó con los turistas. Comercios de todo tipo, antiguos y nuevos, convierten el paseo en un pequeño zoco ampurdanés atiborrado de objetos destinados al consumo masivo. Àngel Burgas enumera alguno de estos fetiches esenciales: "una toalla de un toro, otra de la Barbie. Unas 'acuarelas artísticas: vistas de España', una especie de mosaico enmarcado con imágenes de la geografía española, y camisetas estampadas. Las imágenes preferidas para estampar sobre la ropa interior son el conejito de Playboy, el rostro de la persona amada y la hoja de marihuana humanizada fumándose un porro"

A HONEYCOMB OF SHOPS

The network of narrow streets that occupy both sides of the Riera Ginjolers stream conserve the burst of local colour that came with the tourist boom. Shops of all types, old and new, turn the way into a small Empordà Arab market crammed with articles for mass consumption. Àngel Burgas counts up some of these essential fetishes: "a towel of a bull, another of a Barbie. Some 'artistic watercolours: views of Spain'. A type of mosaic framed by images of parts of Spain, and printed T-shirts. The favourite images for printing on underwear are the Playboy rabbit, the face of a loved one and a humanised marijuana leaf smoking a joint".

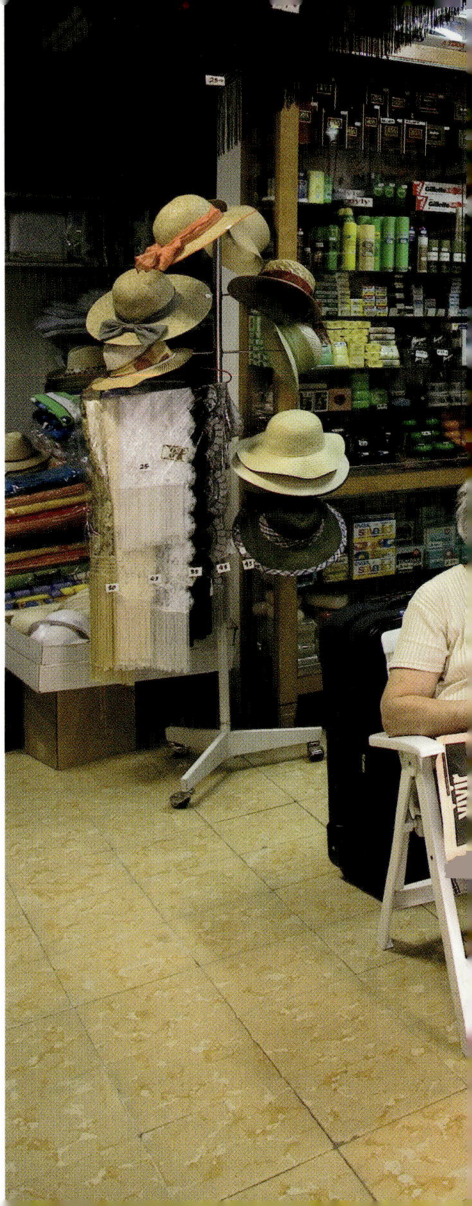

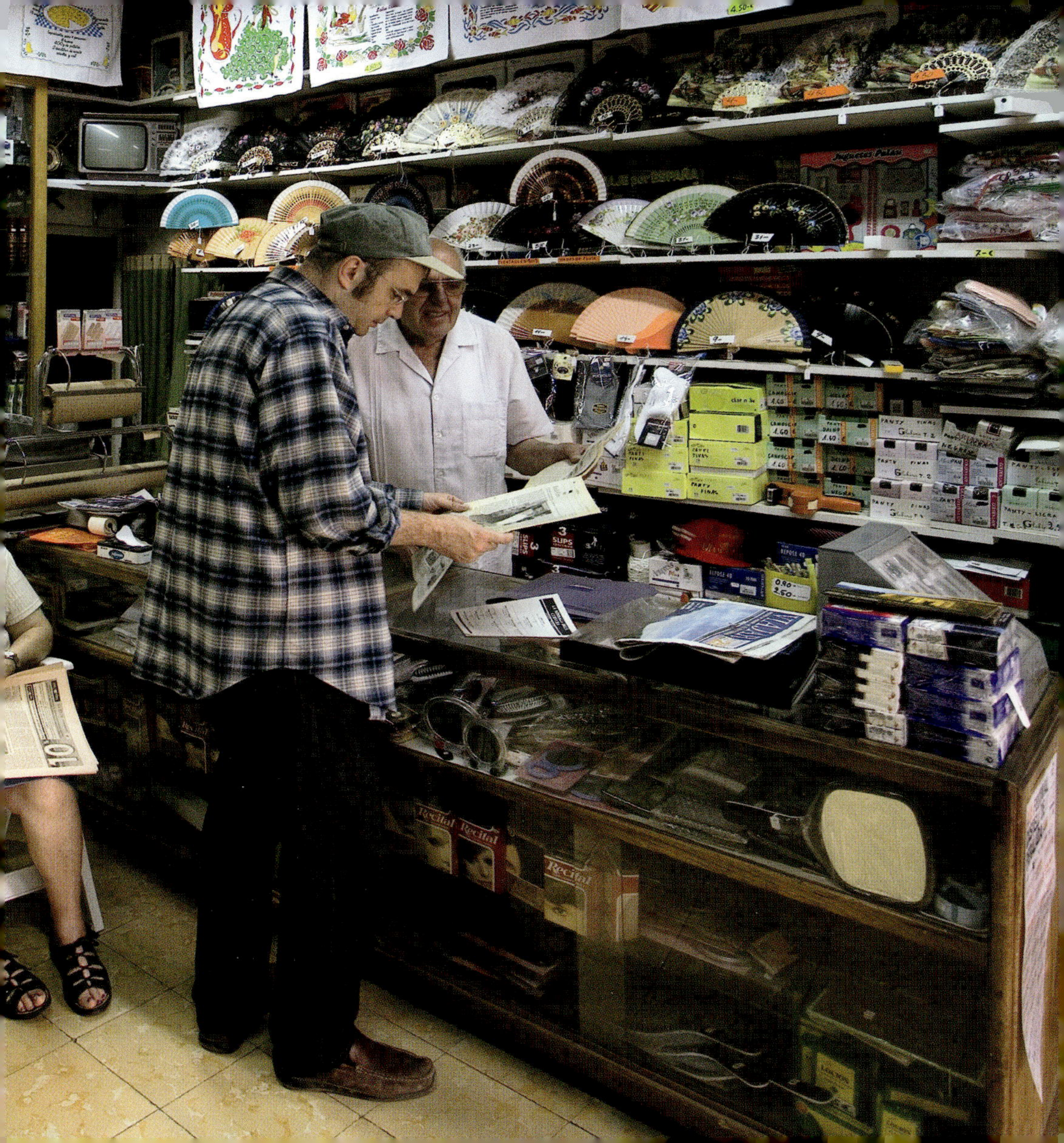
3
SLIPS
Recital
Recital
Recital

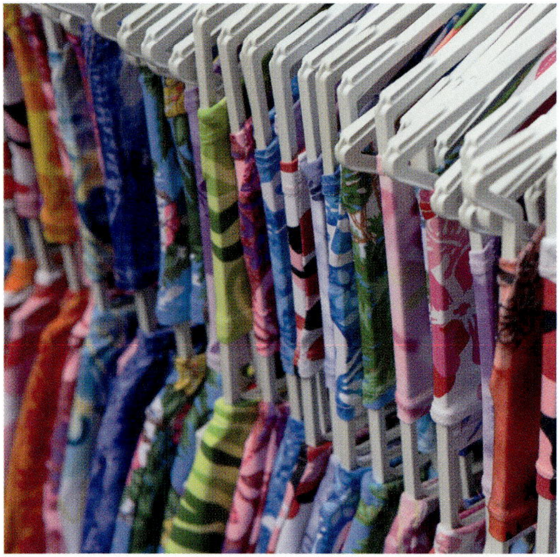
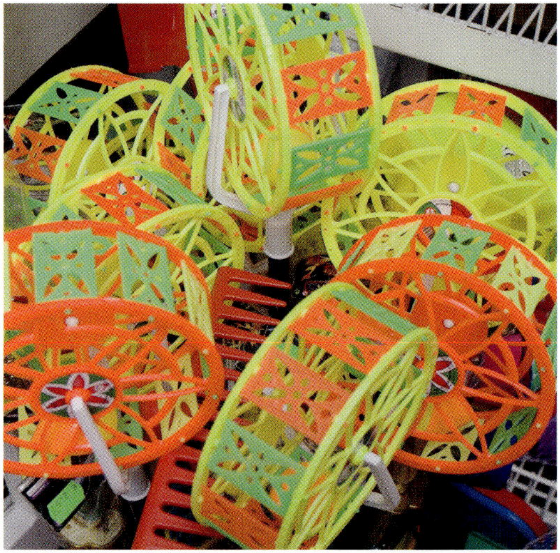
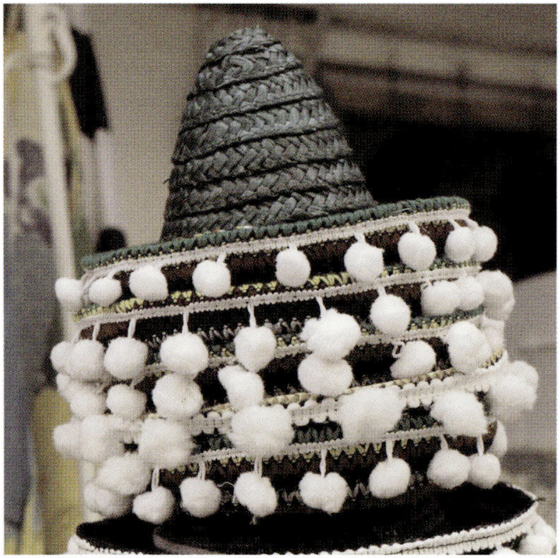
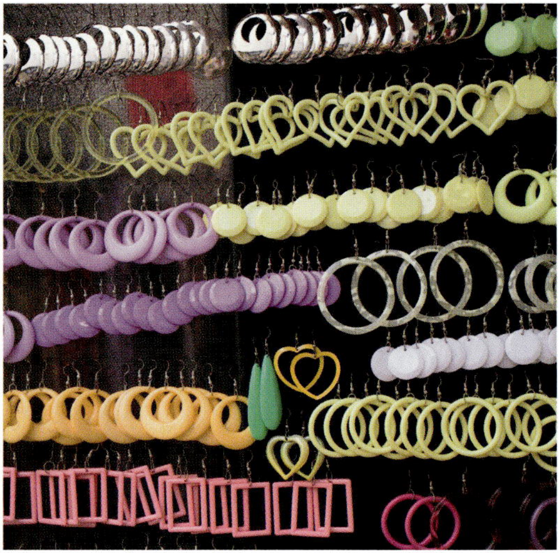

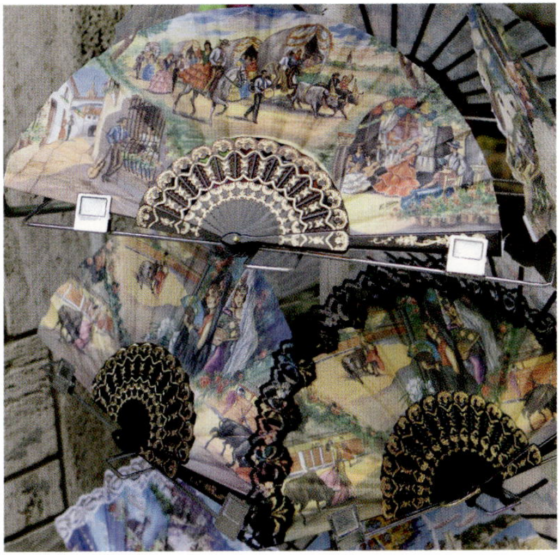

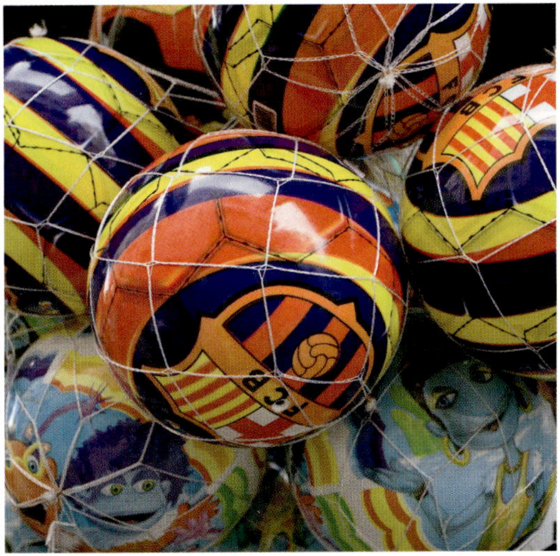

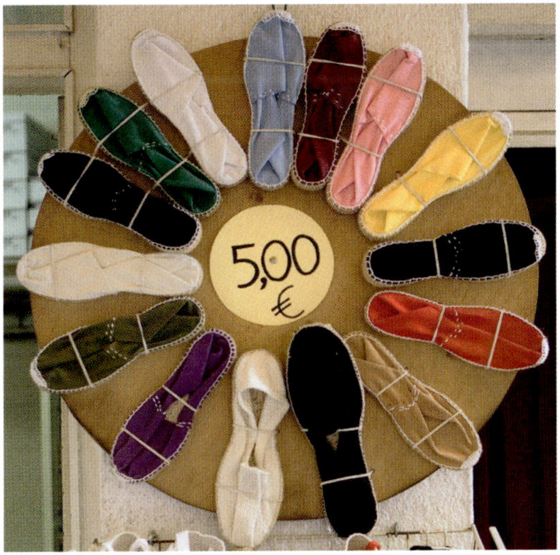
5,00
€

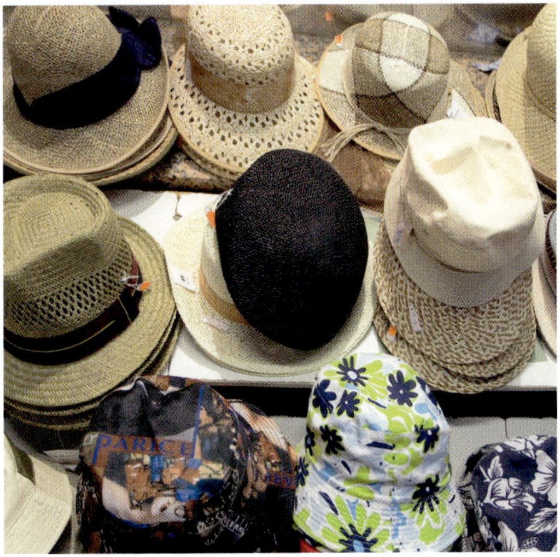

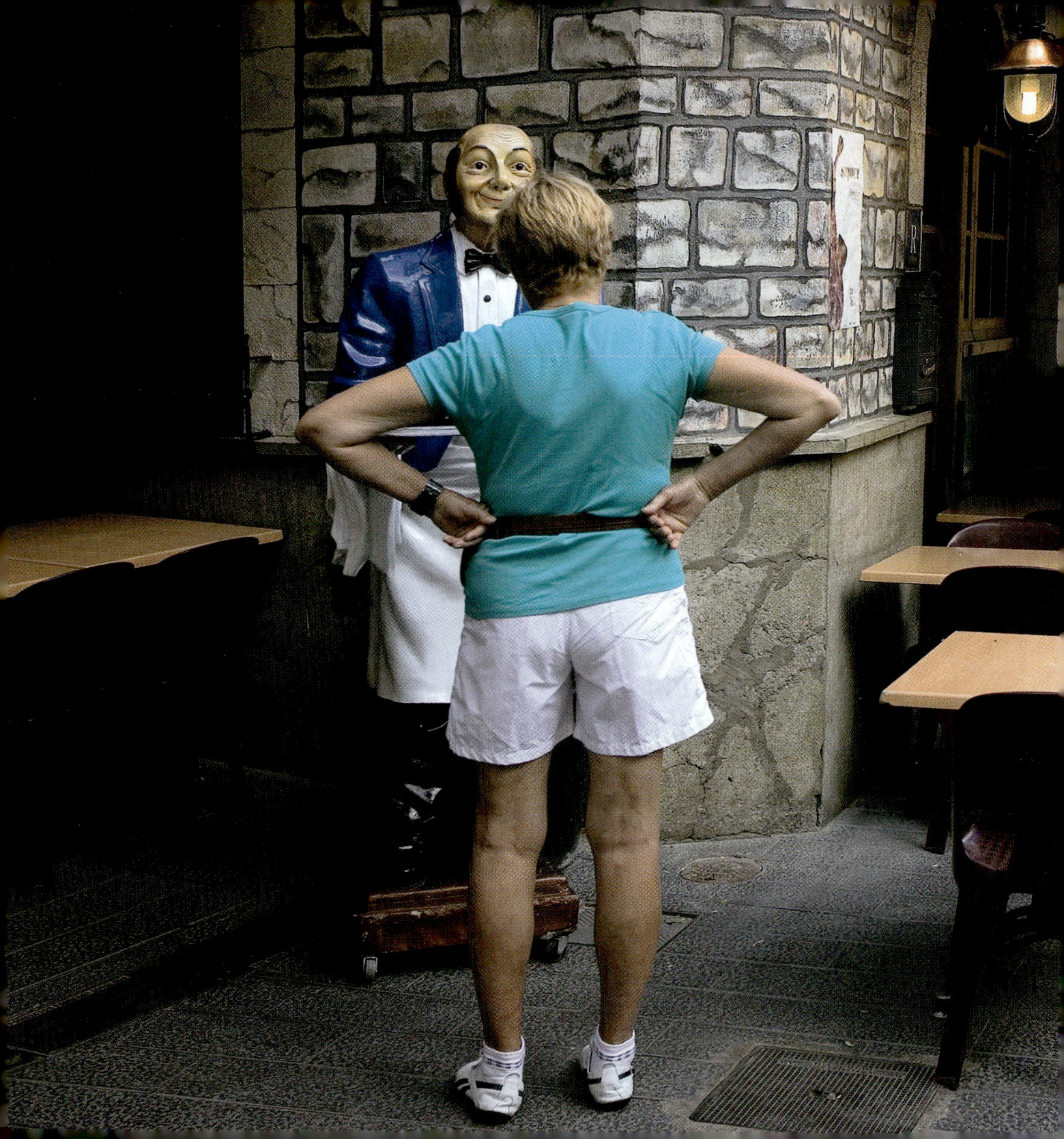

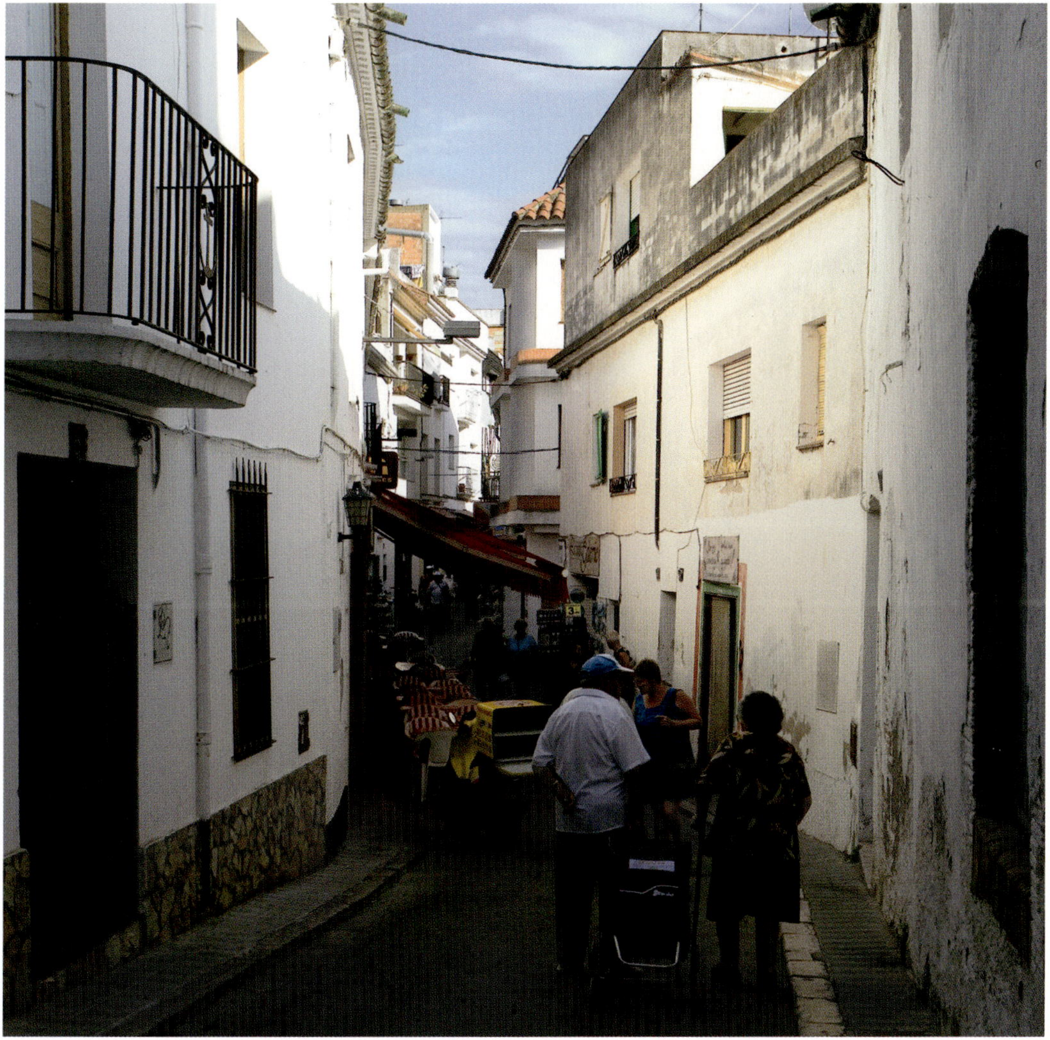

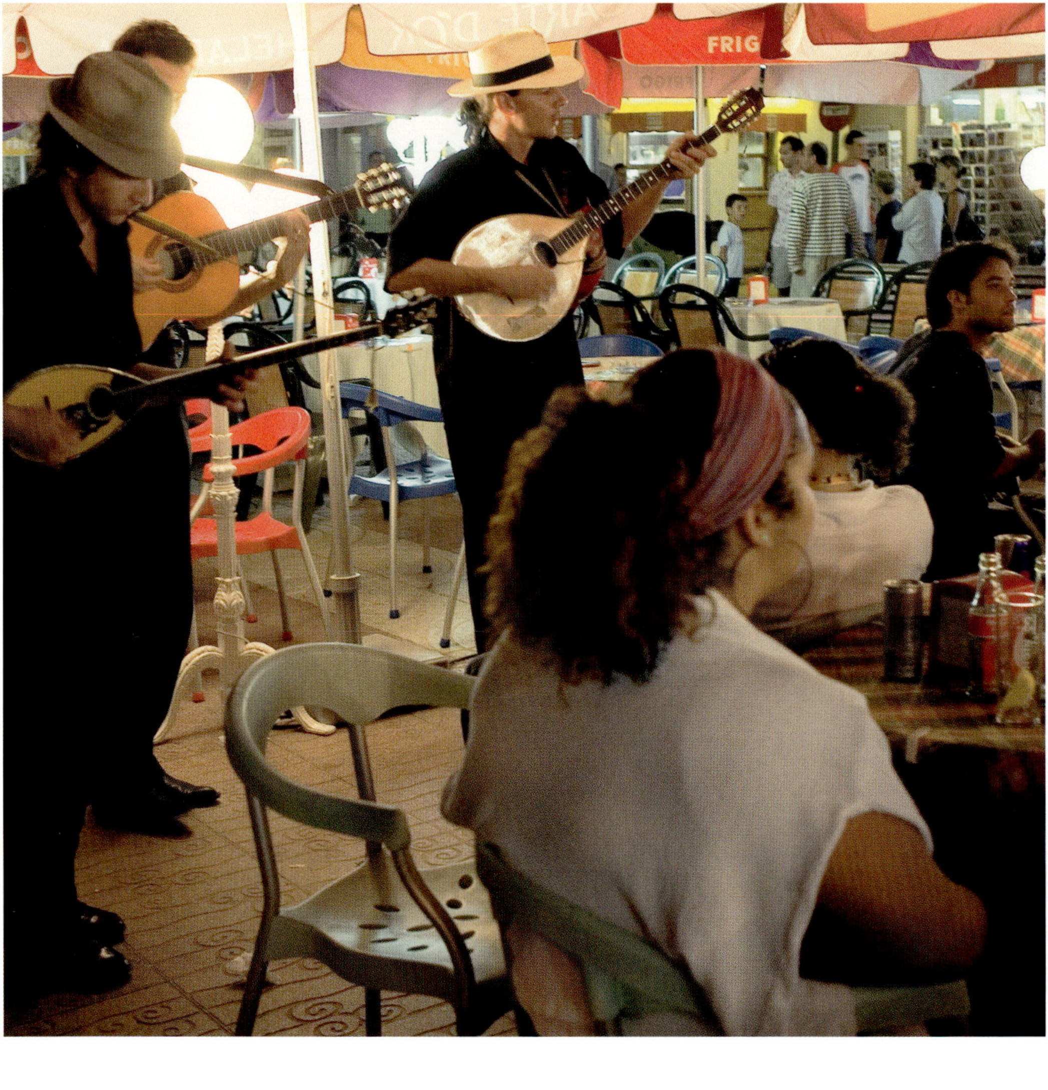
FRIG

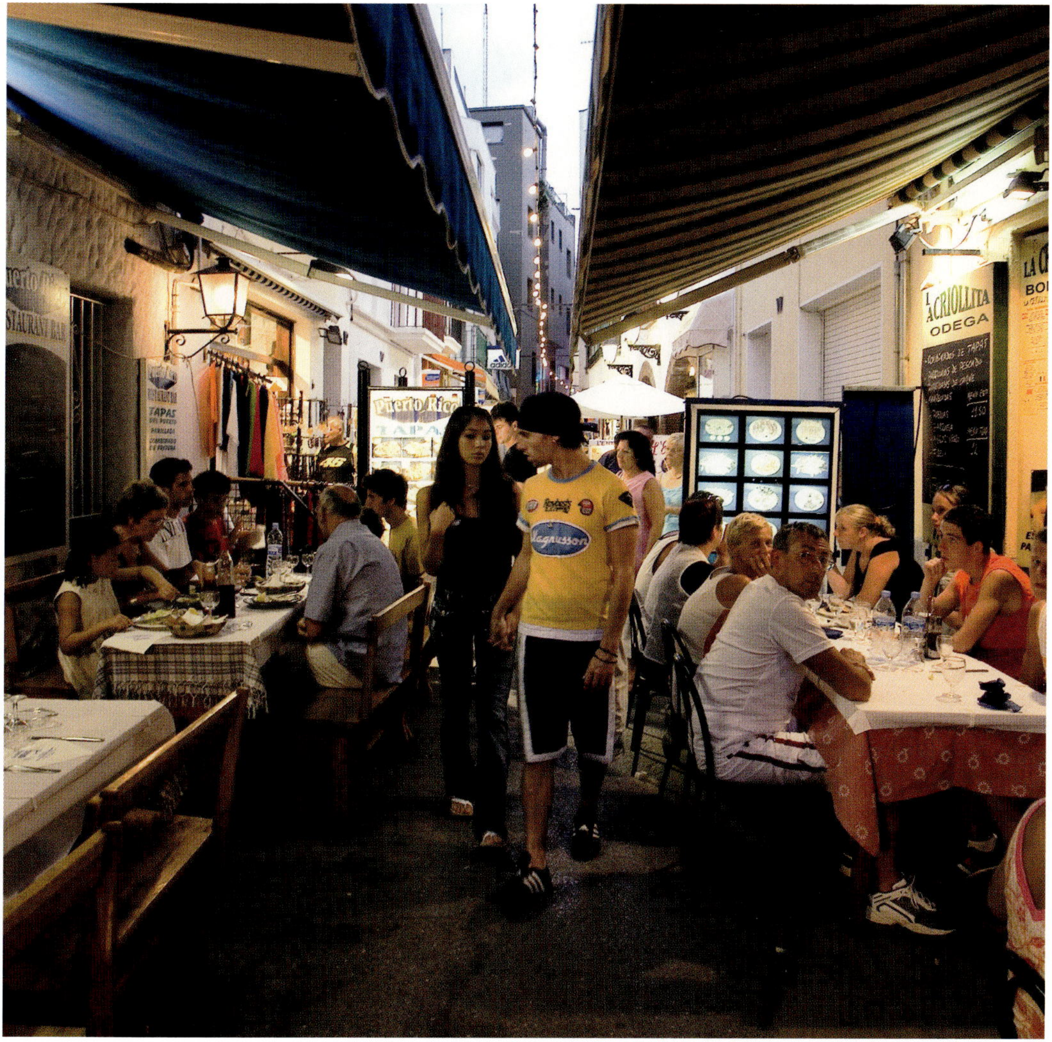
Puerto Rico

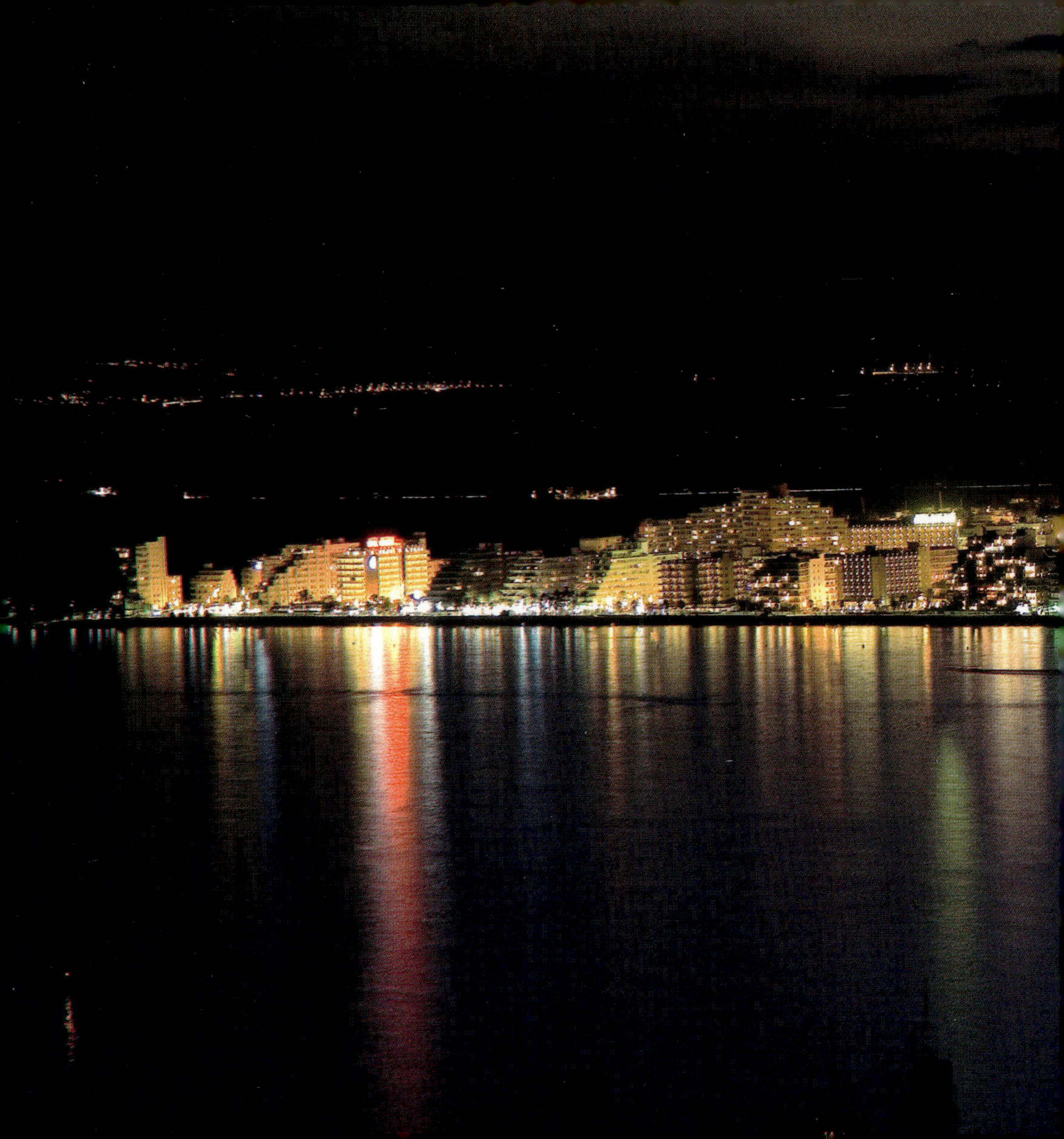

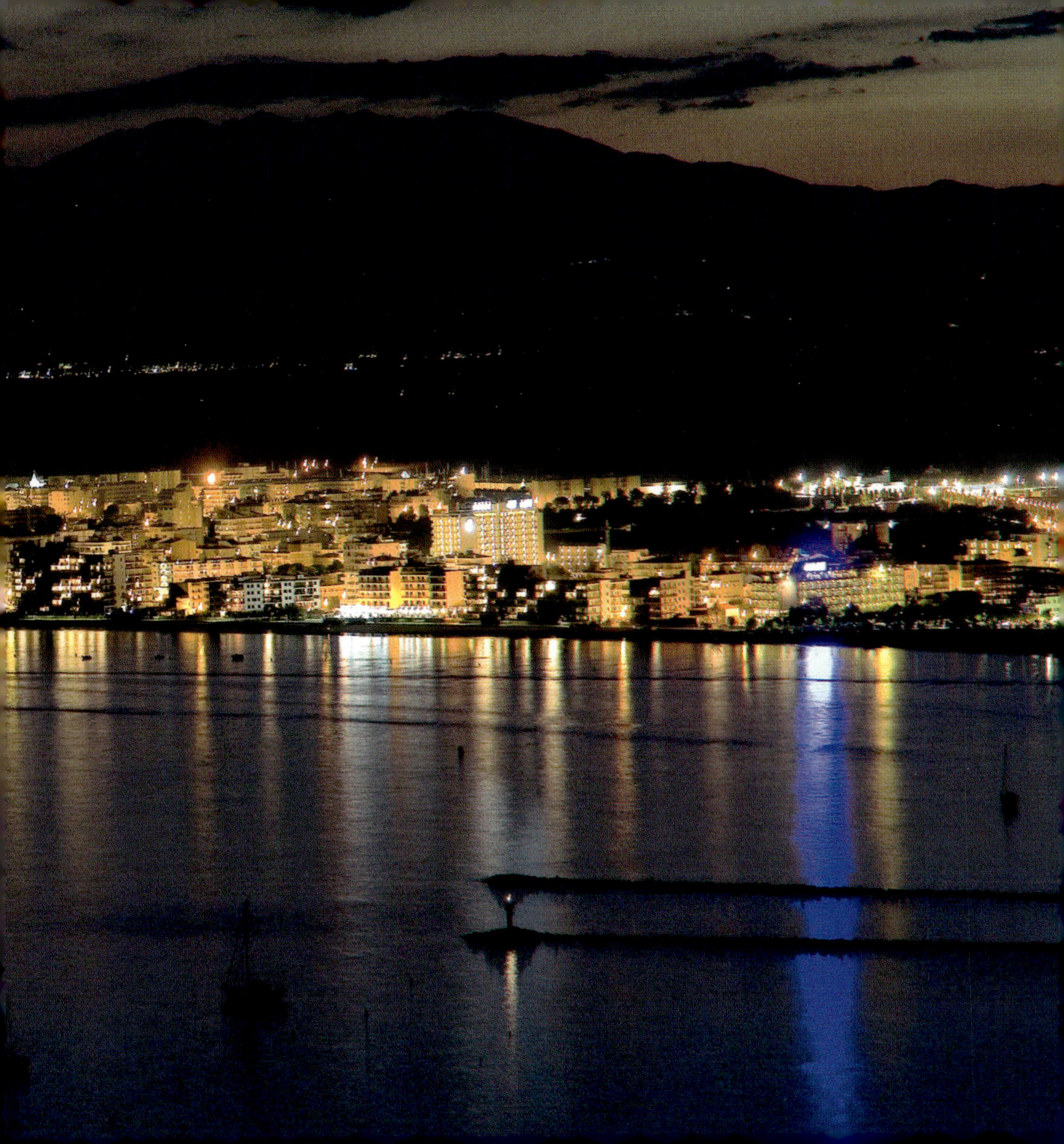

Cada año desfilabamos en Carnaval, vestidos de torero y con los labios pintados de verde.

Every year we paraded at the Carnival, dressed up as bullfighters and with our lips painted green.

CADA ANY DESFILÀVEM AL CARNAVAL, VESTITS DE TORERO I AMB ELS LLAVIS PINTATS DE VERD

ÀNGEL MAURI

ENEMICS DE LA TRISTOR

La fal·lera dels rosincs pel carnaval ja apareix datada el febrer de 1780. Des d'aleshores, la celebració no s'ha aturat mai. La Festa Major d'Hivern transforma la fesomia de la població en un carrusel efervescent, ple de joia, riallades i exhibicionisme desenfadat. El que més admiren els espectadors és que, enmig d'una nit glaçada, hi hagi herois disposats a desafiar la pulmonia guarnits amb uns tangues i uns sostens raquítics. Per combatre la climatologia adversa, moltes colles porten al rebost de la carrossa una bona ració de queviures i licors per escalfar-se. L'escriptor Àngel Mauri assegura: "Participar en el carnaval de Roses és com fer d'extra d'una superproducció de Hollywood ".

ENEMIGOS DE LA TRISTEZA

La afición al carnaval ya aparece fechada en 1780. Desde entonces jamás ha dejado de celebrarse. La Festa Major d'Hivern transforma la fisonomía de la población en un carrusel efervescente lleno de alegría, carcajadas y exhibicionismo desenfadado. Lo que más admiran los espectadores es que, en plena noche helada, haya héroes dispuestos a desafiar la pulmonía ataviados con un tanga y unos sujetadores raquíticos. Para combatir la climatología adversa, muchas comparsas llevan en la despensa de la carroza una buena provisión de comida y bebida para calentarse. El escritor Àngel Mauri asegura: "Participar en el carnaval de Roses es como hacer de extra en una superproducción de Hollywood".

A HONEYCOMB OF SHOPS

Love of the carnival is recorded as far back as 1780. Since then it has always been celebrated. The Winter Annual Festival transforms the physiognomy of the town into an effervescent carousel full of happiness, guffaws of laughter and outrageous exhibitionism. What the spectators admire most of all, on a freezing cold night, are the heroes ready to defy pneumonia dressed up in a thong and a skimpy bra. To combat the adverse weather, many groups have a larder on their float with a good provision of food and drink to keep warm. The writer Àngel Mauri states: "Taking part in the Roses carnival is like being an extra in a Hollywood superproduction".

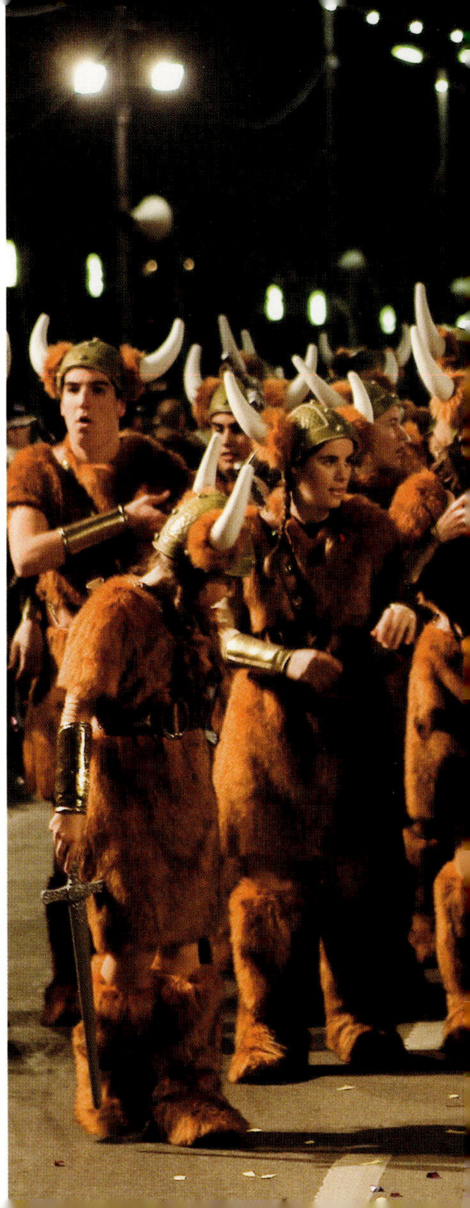

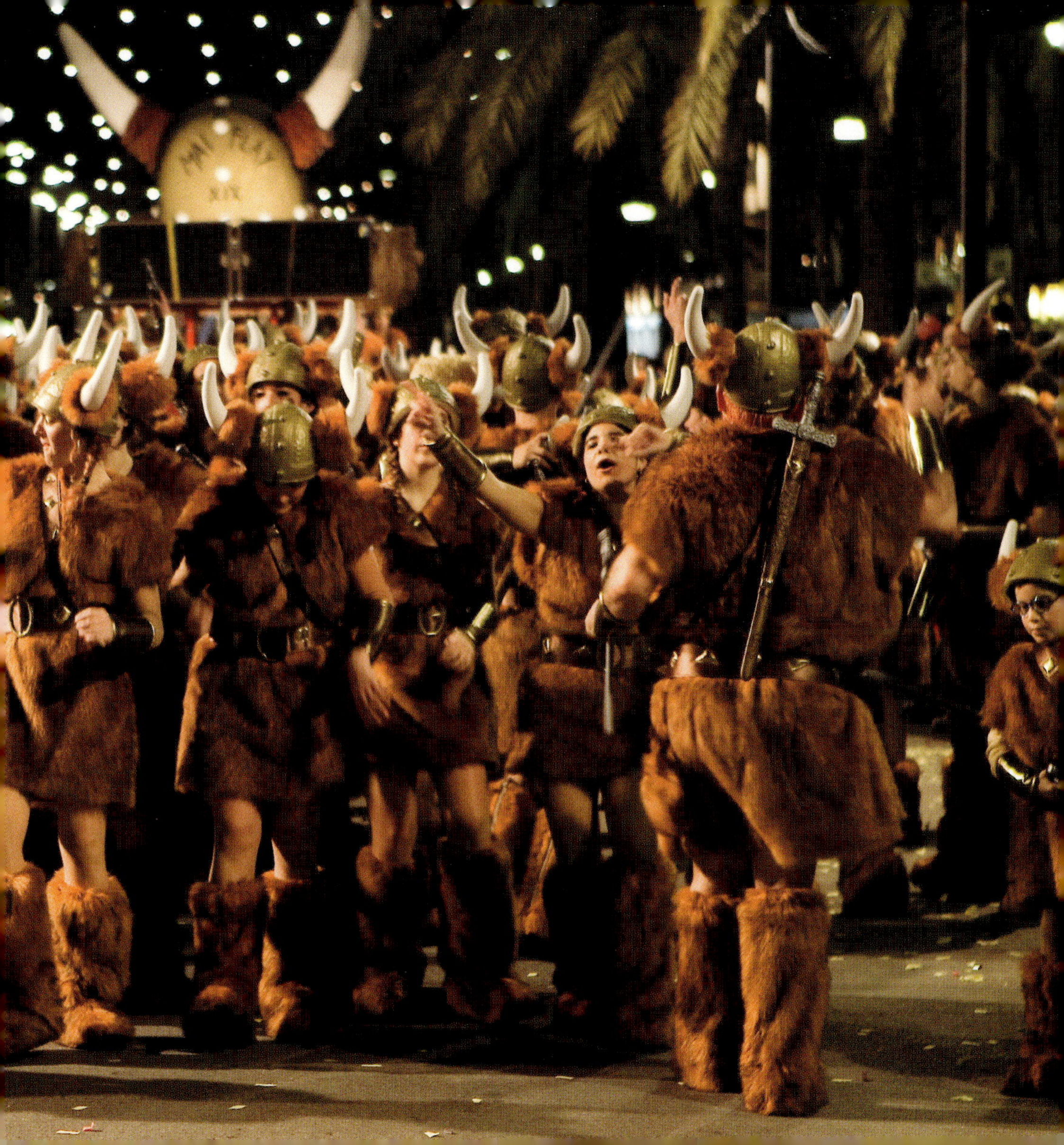

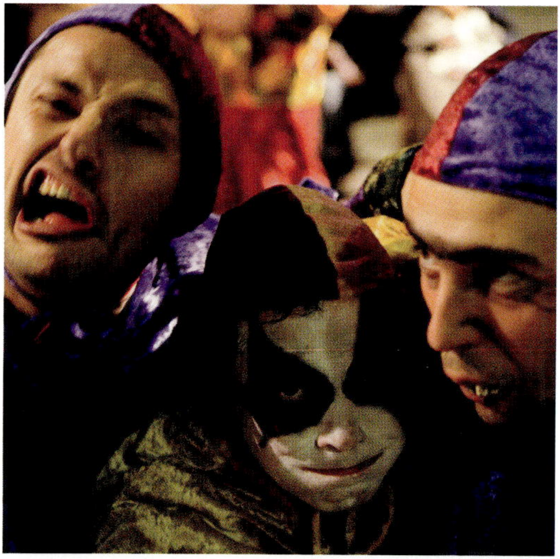

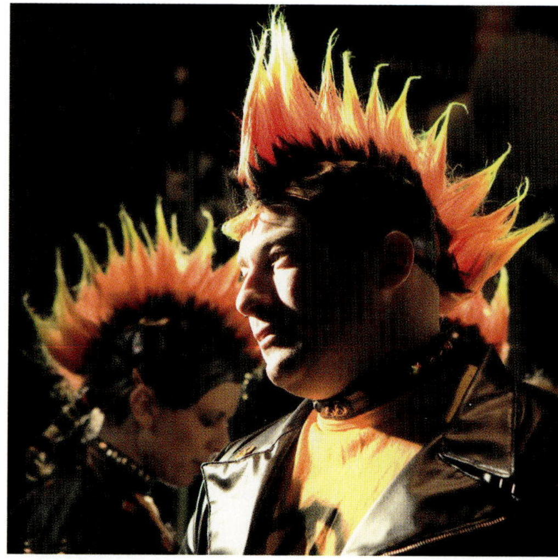

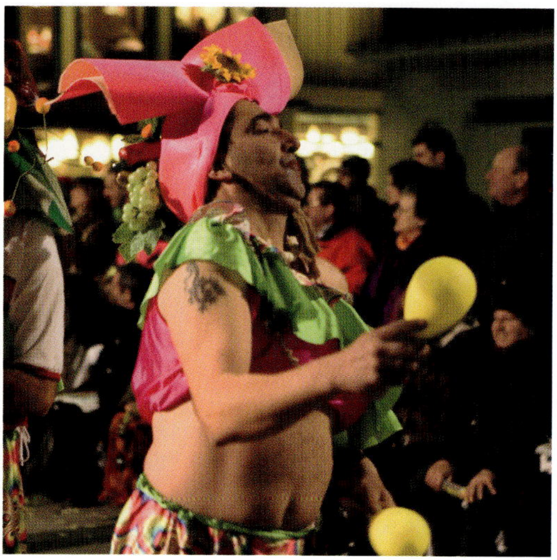

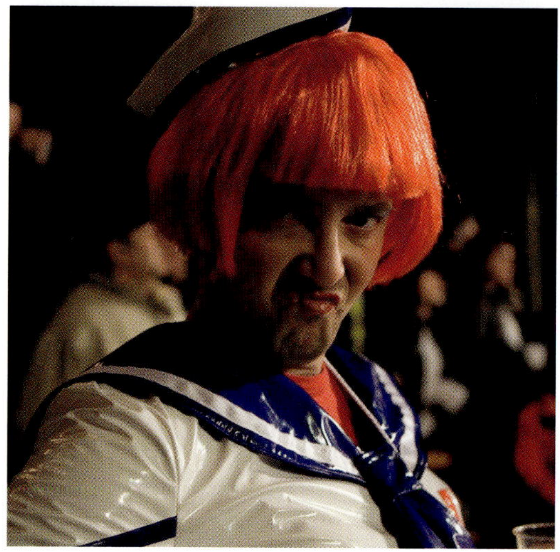

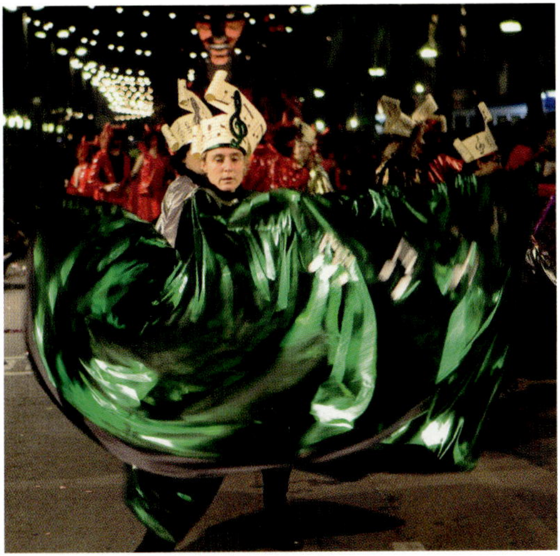
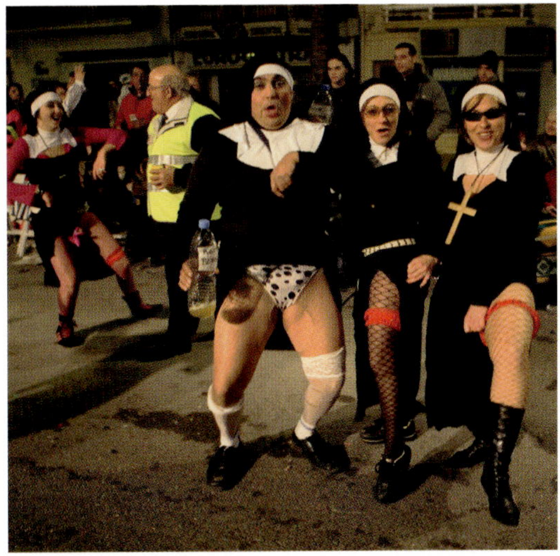
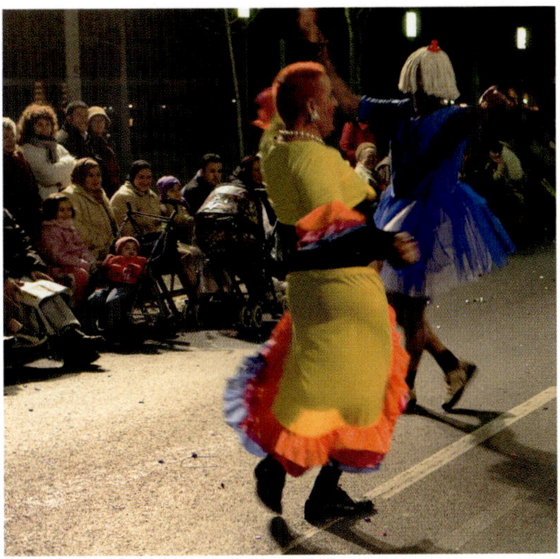
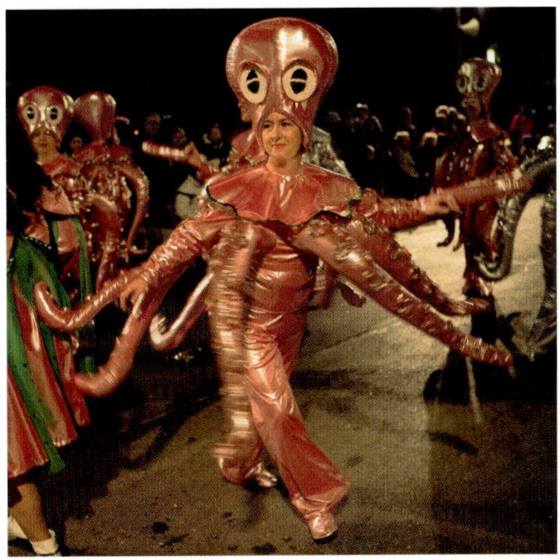

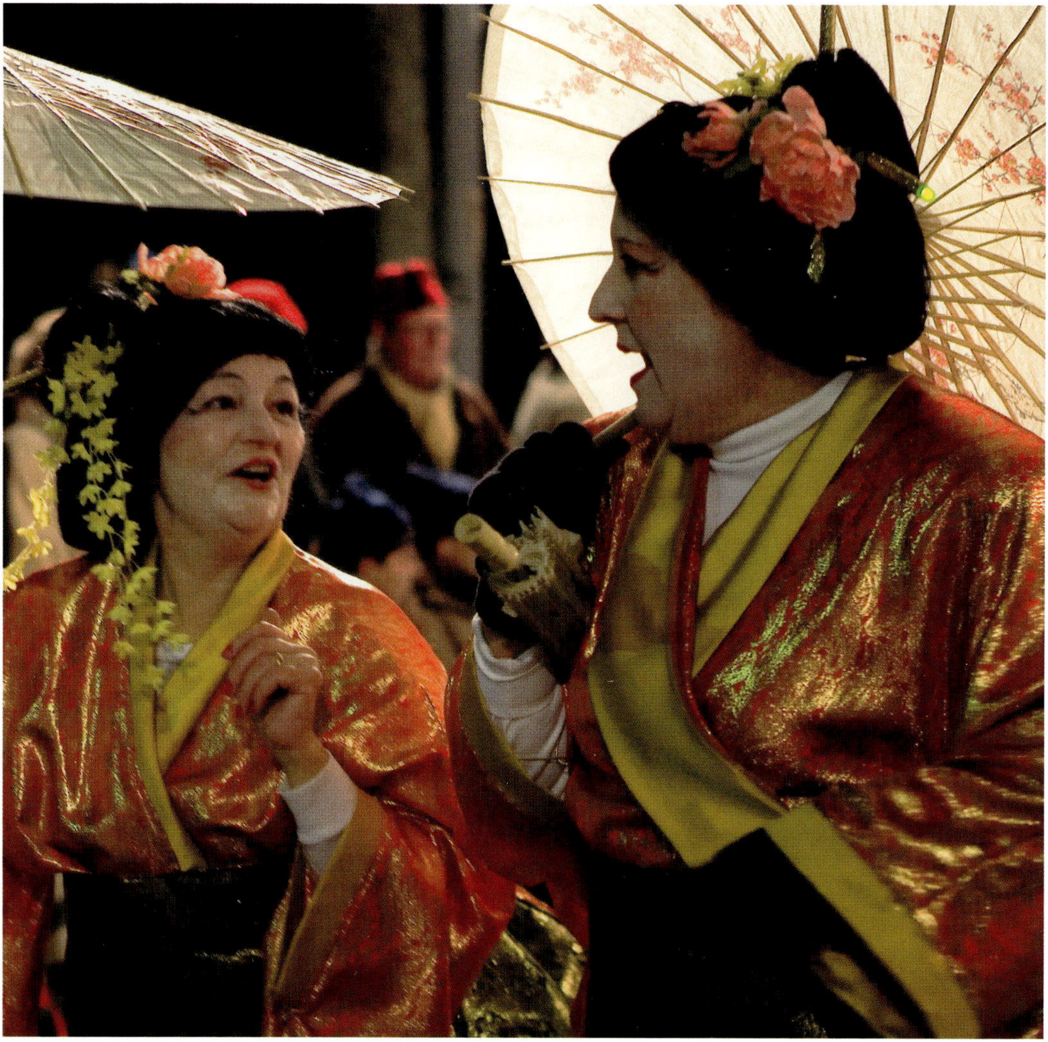

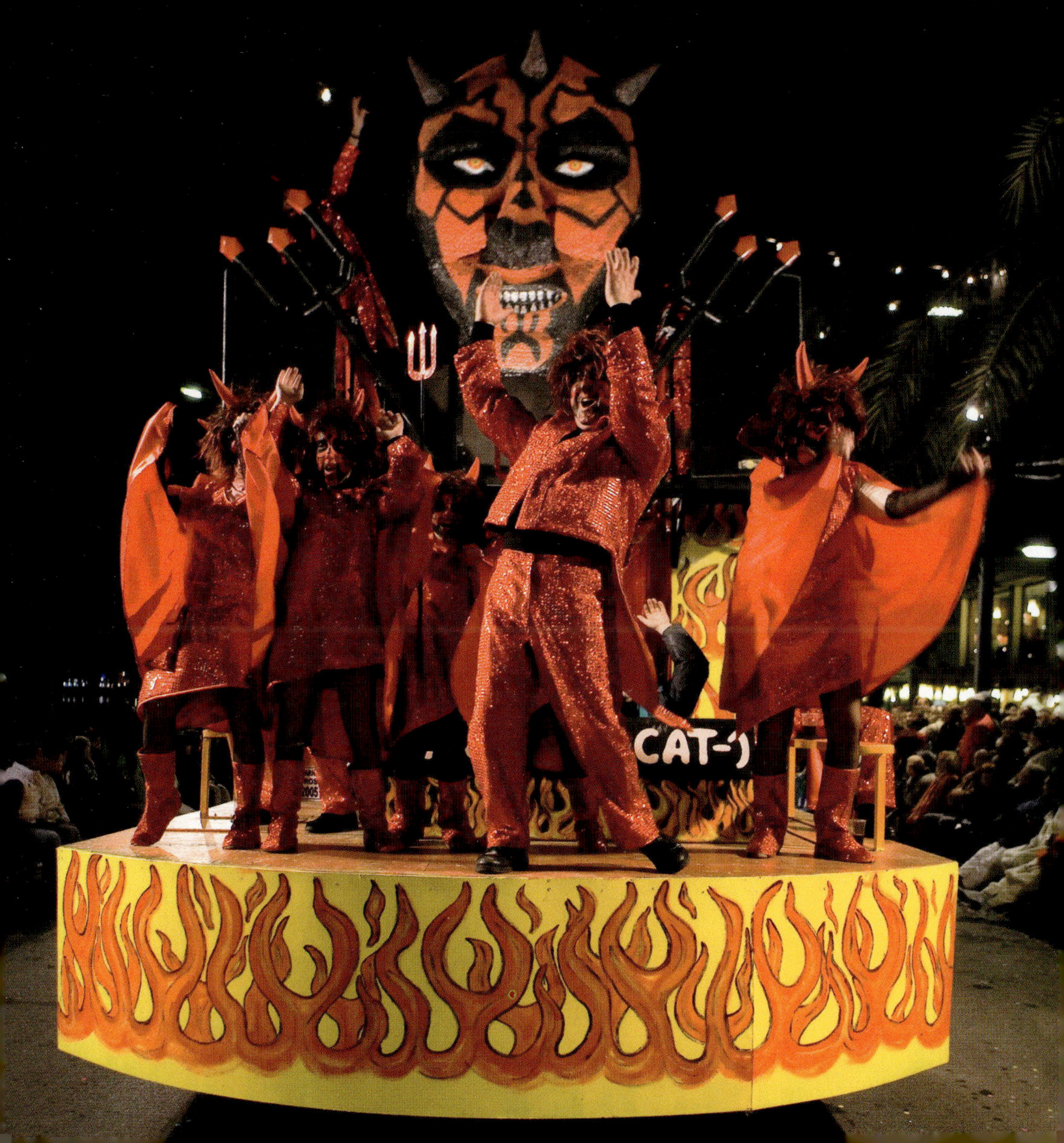

ESCLATA LA FESTA

L'alegria produïda per la festa major, celebrada a mitjan d'agost, és més ortodoxa que la mascarada d'hivern. No hi falten els actes tradicionals com les cercaviles amb gegants, els balls d'envelat i les havaneres. El fet de ser vila marinera fa que els esports relacionats amb l'aigua i la sorra agafin importància. Campionats de Vòlei platja, travessies en windsurf i curses de natació amenitzen la badia i els espigons. La festa major estival vol ser una celebració oberta a tothom, on grans i petits, rosincs de tota la vida i acabats d'arribar al poble puguin sentir-se còmodes. Aquests jorns cordials i distesos s'acaben amb la claror intensa dels focs d'artifici.

ESTALLA LA FIESTA

La alegría producida por la fiesta mayor, que se celebra a mediados de agosto, es más ortodoxa que la mascarada de invierno. No faltan los actos tradicionales como los pasacalles con gigantes, los bailes y las habaneras. El hecho de ser una villa marinera facilita que los deportes relacionados con el agua y la arena adquieran relevancia: campeonatos de volei playa, travesías en windsurf y competiciones de natación amenizan la bahía y los espigones. La fiesta mayor estival quiere ser una celebración abierta a todo el mundo, donde pequeños y mayores, vecinos de toda la vida y recién llegados puedan sentirse cómodos. Estas jornadas cordiales y relajadas acaban con el resplandor intenso de los fuegos artificiales.

THE PARTY EXPLODES

The cheer that the Summer Annual Festival produces, held in mid-August, is more orthodox than the winter masquerade. The traditional events are still there, such as the giant's street parades, the dances and the shanty singing. The fact that it is a seafaring town means that the water and beach-related sports take centre stage: beach volleyball championships, windsurfing crossings and swimming competitions liven up the bay and the breakwaters. The Summer Annual Festival aims to be a celebration open to all, where young and old, local residents and the recently-arrived can enjoy themselves together. The cordial and relaxing days end with the intense explosions of the firework.

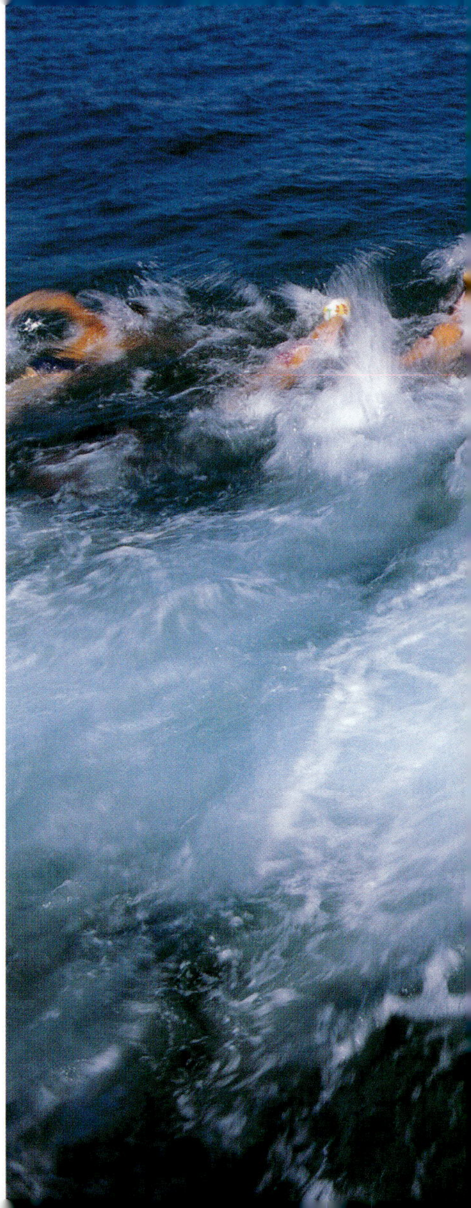

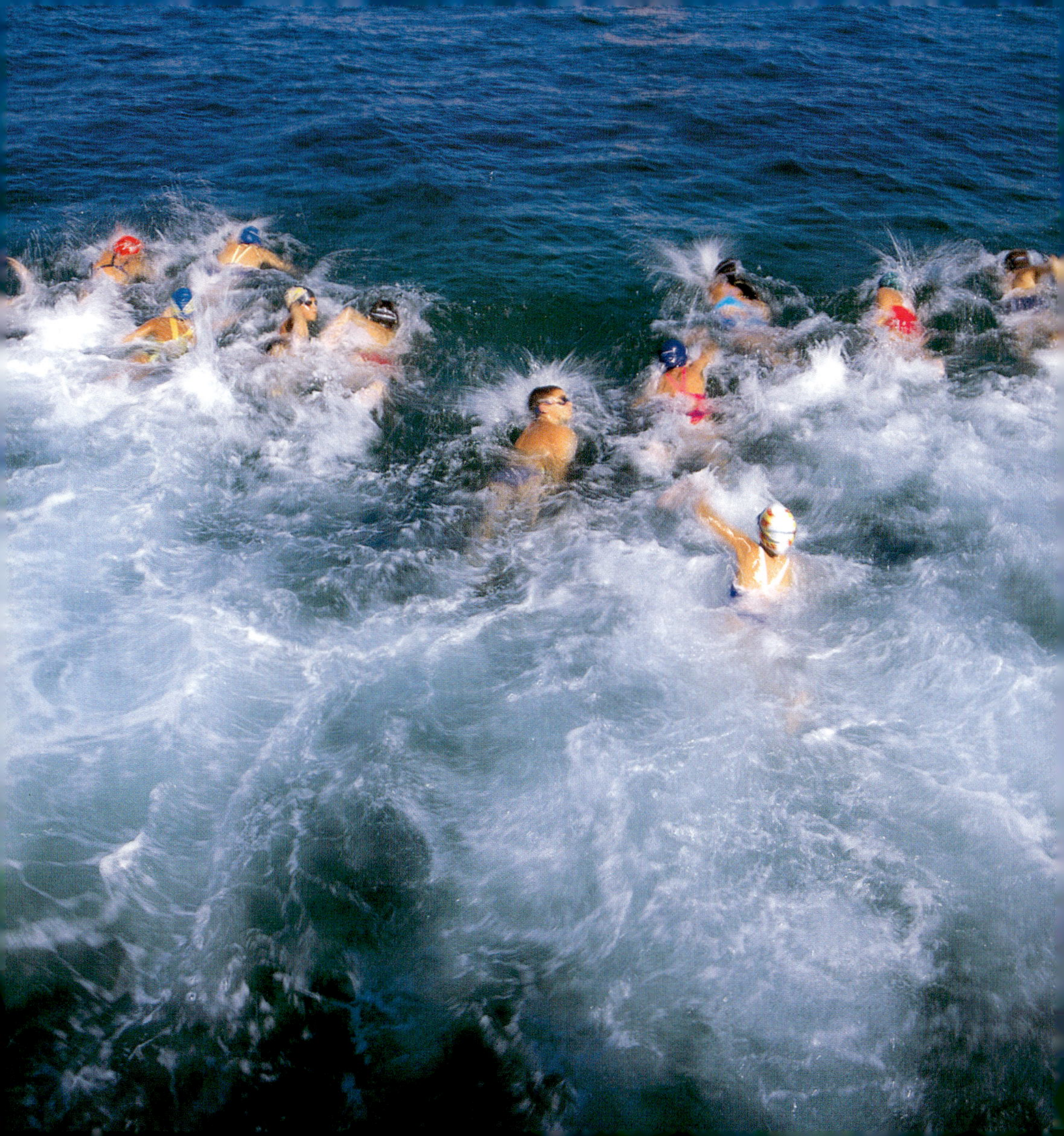

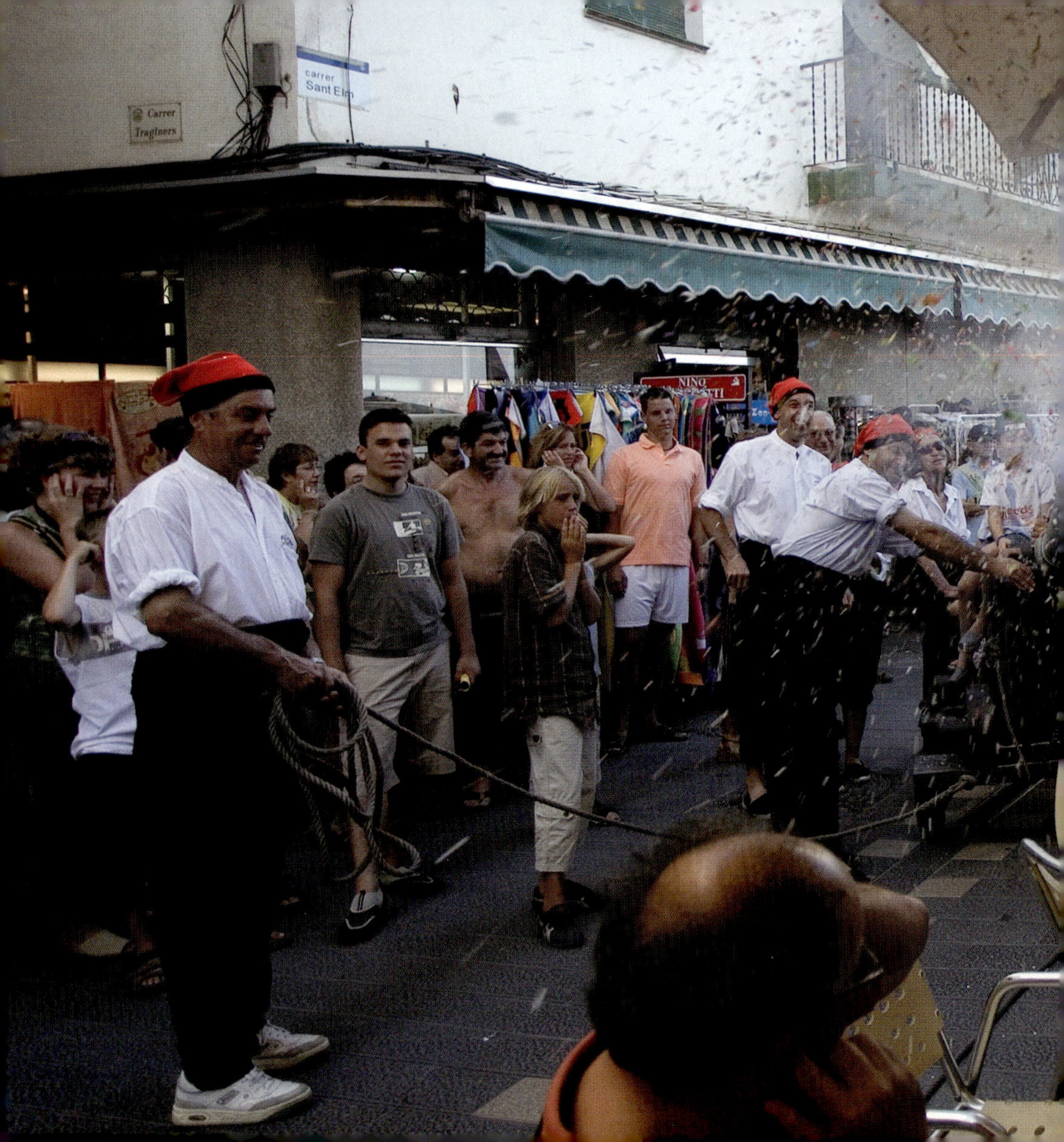
Carrer
Tragıners
carrer
Sant Elm

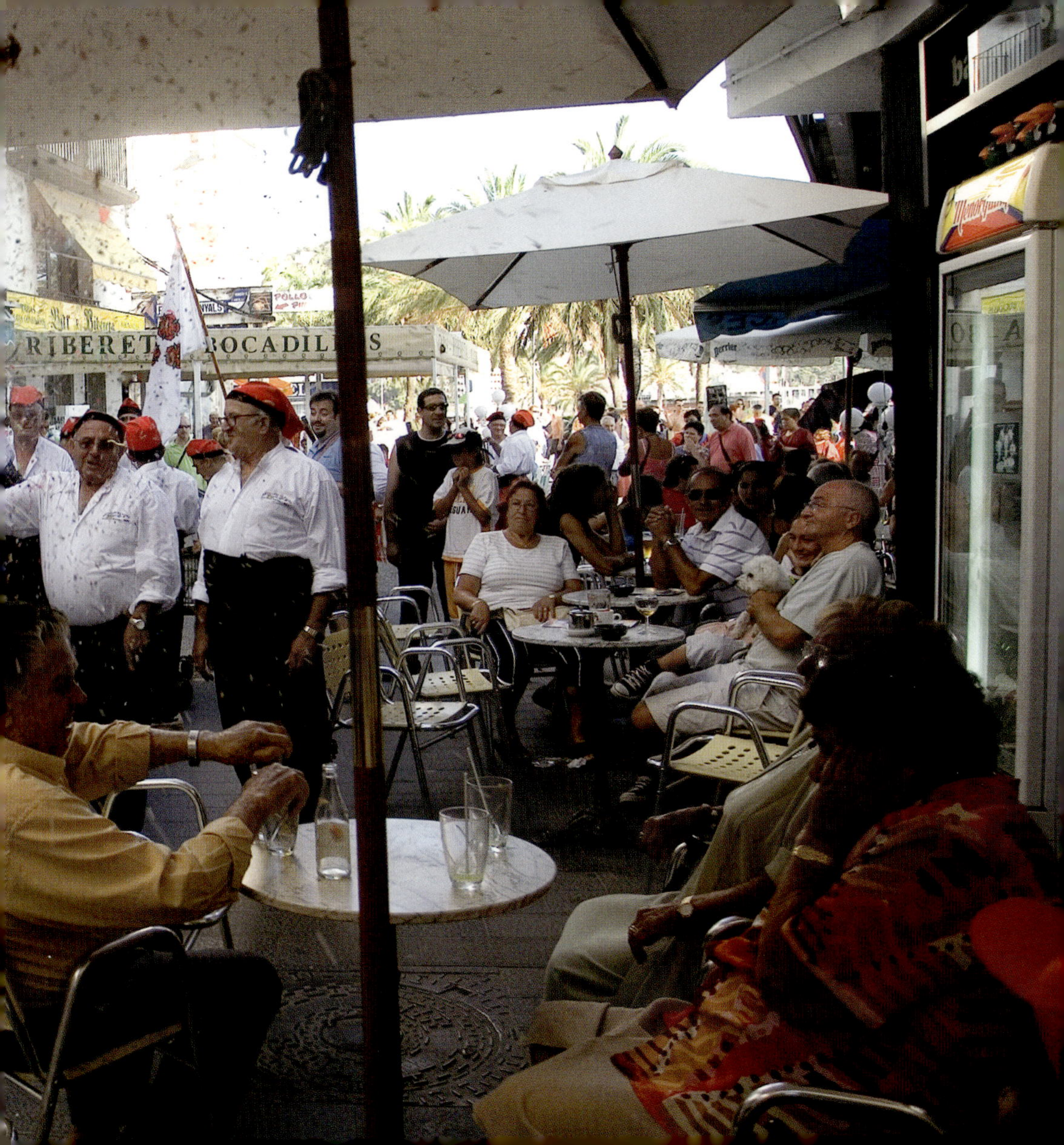
RIBERET
Perrier

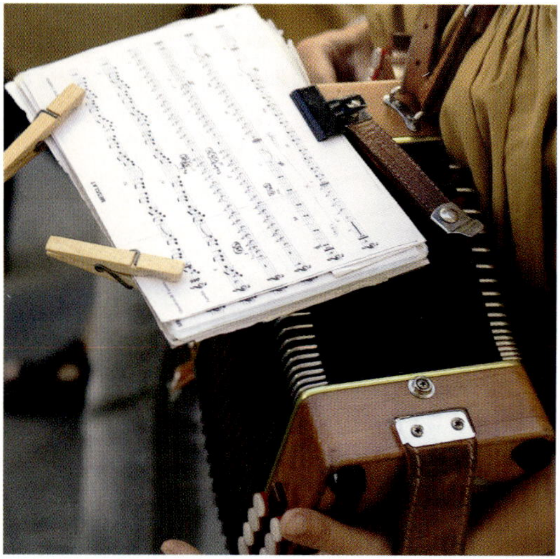

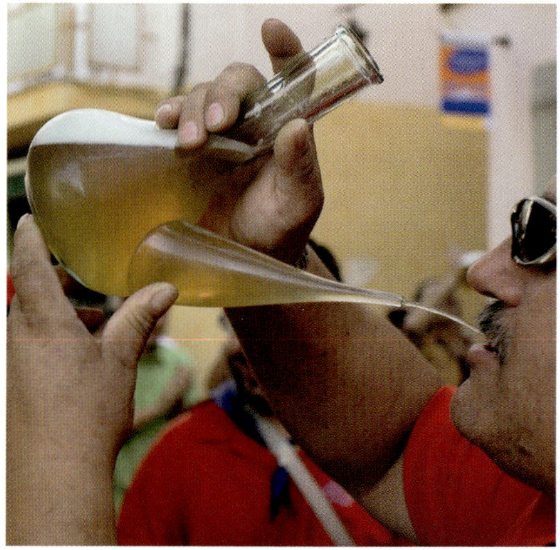

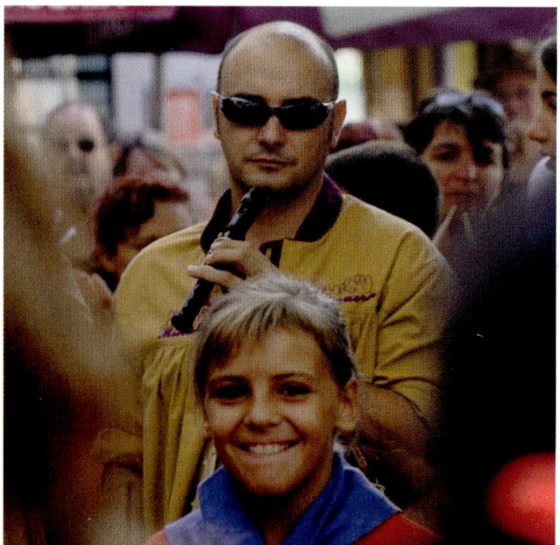

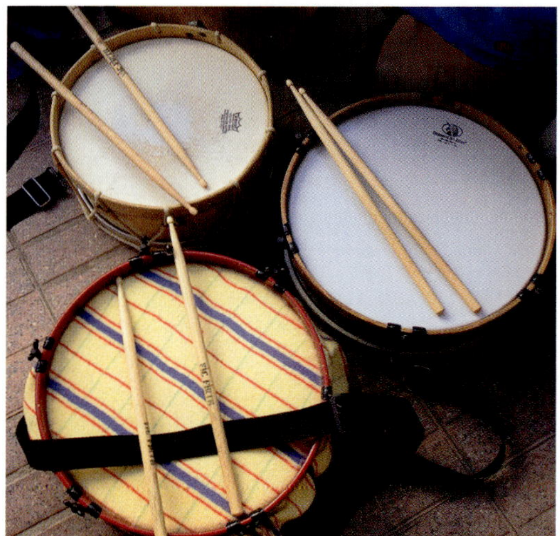

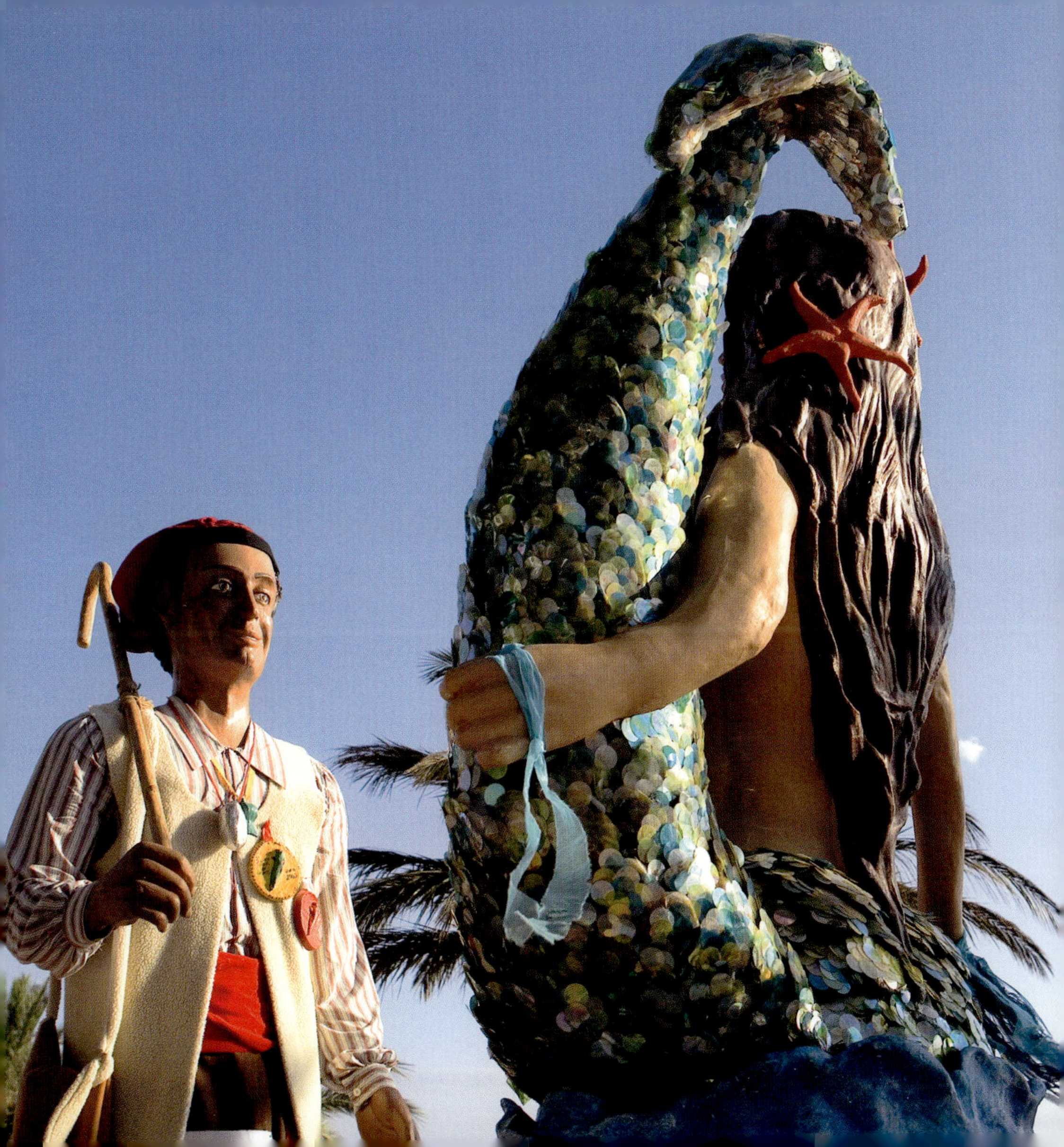

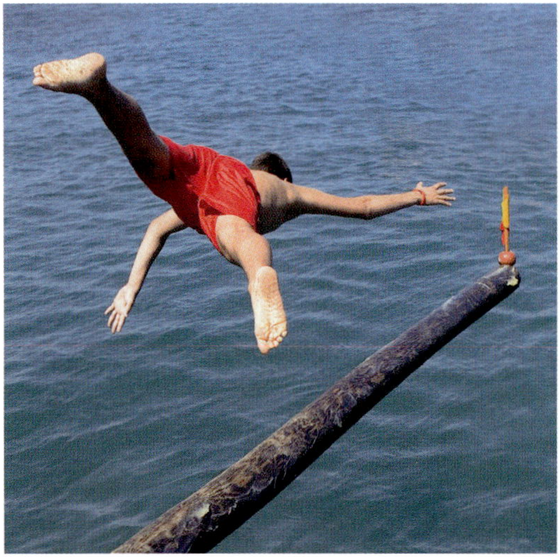

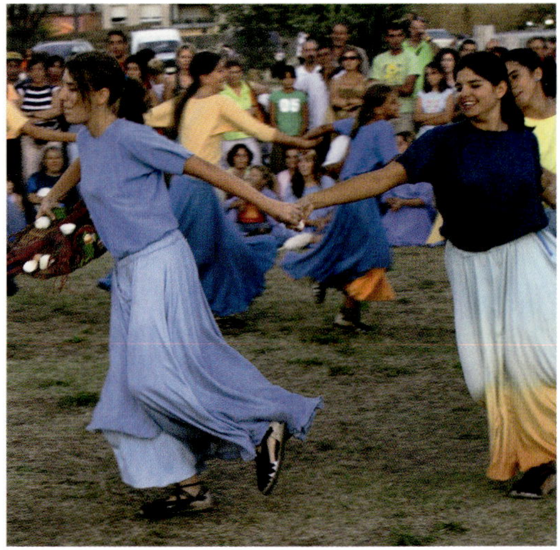

NO APTE PER A PORUCS

Dins l'ample ventall d'actes inclosos a la festa major, n'hi ha alguns d'especials, que requereixen esperit aventurer i certa traça. Qui no vulgui patir ensurts, que s'oblidi de participar en els jocs de cucanyes aquàtiques. La pesca d'ànecs és un dels seus moments àlgids: els banyistes han d'atrapar com puguin les aus, que es van llençant a mar des d'una barca. El correbou és una de les altres juguesques no recomanades als taquicàrdics. Els participants asseguren que, un cop superada amb èxit l'escomesa de les vaquetes, no hi ha res millor al món que dedicar un brindis amb *cuerva* als desconcertats animals.

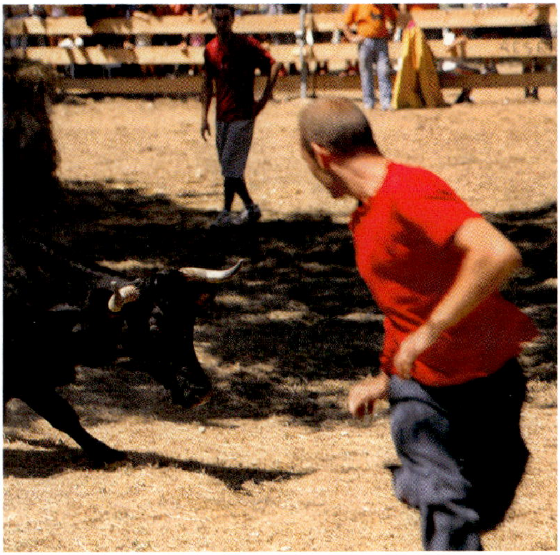

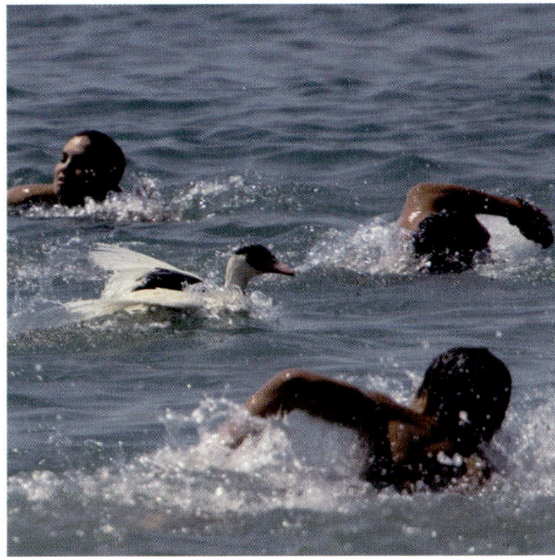

NO APTO PARA MIEDOSOS

Dentro del amplio abanico de actos incluidos en la fiesta mayor, hay algunos especiales que requieren espíritu aventurero y una cierta habilidad. Quien no quiera tener sobresaltos que se olvide de participar en los juegos de cucañas acuáticas. La pesca de patos es uno de los momentos álgidos: los bañistas tiene que atrapar como puedan las aves que van lanzándose desde una barca. Los encierros es otra de las actividades no aptas para cardíacos. Los participantes aseguran que, una vez superada la embestida de las vaquillas, no hay nada mejor en el mundo que un brindis con *cuerva* dedicado a los desconcertados animales.

NOT SUITABLE FOR THE FAINT-HEARTED

Among the wide range of events included in annual festival are some really special ones that require a brave heart and a certain amount of skill. Those who do not wish to do somersaults should not bother taking part in the games of aquatic greasy pole. The duck fishing is one of the chilly moments: the swimmers must catch, using whatever means they can, the birds that are released from a boat. The bull runs are another event not suitable for the weak of heart. Those taking part state that, after having overcome the assault of the young bulls, there is nothing better in the world than a toast with *cuerva* dedicated to the confused animals.

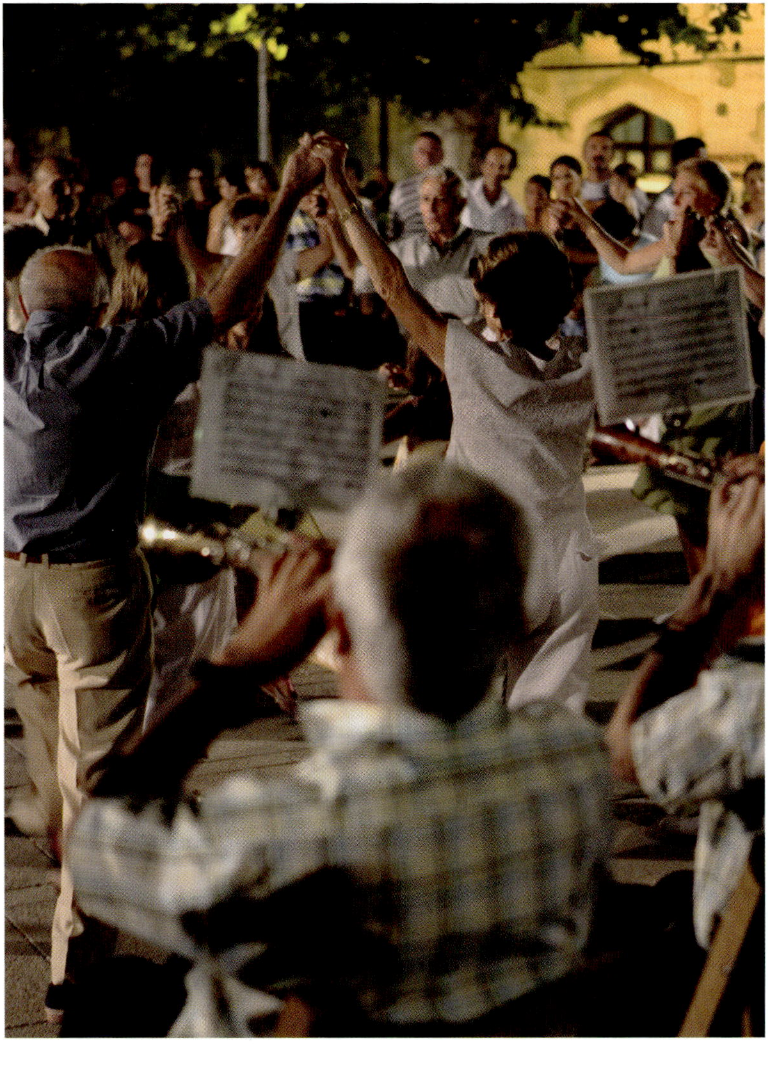

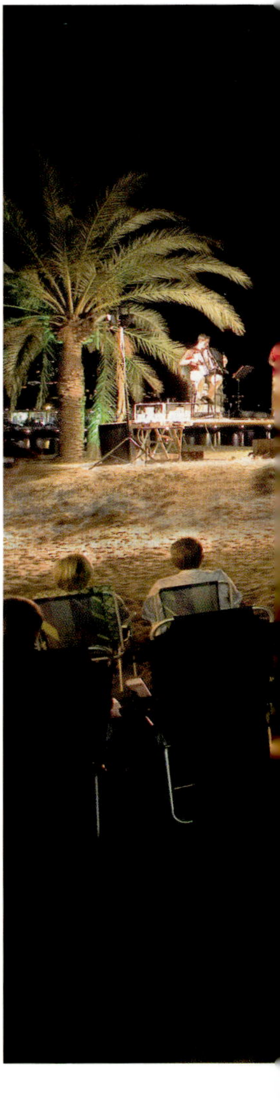

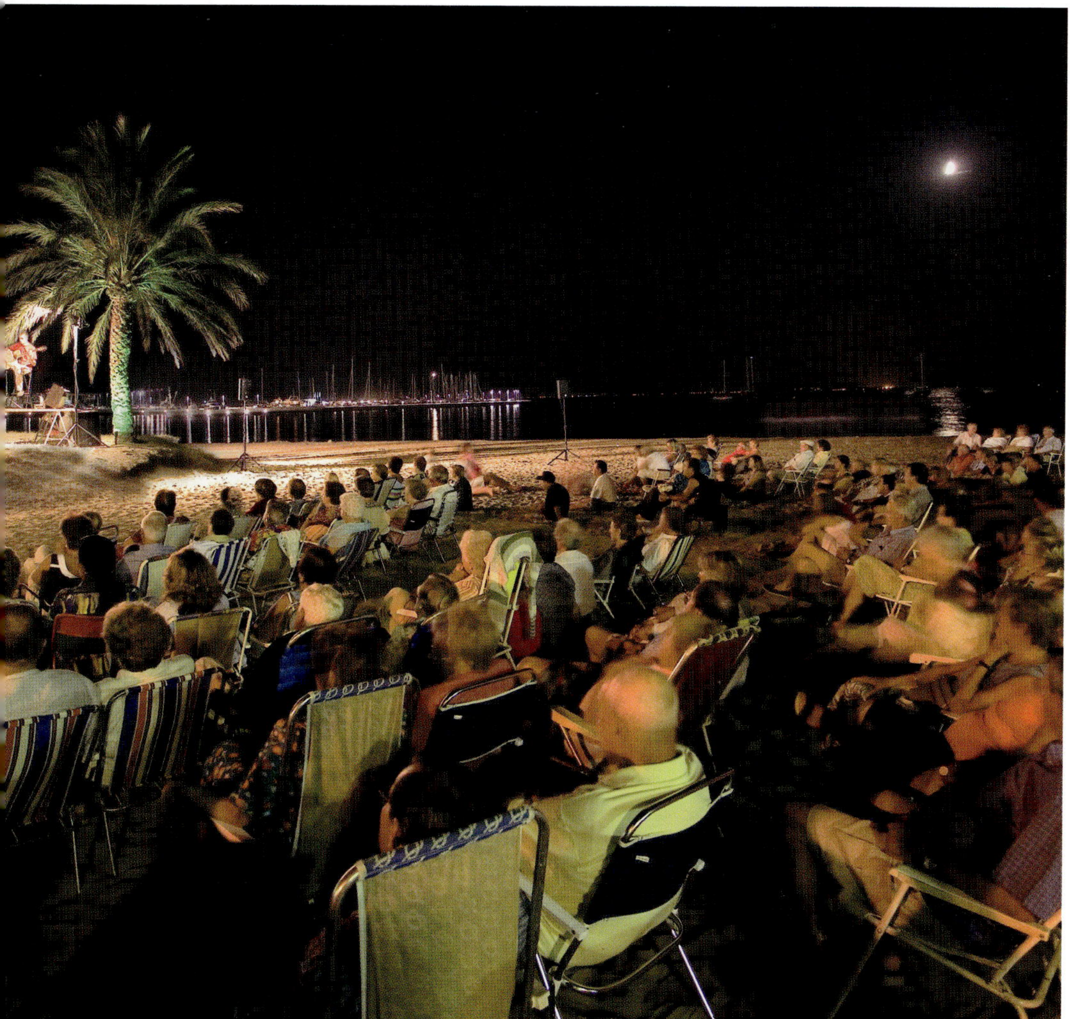

EL SUQUET D'EN FORMIGÓ

El suquet de peix s'ha convertit en un dels plats més populars de la restauració rosinca. Totes les receptes per elaborar-lo mantenen una essència comuna, però hi varien les petites aportacions de cada cuiner. Si volem fer-lo sense sorpreses, podem seguir les indicacions de Paco Abad, "En Formigó", responsable del gustós suquet anual de la confraria de pescadors de Roses. L'èxit està garantit.

Ingredients per a 5 persones:

» 2 quilos i mig de peix dels següents tipus:
lluerna, rap, escórpora, gall, clavellada, congre i garneu.
» 2 llesques de pa
» 1 cabeça d'alls
» 5 o 6 tomates de penjar
» 2 nyores
» 1 pebrot vermell
» 1 quilo de patates
» Sal, pebre i oli d'oliva

Preparació:

Per a la picada, fregiu les llesques de pa, els alls i les nyores.Un cop daurat, retireu-ho i poseu-ho al morter juntament amb la sal fins a aconseguir una pasta fina. Tot seguit, poseu una cassola de terrissa al foc, amb un bon raig d'oli, sofregiu les tomates i fiqueu-hi el pebrot i les patates (trencades) i deixeu-ho coure durant 3 minuts. Poseu el peix a dins la cassola, al damunt de les patates, i afegiu-hi aigua fins que tapi el peix. Afegiu-hi la picada i deixeu-ho coure uns 20 minuts. Un cop acabat de coure el suquet, s'hi pot afegir un allioli negat.

EL SUQUET DE "EN FORMIGÓ"

El *suquet de peix* (un guiso de pescado) se ha convertido en uno de los platos más populares de la restauración de Roses. Todas las recetas para elaborarlo comparten la misma esencia pero con ligeras variaciones según el cocinero. Si queremos hacerlo sin sorpresas podemos seguir las indicaciones de Paco Abad, "En Formigó", responsable del sabroso *suquet* anual de la cofradía de pescadores de Roses. El éxito está garantizado.

Ingredientes para 5 personas:

» 2,5 Kg de pescado de los siguientes tipos: rape, congrio, rubio, escorpena, gallo y raya rizada.
» 2 rebanadas de pan
» 1 cabeza de ajos
» 5 o 6 tomates en rama
» 2 ñoras
» 1 pimiento rojo
» 1 Kg de patatas
» Sal, pimienta y aceite de oliva

Preparación:

Para la picada, freir el pan, los ajos y las ñoras. Cuando estén dorados, retirar del fuego y picar en un mortero, junto con la sal, hasta conseguir una pasta muy fina.
A continuación, poner la cazuela al fuego con un buen chorro de aceite, sofreir los tomates, añadir el pimiento y las patatas (mal cortadas, desgajándolas antes de finalizar el corte con el cuchillo) y dejar cocer durante tres minutos. Poner el pescado en la cazuela sobre las patatas y cubrirlo con agua.
Añadir la picada y dejarlo cocer durante 20 minutos.
Una vez acabado el *suquet*, se le puede añadir alioli sin ligar.

THE "SUQUET" OF "EN FORMIGÓ"

The *suquet de peix* (a fish stew) has become one of the most popular dishes in the Roses local cuisine. All the recipes for it share the same essence but with slight variations according to the chef. If you want to make a traditional *suquet* just follow the instructions of Paco Abad, "En Formigó", responsible for the delicious annual *suquet* of the fishermen's association of Roses. Success is guaranteed

Ingredients for five people:

» 2.5 kg of fish of the following types: monkfish, conger eel, piper, scorpion fish, roosterfish and striped ray.
» 2 slices of bread
» 1 garlic clove
» 5 or 6 tomatoes on the branch
» 2 *nyores*, dried red bell peppers
» 1 red pepper
» 1 kg of potatoes
» Salt, pepper and olive oil

Preparation:

For the sauce, fry the bread, garlic and *nyores*.
When they are browned, remove from the heat and crush in a mortar along with the salt until obtaining a very fine paste. Next, put the casserole on the stove with a generous splash of oil, lightly fry the tomatoes, add the pepper and potatoes (roughly cut, breaking them off before finishing the cut with the knife) and leave them to cook for three minutes. Put the fish in the pot over the potatoes and cover with water.
Add the sauce and leave it to cook for 20 minutes.
When the *suquet* is cooked, you can add *allioli*, a garlic and oil sauce, without mixing.

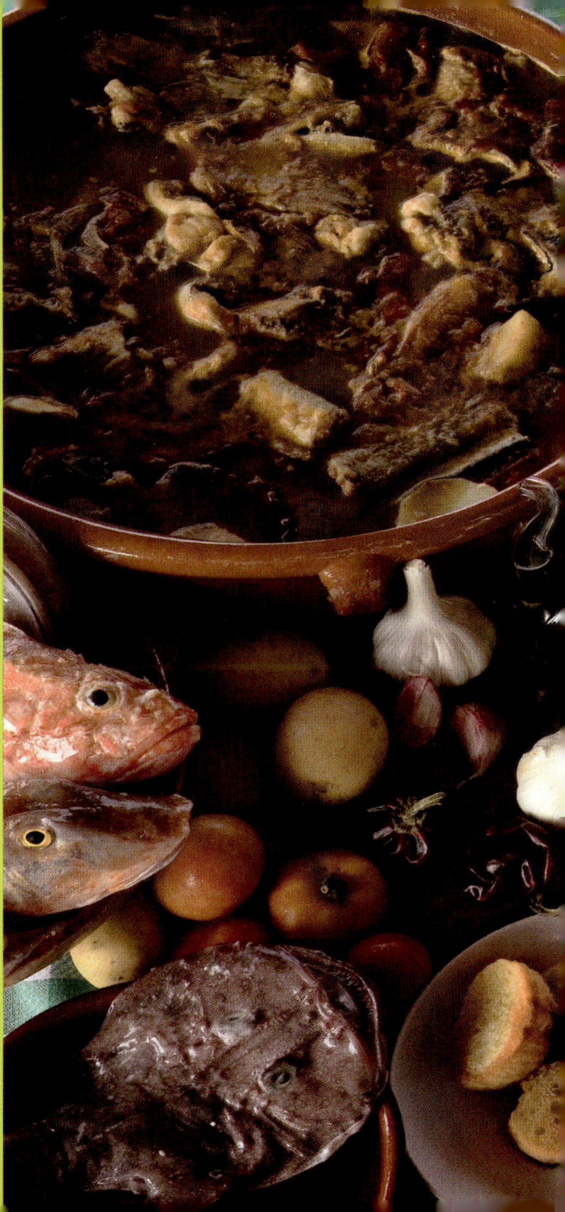

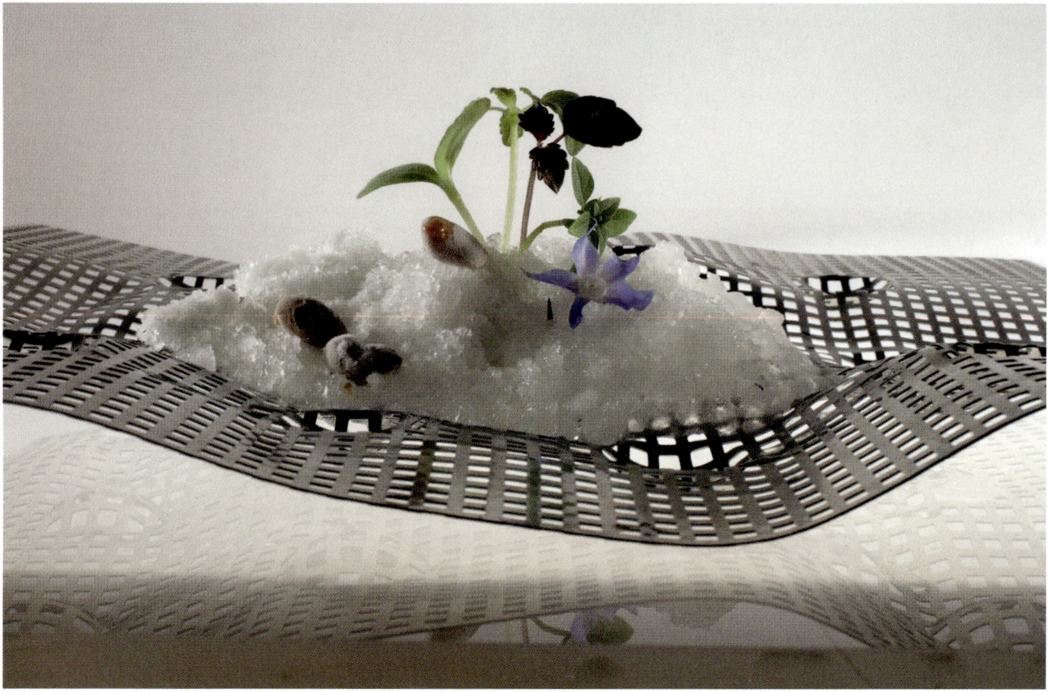

ELS RITMES OCULTS DE LA GASTRONOMIA

La matèria no es crea ni es destrueix, només es transforma. Aquesta podria ser la divisa d'*El Bulli*, el laboratori gastronòmic des d'on Ferran Adrià ha descobert una dimensió insospitada als amants de l'alta cuina internacional. Des del seu restaurant de Cala Montjoi, aquest creador ha desxifrat l'alfabet ocult de les aromes i els sabors i ha reordenat totes les peces al seu antull. La seva mà destra ha convertit el ritual dels àpats en un exercici prodigiós de màgia, bellesa i arquitectura. L'arribada de Ferran Adrià ha fet descobrir un idioma nou als nostres paladars. Avui, gent de tot el món viatja a Roses per aprendre'l.

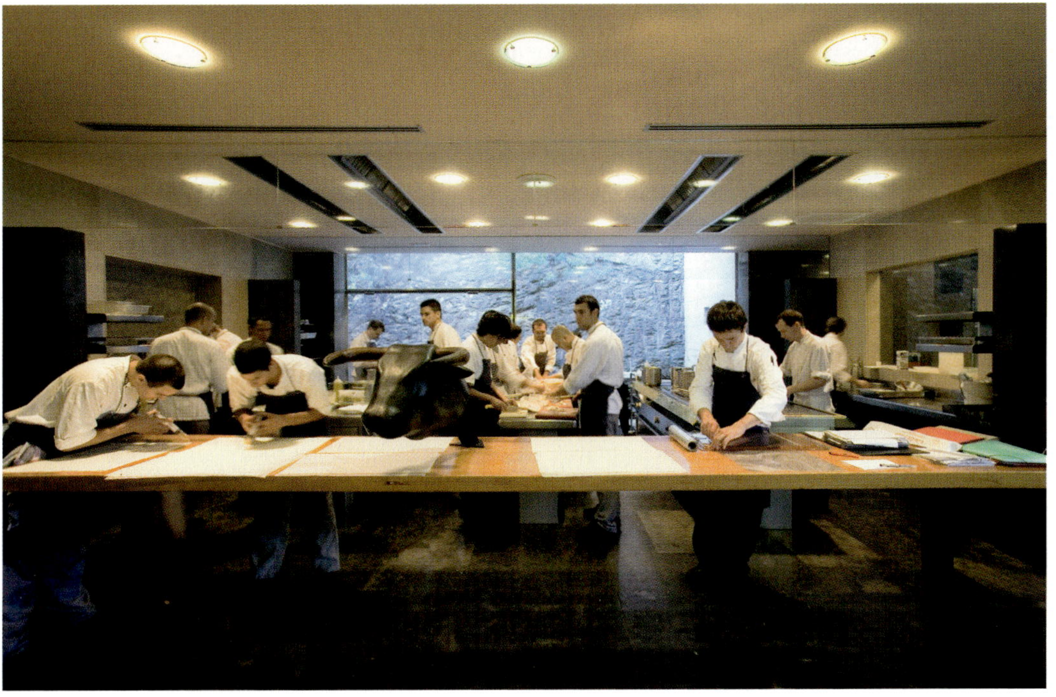

LOS RITMOS OCULTOS DE LA GASTRONOMÍA

La materia no se crea ni se destruye, sólo se transforma. Este podría ser el lema de *El Bulli*, el laboratorio gastronómico desde el que Ferran Adrià ha puesto al descubierto una dimensión insospechada para los amantes de la alta cocina internacional. Desde su restaurante de Cala Montjoi, este creador ha descifrado el alfabeto oculto de los sabores y los aromas y ha reordenado todas las piezas a su antojo. Su diestra mano ha convertido el ritual de los ágapes en un ejercicio prodigioso de magia, belleza y arquitectura. La llegada de Ferran Adrià ha descubierto un idioma nuevo para nuestros paladares y gente de todo el mundo viaja hasta Roses para descubrirlo.

THE HIDDEN RHYTHMS OF THE GASTRONOMY

Matter is not created or destroyed but transformed. This could be the saying for *El Bulli*, the gastronomic laboratory from where Ferran Adrià has revealed an unsuspected dimension for fans of high international cuisine. From his restaurant in Cala Montjoi, this creative artist has deciphered the hidden alphabet of flavours and aromas and reordered all the pieces at his whim. His skilled hand has turned the ritual of feasts into a prodigious festival of magic, beauty and architecture. The arrival of Ferran Adrià has meant the invention of a new language for our palates and people from all over the world come to Roses to discover it.

Recoger la red, desenmallar las sardinas atrapadas en ella y volverla a calar.
Y así toda la noche.

Pull in the net, remove the sardines trapped in it and cast it out again to drag.
This goes on all night.

RECOLLIR **LA XARXA**
DESMALLAR LES SARDINES
ENGANXADES I TORNAR-LA A
CALAR.
I AIXÍ TOTA **LA NIT**

CARLES PI I SUNYER

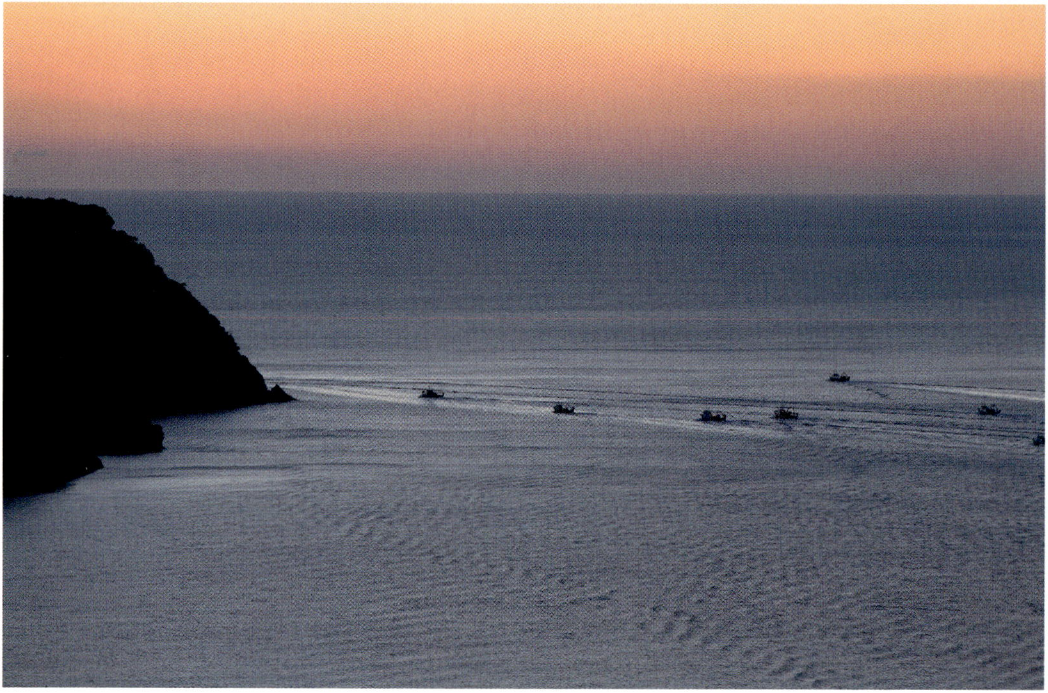

L'INICI D'UNA JORNADA DURA

A les set del matí, un estol de barques s'allunya del moll pesquer. Comença una jornada dura per als homes de la mar. Tot i que la tecnologia els ha apropat més als fruits que serpentegen sota les onades, la sort dels pescadors continua depenent de factors tan imprevisibles com els canvis de temps o l'increment del preu del gas-oil. Fer que un verat, un roger o un llenguado deixi les profunditats i ens arribi a taula en condicions excel·lents, per desgràcia, encara és una proesa amb ressons èpics.

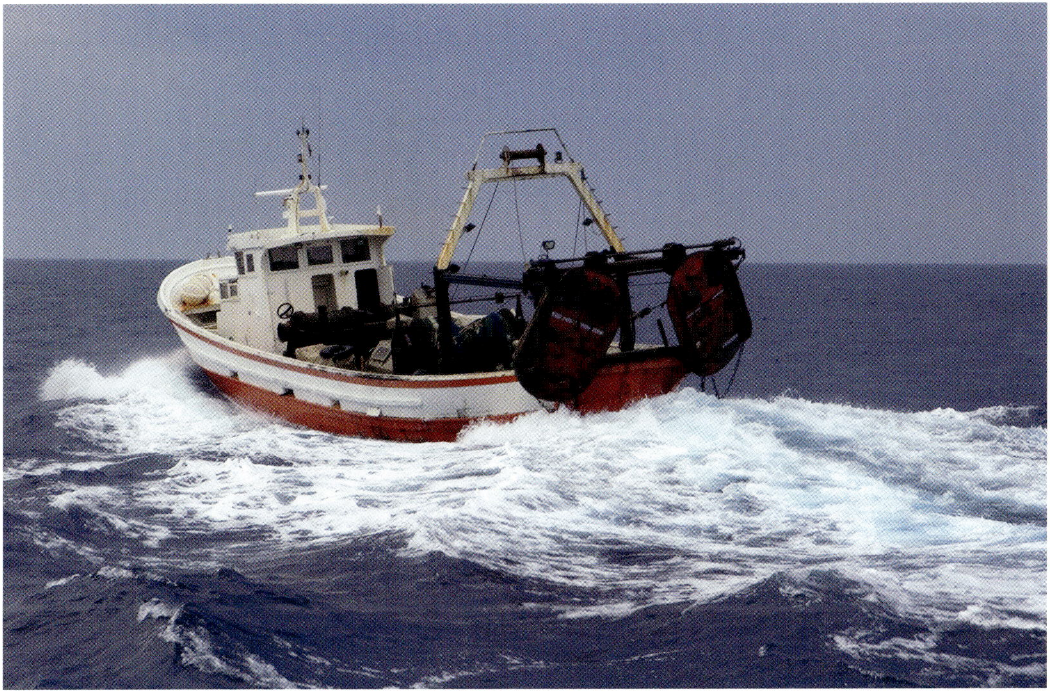

EMPIEZA UNA DURA JORNADA

A las siete de la mañana, un enjambre de barcas se aleja del muelle pesquero. Empieza una dura jornada para los hombres de mar. Aunque la tecnología los ha acercado más a las presas que serpentean bajo las olas, la suerte de los pescadores sigue dependiendo de factores tan imprevisibles como los cambios de tiempo o el incremento de los precios del gasoil. Que una caballa, un salmonete o un lenguado deje las profundidades y nos llegue a la mesa en excelentes condiciones, es aún, por desgracia, una proeza de resonancias épicas.

A HARD DAY STARTS

At seven in the morning, a swarm of boats set off from the fishing wharf. A hard day begins for the men of the sea. Although technology has brought them closer to the catches that wind their way beneath the waves, the fishermen's luck still depends on factors as unforeseeable as the changes in weather or the increase in the price of diesel fuel. For a mackerel, red mullet or sole to leave the deep sea and end up on our plates is still, unfortunately, a feat of epic proportions.

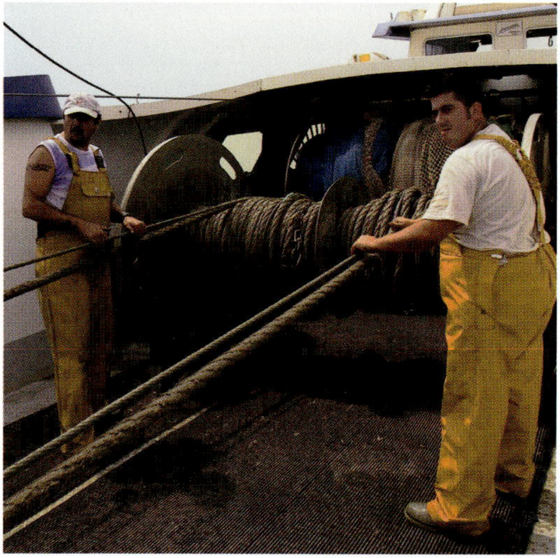
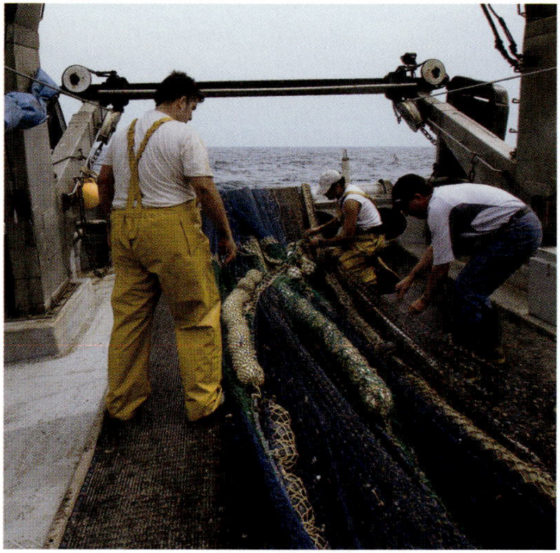
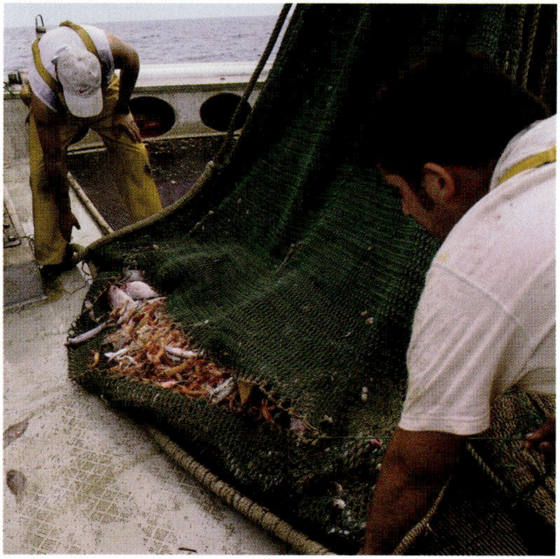
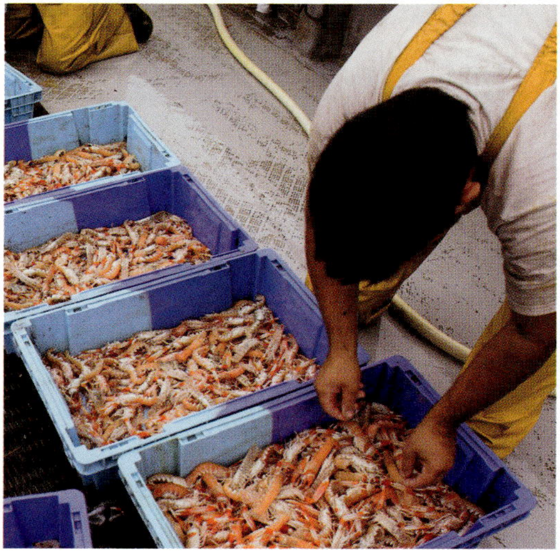

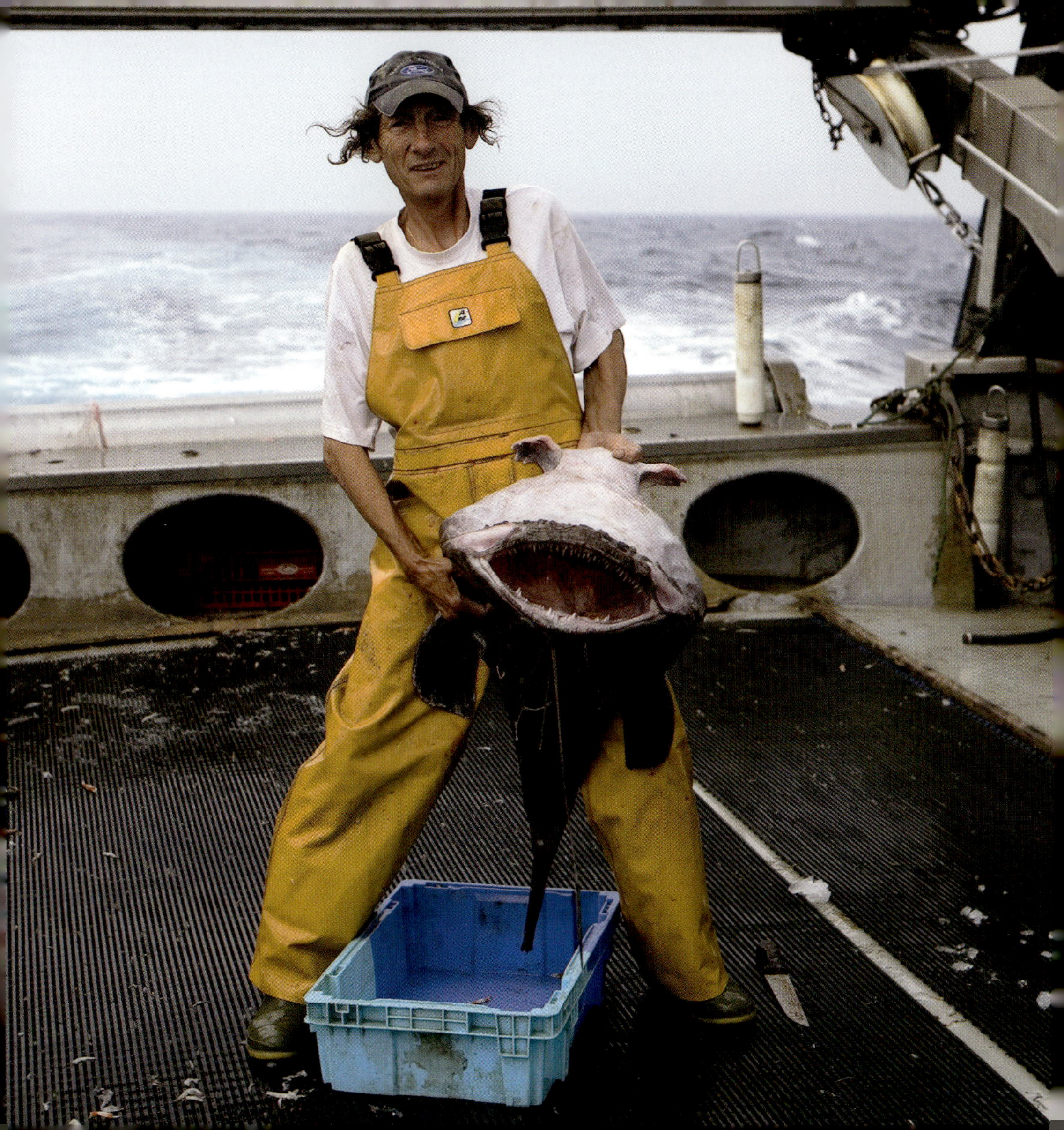

L'ENCANT INESGOTABLE DEL PORT

L'hàbitat natural dels pescadors és lluny de terra ferma més enllà de la ratlla de l'horitzó, on comença l'infinit. Per això, ens reconforta passejar per un port ple de barques amarrades, on les caixes de peix fresc, que encara cueja, circulen sense treva cap a l'interior de la llotja. És el simptoma més clar que la jornada ha estat profitosa. Quan el tràfec de les mercaderies s'esvaneix, comencen a encendre's, de mica en mica, els llums elèctrics, que titil·legen al mirall fosc de l'aigua. Passejar de nits pel port, observant com reposen afilerades les barques, escoltant el batec esmorteït de les onades, produeix una càlida sensació de relax, t'impregna una harmonia tranquil·la i plaent. Caminar a la vora dels balandres, bressolat per l'airet de l'estiu, et fa sentir en pau amb l'univers. Un exercici molt reconfortant consisteix a aturar-se al davant de cada barca i recitar el seu nom en veu baixa. El dia que els fabricants de llibres d'autoajuda descobreixin aquest truc, hi haurà cues llarguíssimes als ports, per poder donar un tomb en companyia dels vaixells endormiscats i les estrelles.

EL ENCANTO INAGOTABLE DEL PUERTO

El hábitat natural de los pescadores está lejos de tierra firme, más allá de la raya del horizonte, donde empieza el infinito. Por ello, nos reconforta pasear por un puerto lleno de barcas amarradas, en el que las cajas de pescado fresco, que aún colea, circulan sin tregua hacia el interior de la lonja. Es el síntoma claro de que la jornada ha sido provechosa. Cuando el trasiego de mercancías se desvanece, se encienden poco a poco las luces eléctricas, que rielan en el oscuro espejo del agua. Pasear por las noches por el puerto, observando como reposan alineadas las barcas, escuchando el amortiguado latido de las olas, produce una cálida sensación de relax, te impregna una placentera armonía. Caminar al lado de los balandros, acunado por la brisa veraniega, te hace sentir en paz con el universo. Un ejercicio muy reconfortante consiste en pararse ante cada barca y recitar en voz baja su nombre. El día que los fabricantes de libros de autoayuda descubran este truco, habrá colas larguísimas en los puertos para dar una vuelta en compañía de los soñolientos barcos y de las estrellas.

THE UNENDING CHARM OF THE PORT

The natural habitat of the fishermen is far from dry land, beyond the line of the horizon, where infinity starts. For this reason we find it comforting to stroll around a port full of moored boats, in which the boxes full of fresh fish, still flapping their tails, move incessantly toward the inside of the fish market. It is the sure sign that the working day has been successful. When the coming and going of the goods dies down, the electric lights are turned on little by little, shimmering over the dark mirror of the water. Walking around the port at night, looking at how the boats rest in line, listening to the buffering beat of the waves, gives you a warm relaxing feeling, filling you with pleasant harmony. Walking beside the sloops, rocked by the summer breeze, makes you feel at peace with the universe. A highly satisfying exercise consists of stopping before each boat and reading out its name in a low voice. The day the self-help book manufacturers discover this trick, there will be long queues at the ports to make a tour in company of the sleepy boats and the stars.

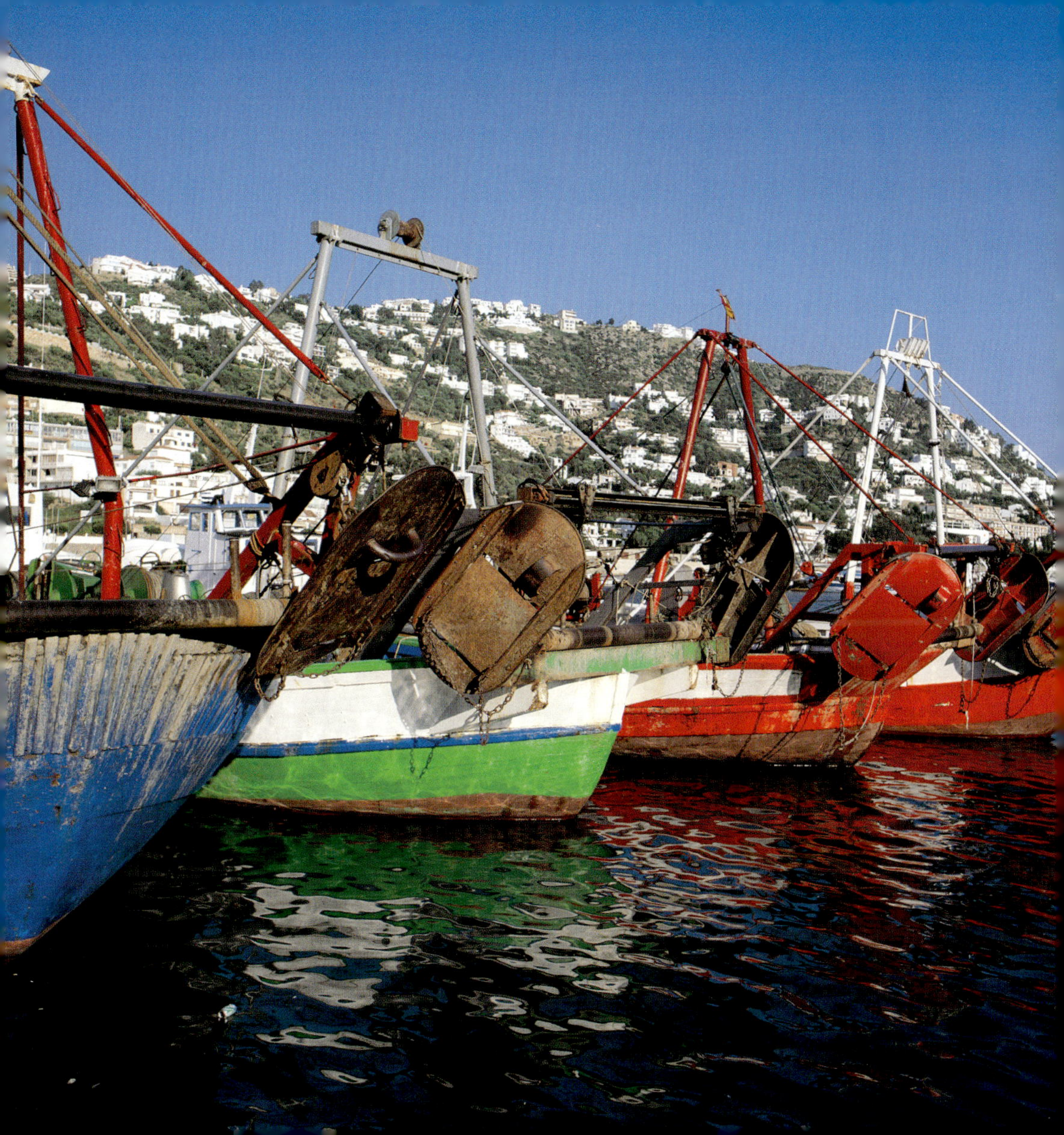

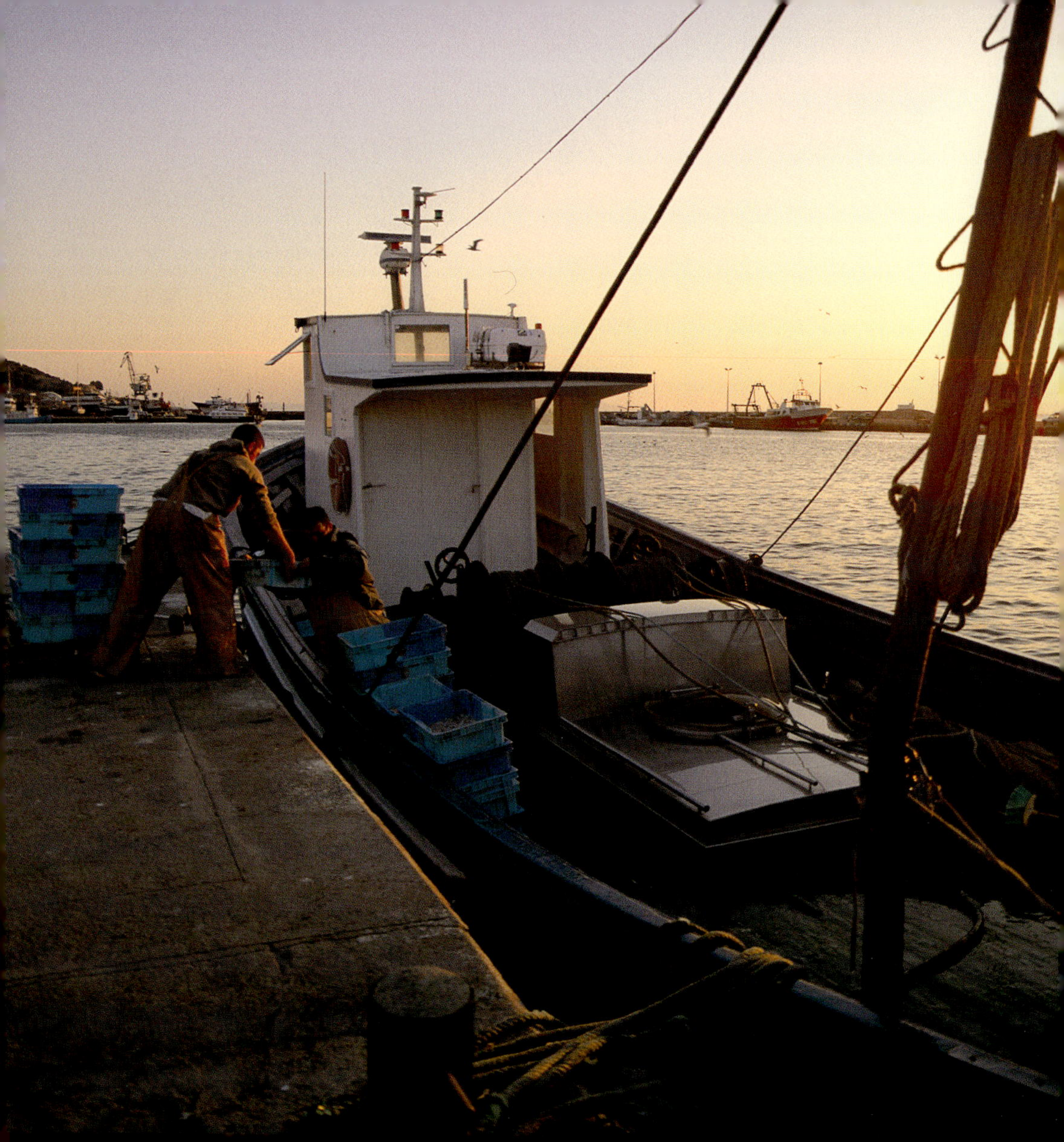

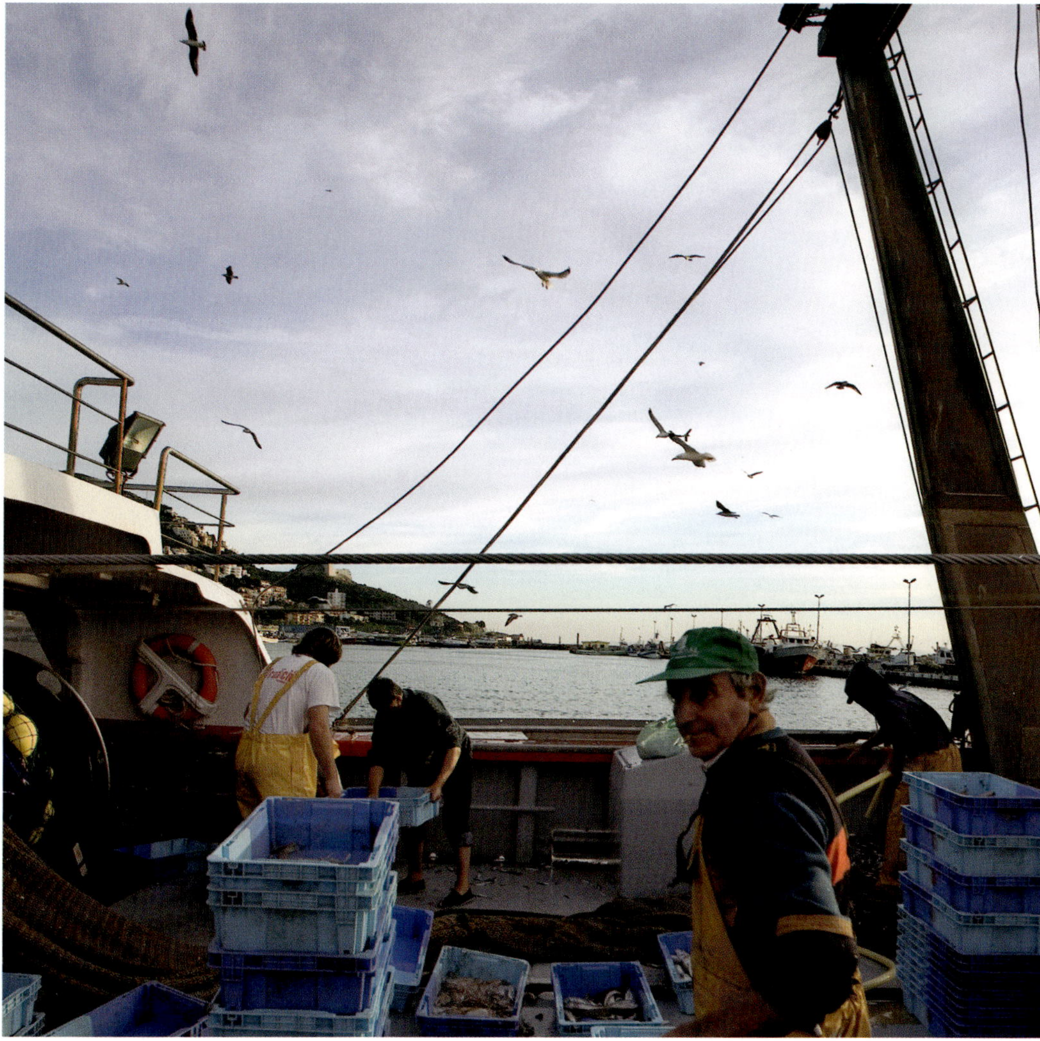

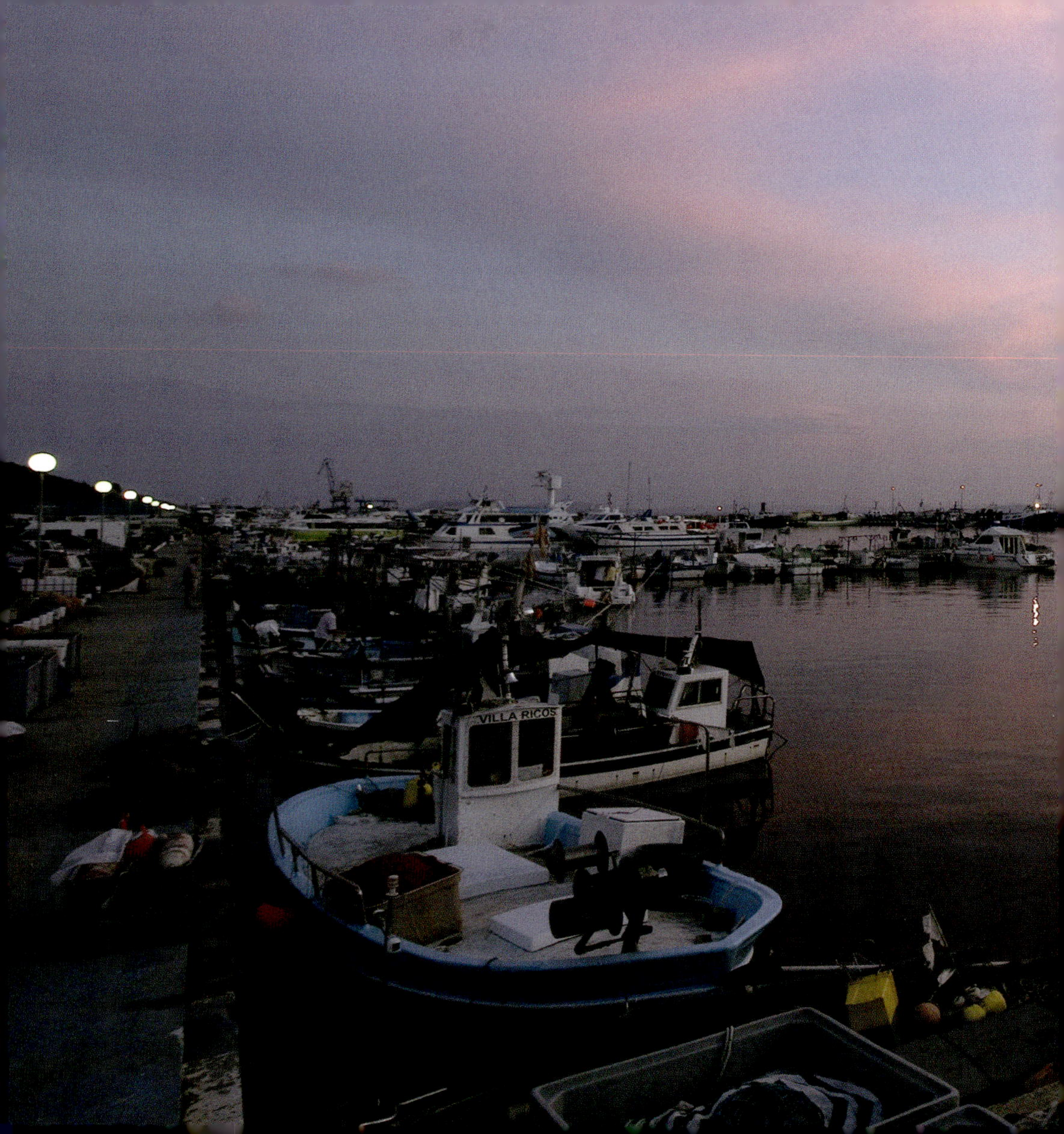
VILLA RICOS

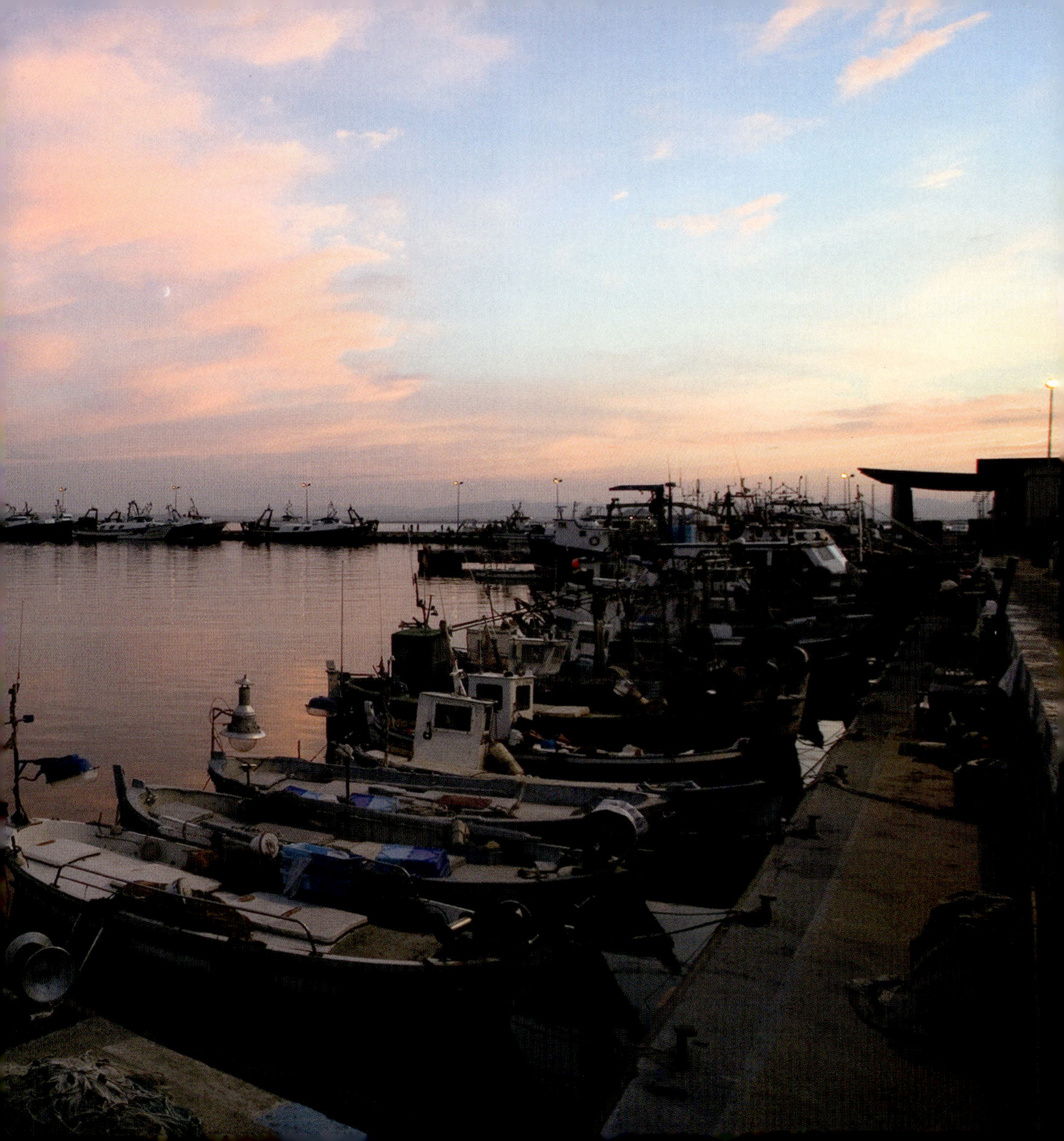

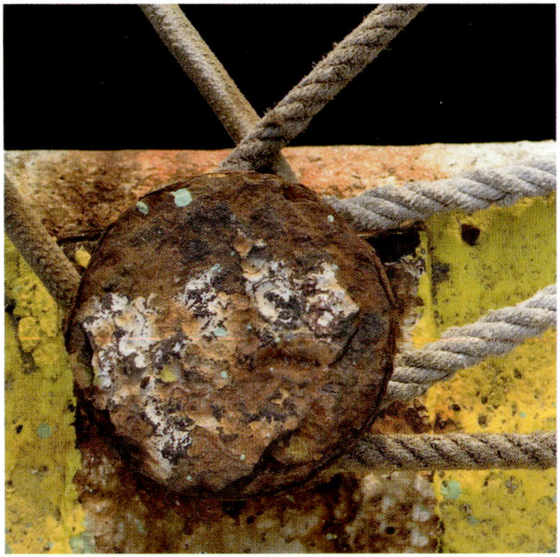
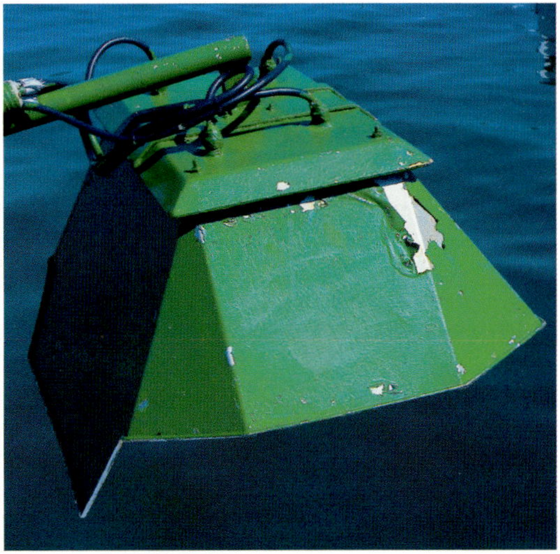
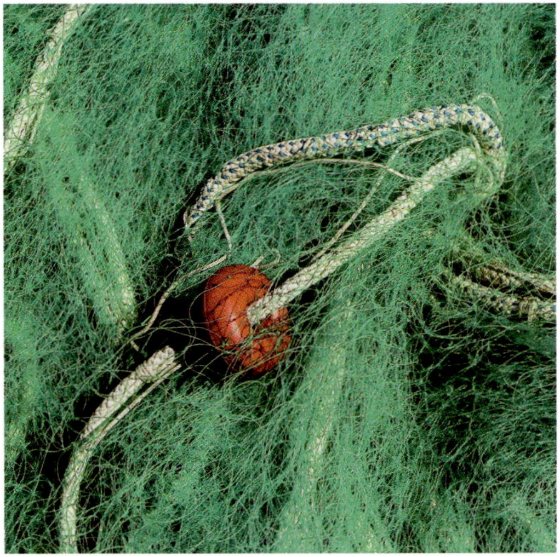
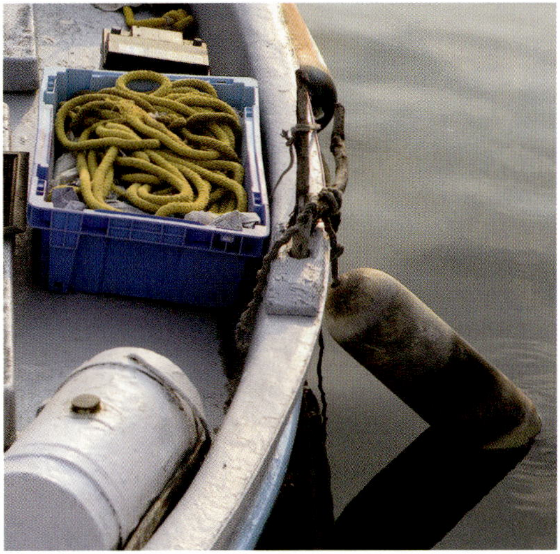

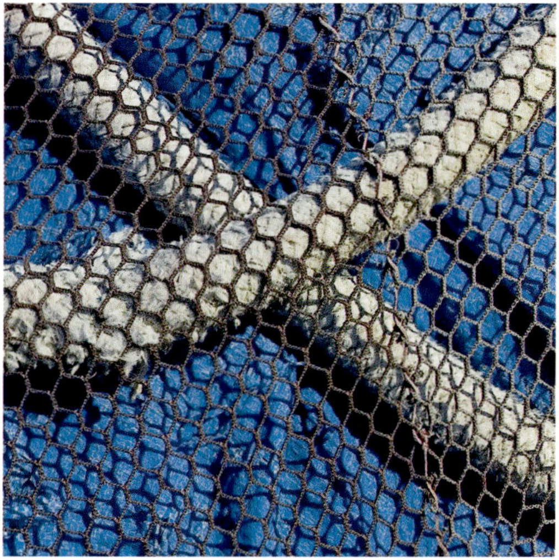
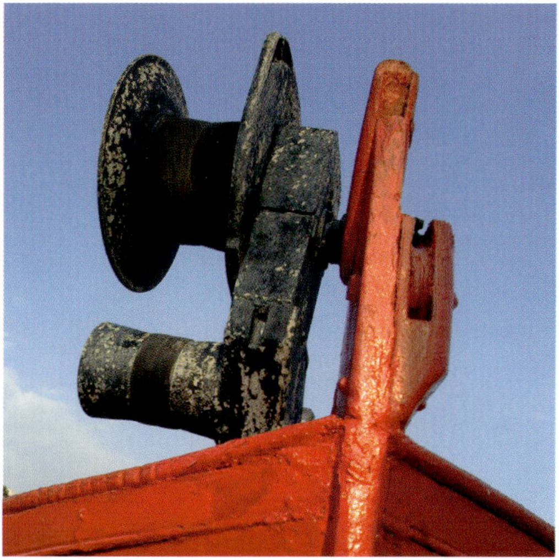
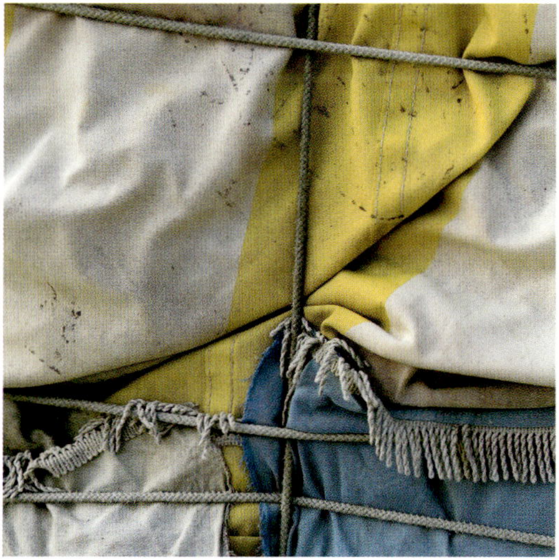
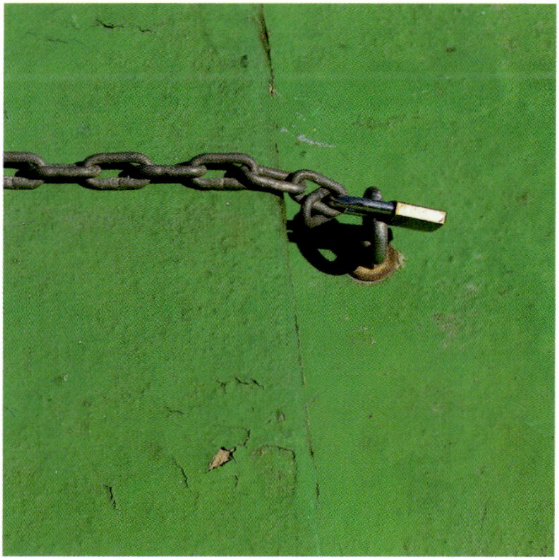

TRESORS AMB CLOVA I ESCATA

Al port pesquer de Roses, les captures diàries són sinònim de qualitat i excel·lència. Peixateries d'arreu de la contrada s'hi abasteixen i ofereixen els tresors del mar als seus clients, amb la certitud que no els vénen garsa per perdiu. En l'era dels calamars congelats, les varetes de lluç i les gambes envasades d'Àsia, els pescadors rosincs són una garantia segura per a la pervivència de la nostra dieta mediterrània.

TESOROS CON VALVA Y ESCAMA

En el puerto pesquero de Roses, las capturas diarias son sinónimo de calidad y excelencia. Pescaderías de toda la comarca se abastecen en él y ofrecen a sus clientes los tesoros del mar, con la certeza de no vender gato por liebre. En la era de los calamares congelados, las varitas de merluza y las gambas envasadas en Asia, los pescadores de Rosas son una garantía segura para la pervivencia de la dieta mediterránea.

TREASURES WITH VALVE AND SCALE

In the fishing port of Roses, the daily catches are synonymous with quality and excellence. Fishmongers from all over the county are supplied by it and offer their customers the treasures from the sea, with the assurance that they are only getting the best. In the time of frozen squid, fish fingers of hake and prawns packed in Asia, the fishermen of Roses are a safe guarantee for the survival of the Mediterranean diet.

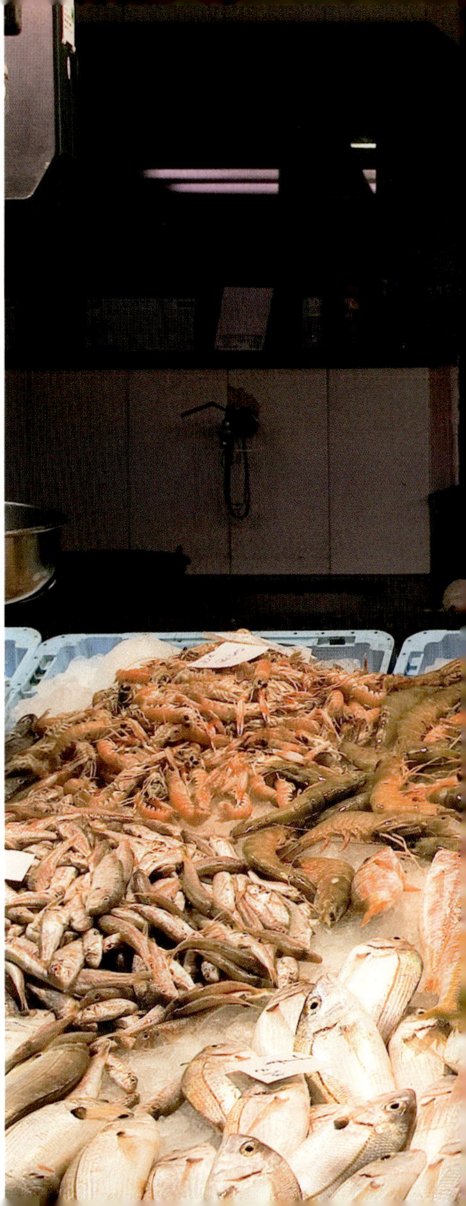

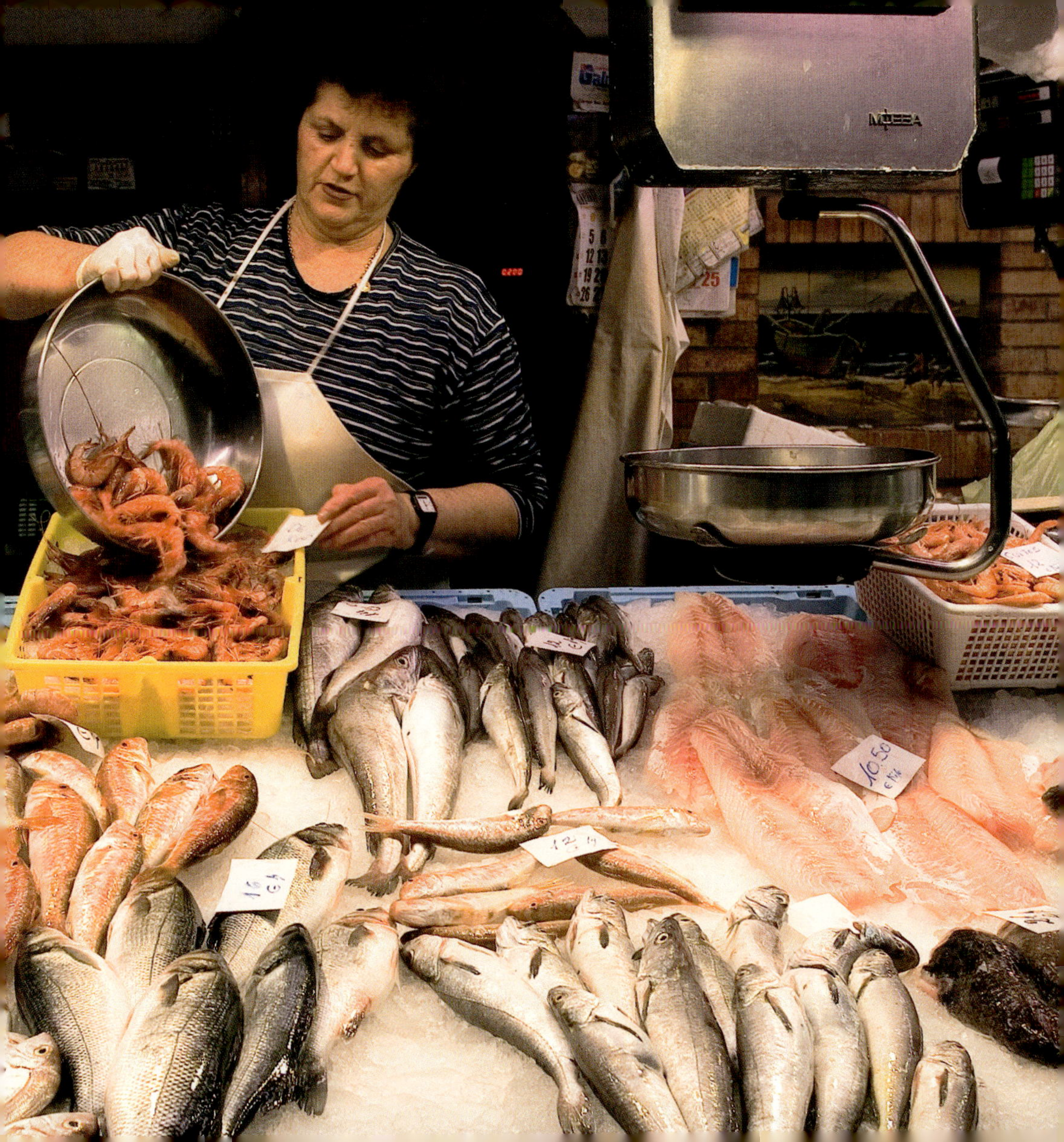
10.50
€ Kg

El paisaje es algo sagrado; si nos quitan el paisaje y un par de cosas más, nos quedamos más pelados que una rata.

The landscape is rather sacred: if they took away the landscape and a couple of other things from us, we would be totally impoverished.

EL PAISATGE

ÉS UNA COSA SAGRADA;
SI A NOSALTRES ENS TREUEN
EL PAISATGE I QUATRE COSES MÉS,
ENS QUEDEM PELATS COM UNA RATA

CARLES FAGES DE CLIMENT

TERRA ENDINS

El rerepaís rosinc, a mesura que ens allunyem de la ratlla costanera urbanitzada, concentra totes les essències d'un Empordà verd, ferèstec i sense màcula. Pujar per pistes fins al Puig Alt, ens ofereix la recompensa d'una panoràmica cinemascòpica de la plana que s'estén fins a la muralla blava i altiva del Canigó. Fer una excursió pel torrent Palet, endinsar-vos pel Rec de Montjoi, coronar el Puig de la Morisca o vorejar el Pla de la Guàrdia i la Socarrada us descobrirà un paisatge inèdit, esplendorós i força desconegut que, sens dubte, farà miques tots els tòpics que hàgiu acumulat sobre Roses. Tindreu a l'abast tota la bellesa indòmita i isolada del Parc Natural del Cap de Creus.

TIERRA ADENTRO

Las tierras del interior de Roses, a medida que nos alejamos de la costa urbanizada, concentran todas las esencias de un Empordà verde, indómito y sin mácula. Subir por las pistas hasta el Puig Alt, nos ofrece la recompensa de una panorámica cinemascópica del llano que se extiende hasta la muralla azul y altiva del Canigó. Hacer una excursión por el torrente Palet, adentrarnos por el Rec de Montjoi, coronar el Puig de la Morisca o bordear el Pla de la Guàrdia y la Socarrona os permitirá descubrir un paisaje inédito, esplendoroso y bastante desconocido que, sin duda, hará pedazos todos los tópicos que hayáis acumulado sobre Roses. Tendréis al alcance de la mano toda la belleza salvaje y aislada del Parc Natural del Cap de Creus.

INLAND

The area inland from Roses, as we distance ourselves from the built-up coastline, focuses all the essences of a green Empordà county, indomitable and unblemished. Going up the tracks as far as Puig Alt provides us with the reward of a cinemascope view of the plain that extends as far as the blue, high wall of the Canigó peak. Going on a walk from the Palet stream, we go inland via the Rec de Montjoi, crowning the Puig de la Morisca or bordering the Pla de la Guàrdia and the Socarrona, enabling us to discover an unusual, splendid and relatively unknown landscape, which will undoubtedly shatter all the mythical clichés you may have had about Roses. You will have at your fingertips all the wild and isolated beauty of the Cap de Creus Natural Park.

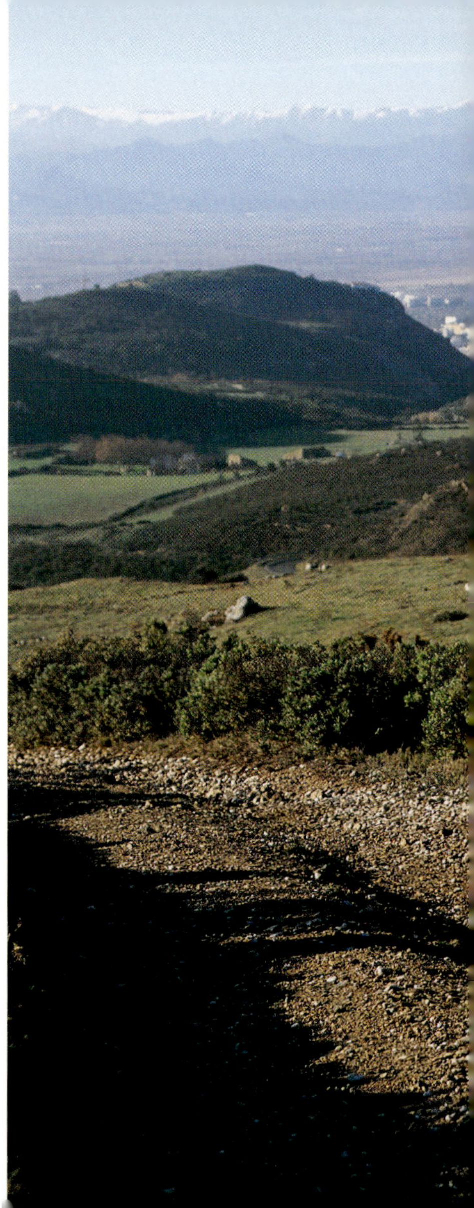

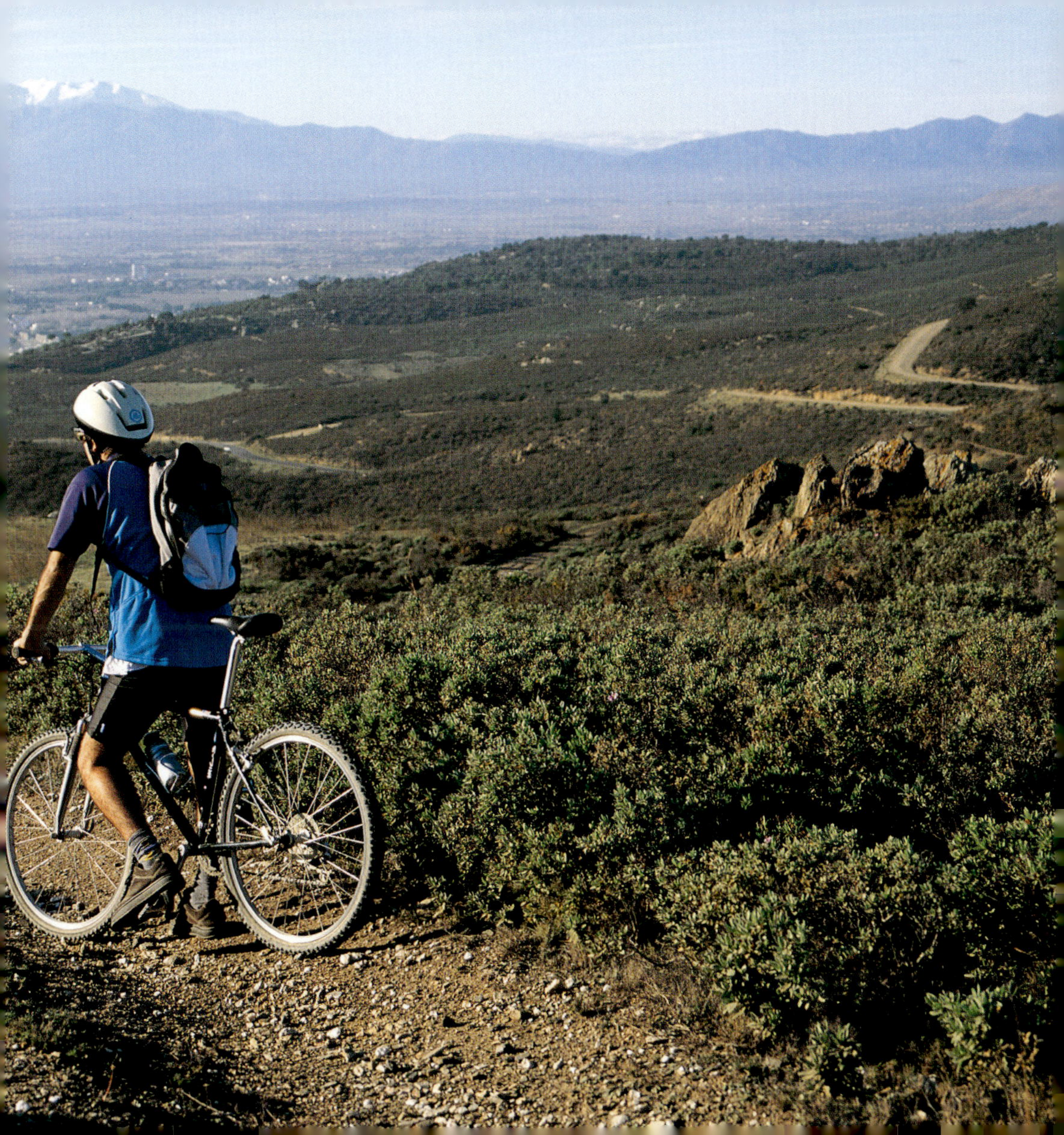

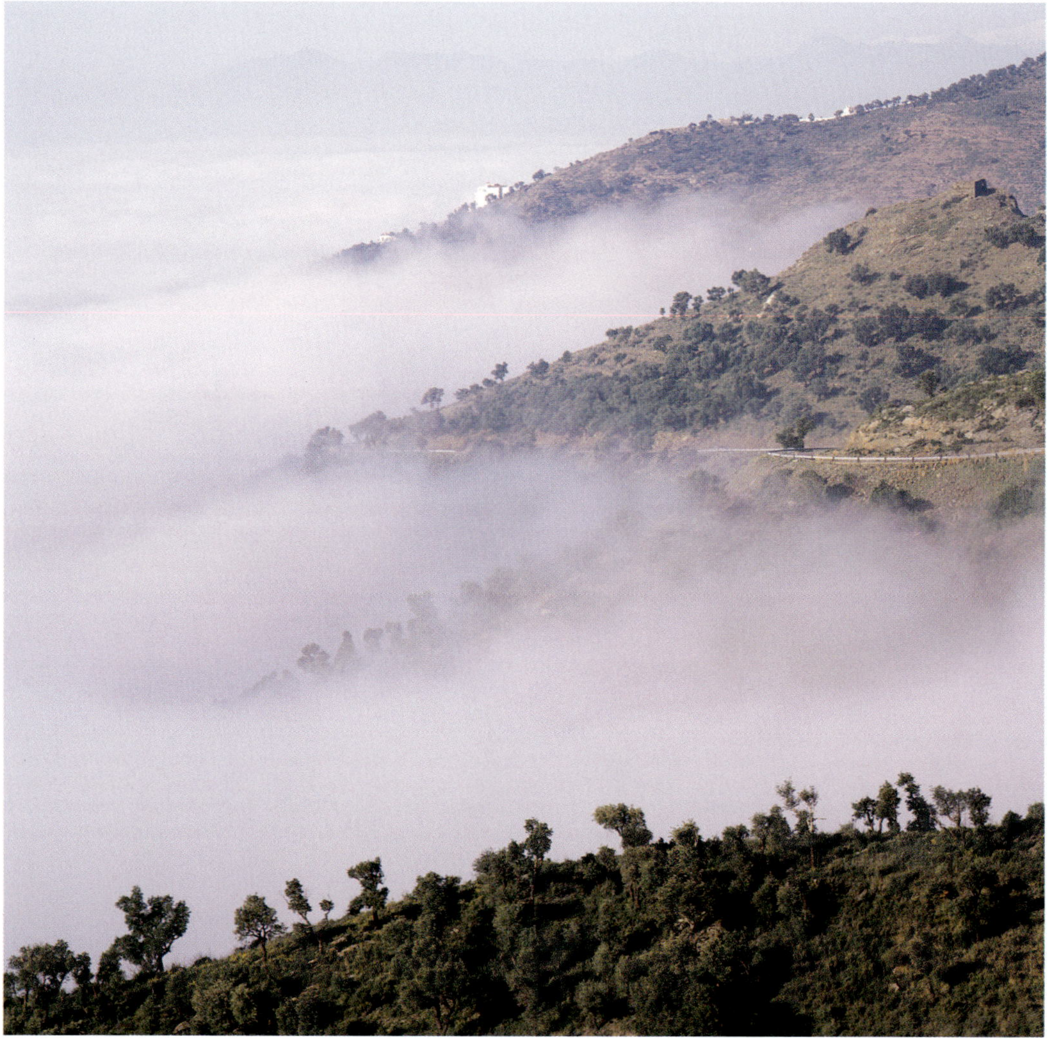

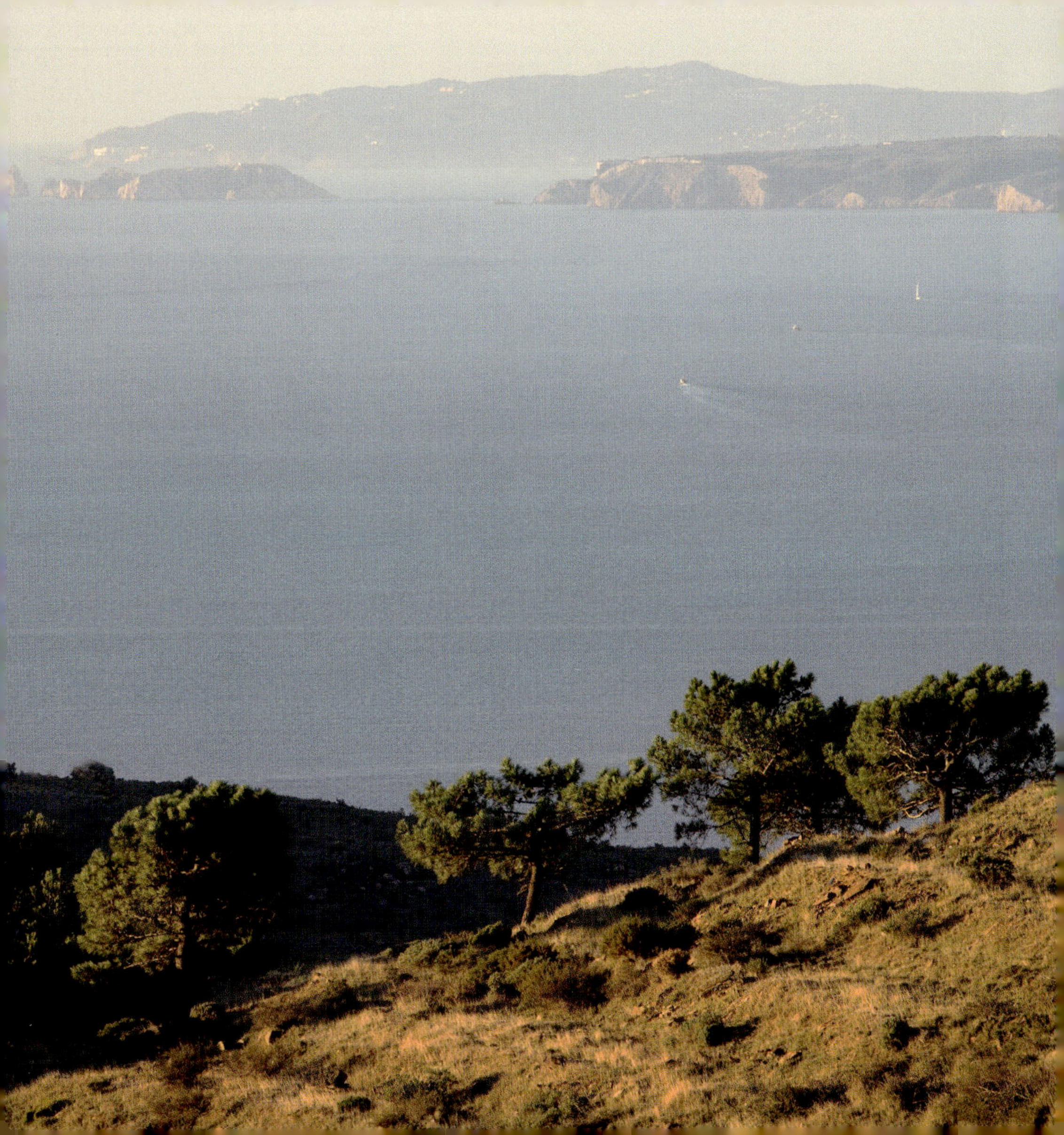

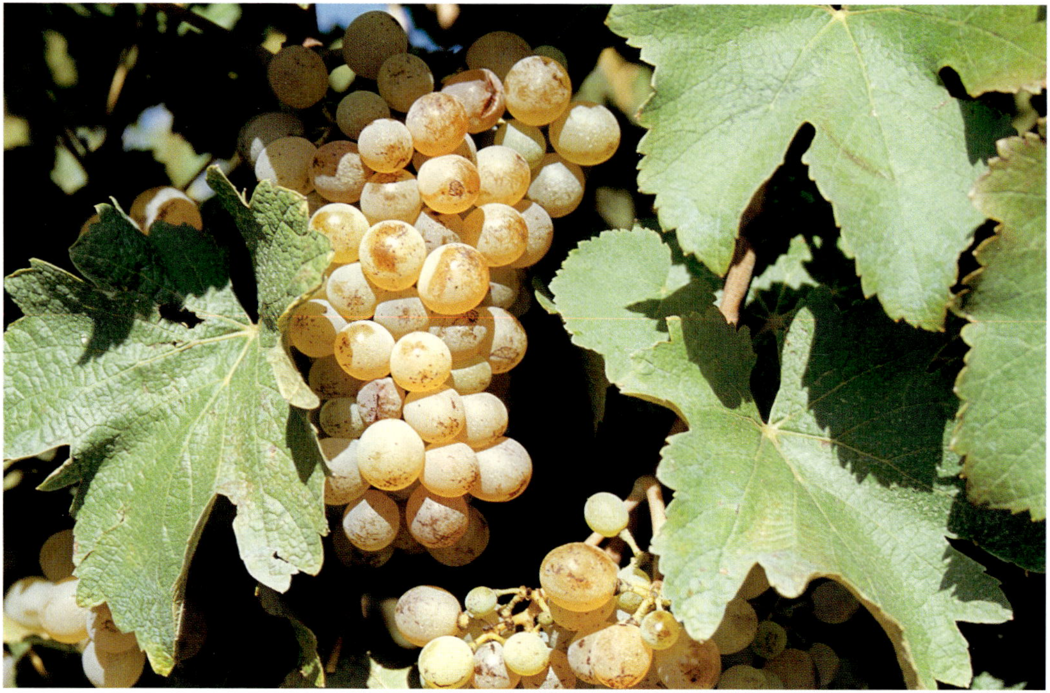

OLIVES FOSQUES, RAÏM DAURAT

La presència habitual de xiprers, vinyes i oliveres confereix al paisatge un eco de dimensions hel·lèniques. Des de temps ancestrals, els empordanesos han conreat la vinya i han produït un oli rioler i plaent. En els darrers anys, les vinyes del país han viscut un procés de revitalització insospitada. Els cellers de la comarca s'han modernitzat, han aplicat noves tècniques al procés d'elaboració del vi i han aconseguit destil·lar uns productes que, amb disciplina i perseverància, comencen a fer-se un nom en el món cada cop més competitiu de l'enologia. Negres, blancs i rosats. Xampanys, moscatells i garnatxes. La paleta d'aromes, gustos i colors es va enriquint després de cada collita.

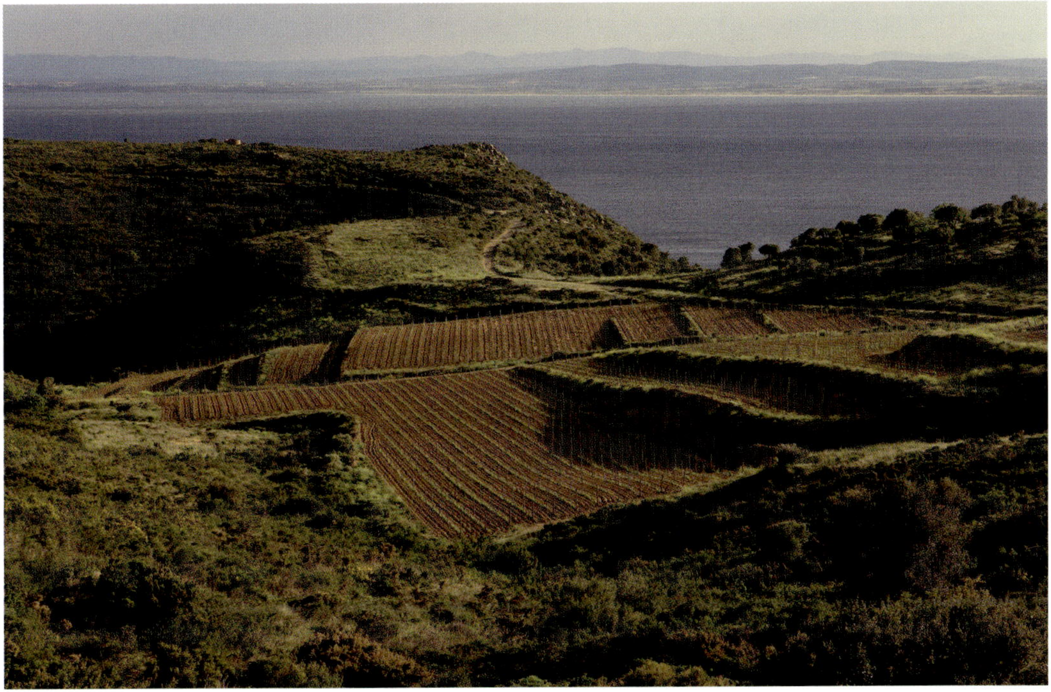

ACEITUNAS OSCURAS, UVAS DORADAS

La presencia habitual de cipreses, viñas y olivares confiere al paisaje un eco de dimensiones helénicas. Desde tiempos inmemoriales los ampurdaneses han cultivado la viña y han producido un aceite risueño y placentero. En los últimos años, las viñas del país han vivido un proceso de revitalización insospechada. Las bodegas de la comarca se han modernizado, han aplicado nuevas técnicas al proceso de elaboración del vino y han conseguido destilar unos productos que, con disciplina y perseverancia, empiezan a hacerse un nombre en el mundo cada vez más competitivo de la enología. Tintos, blancos y rosados. Cavas, moscateles y garnachas. La paleta de aromas, sabores y colores se va enriqueciendo tras cada cosecha.

DARK OLIVES, GOLDEN GRAPES

The common presence of cypresses, vines and olive groves gives the landscape an echo of Hellenic proportions. Since time immemorial the people of Empordà have cultivated the vine and produced brightly-coloured and pleasant-tasting oil. In recent years, the vineyards in the country have experienced an unexpected revival process. The county's cellars have been modernised, new techniques have been applied to the wine-making process and a series of products have been created that, with discipline and perseverance, are beginning to get a name within the increasingly competitive world of enology. Reds, whites and rosés. Cavas, muscatels and garnacha sweet wines. The palette of aromas, flavours and colours is becoming richer and richer after each harvest.

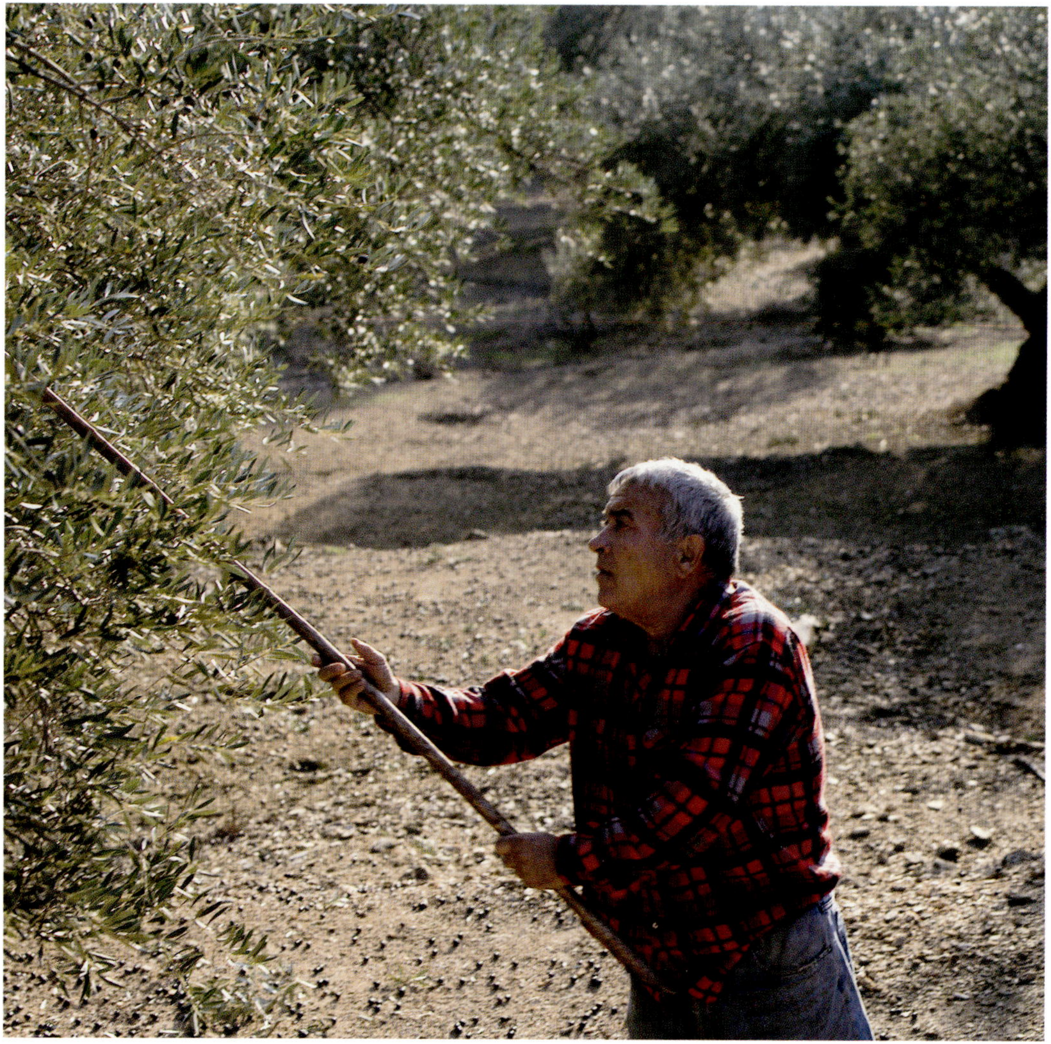

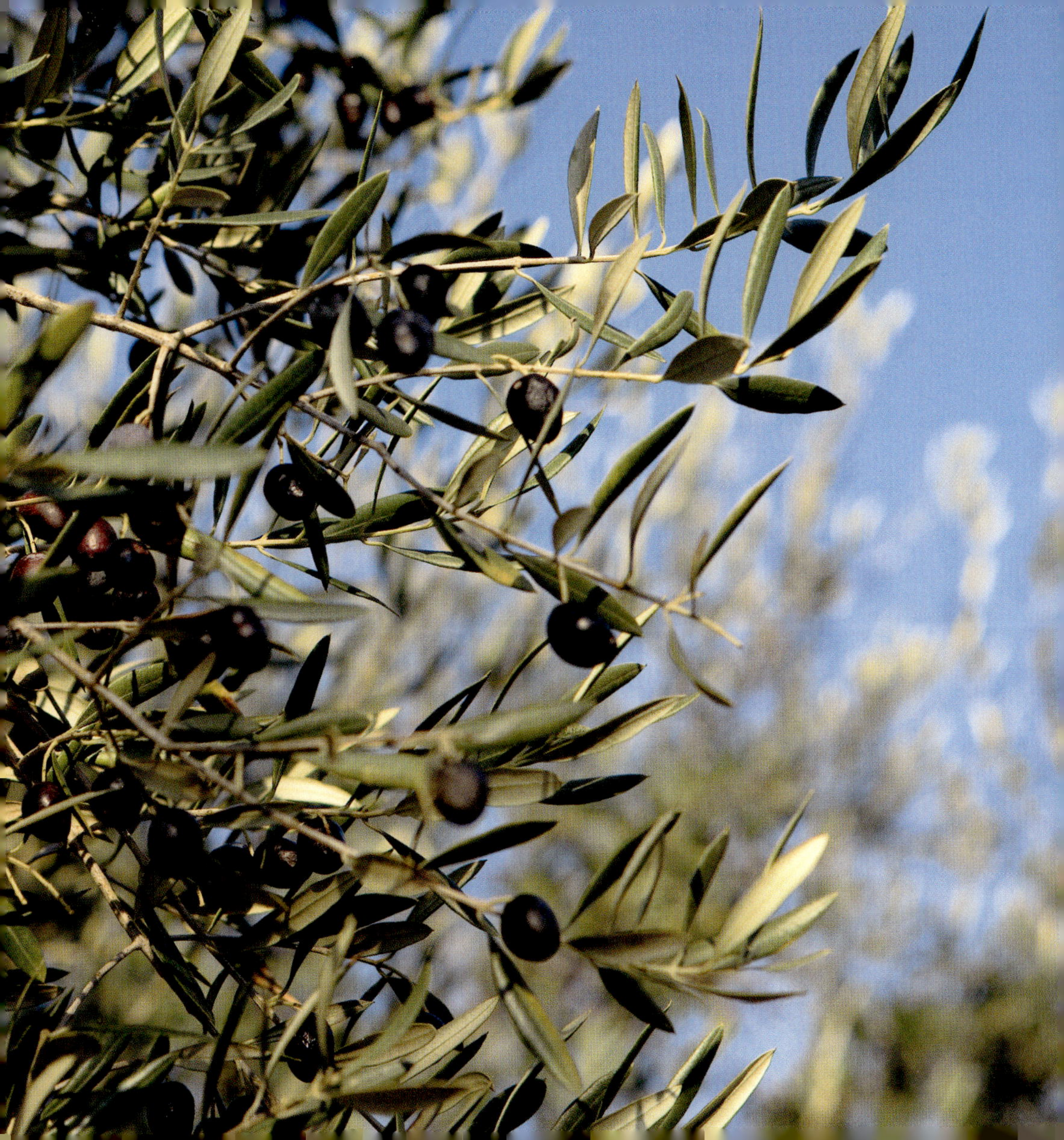

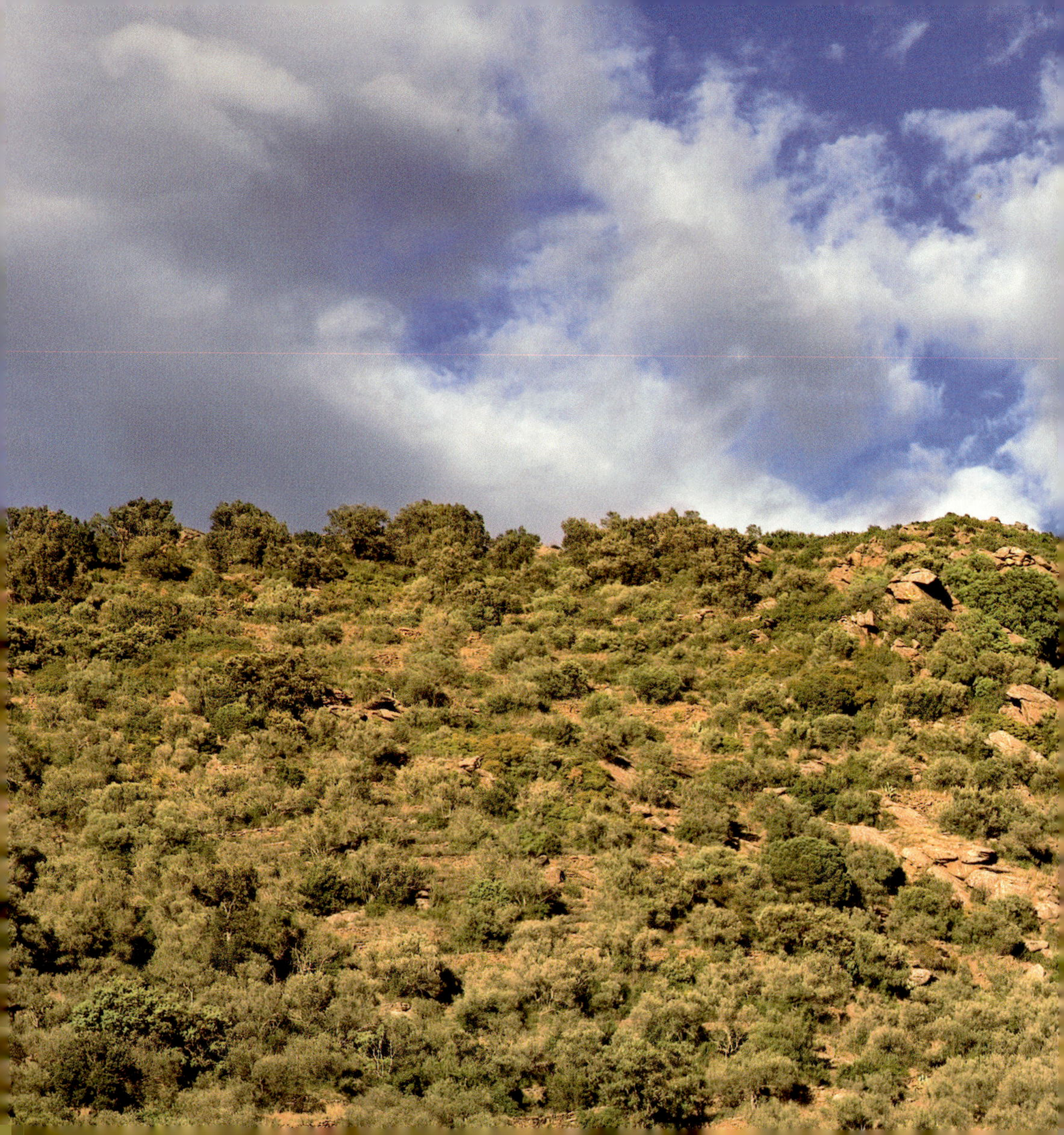

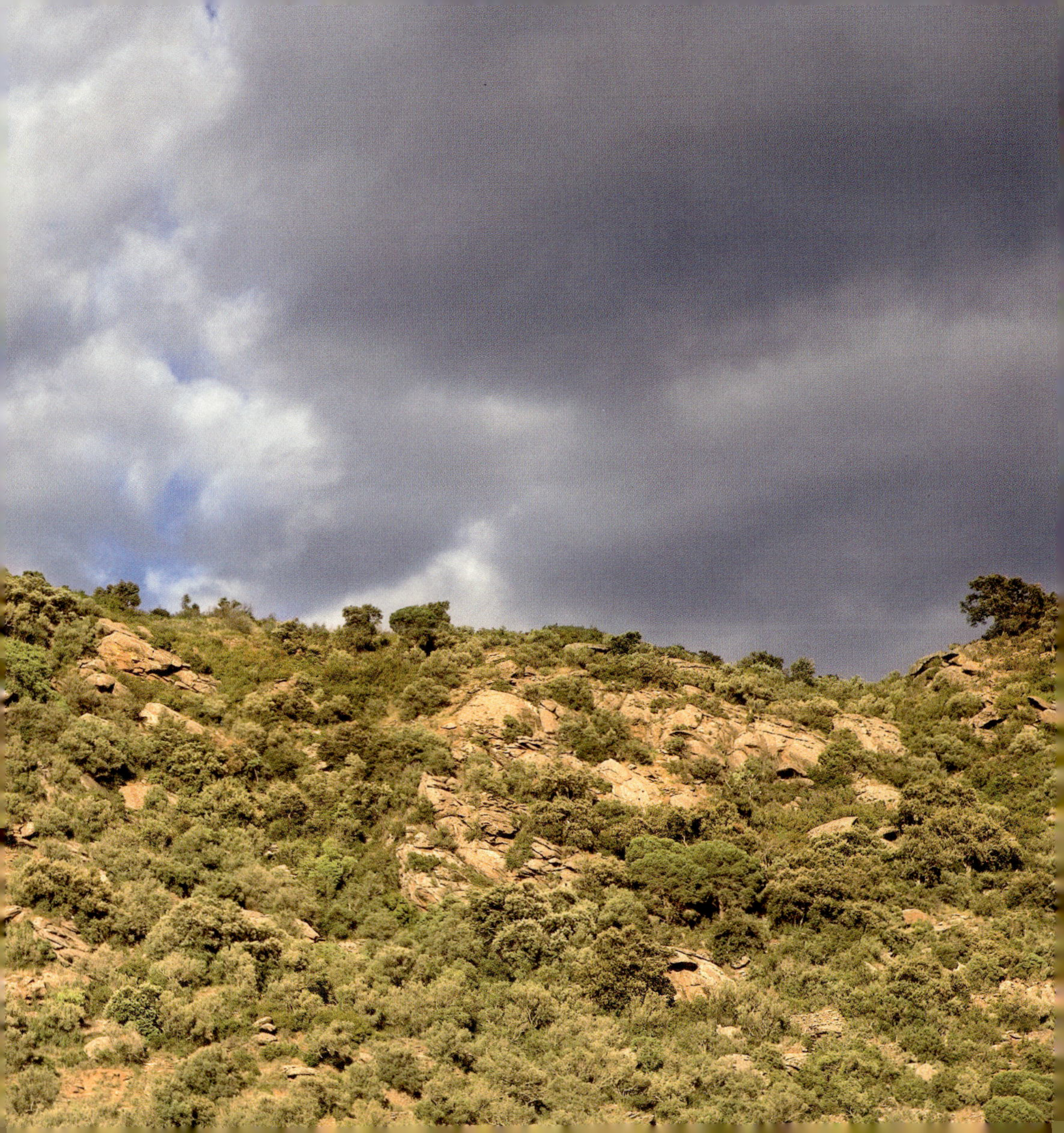

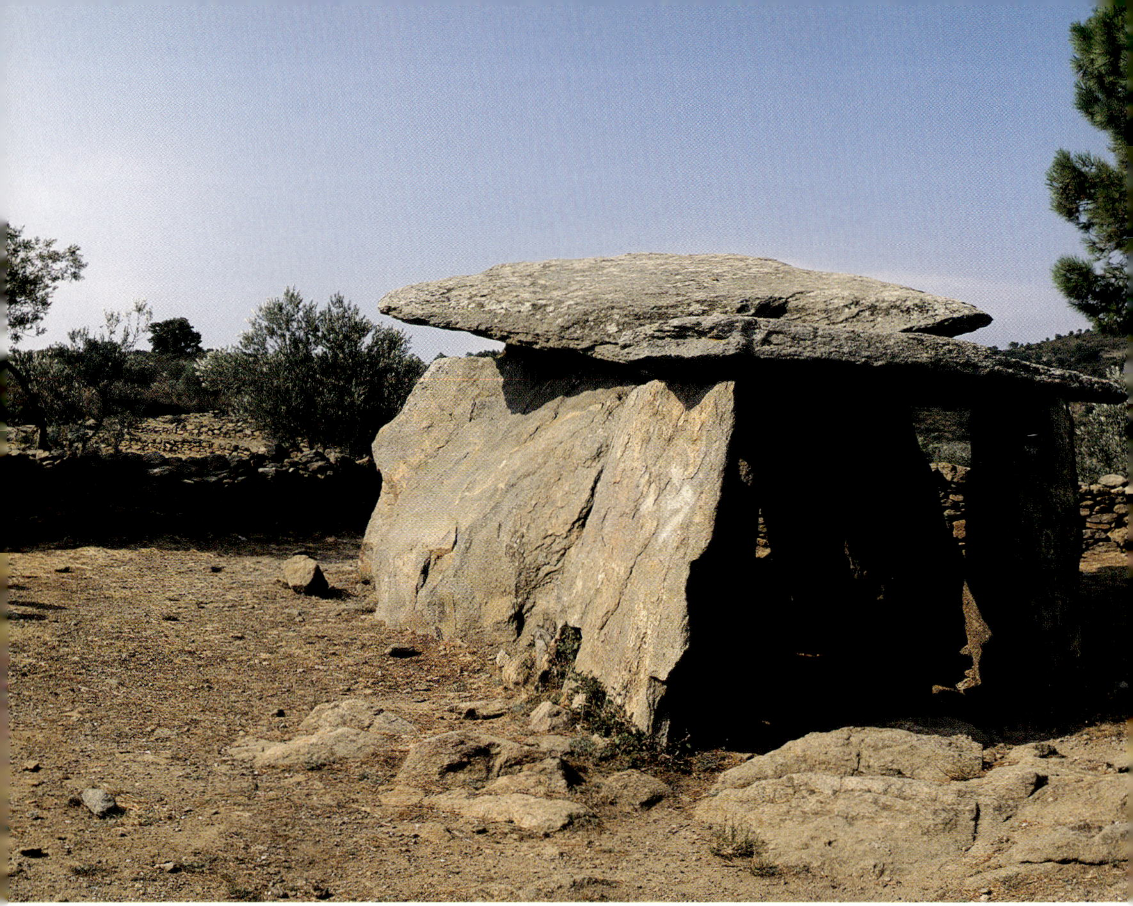

DOLMEN DE LA CREU D'EN COBERTELLA

La presència de cultures prehistòriques pels voltants de Roses es pot resseguir a través de la ruta megalítica. Si seguim els corriolets marcats podrem contemplar dòlmens com el del Llit de la Generala, els menhirs de la Casa Cremada o les barraques de pedra, que usaven els pastors en èpoques molt menys remotes.

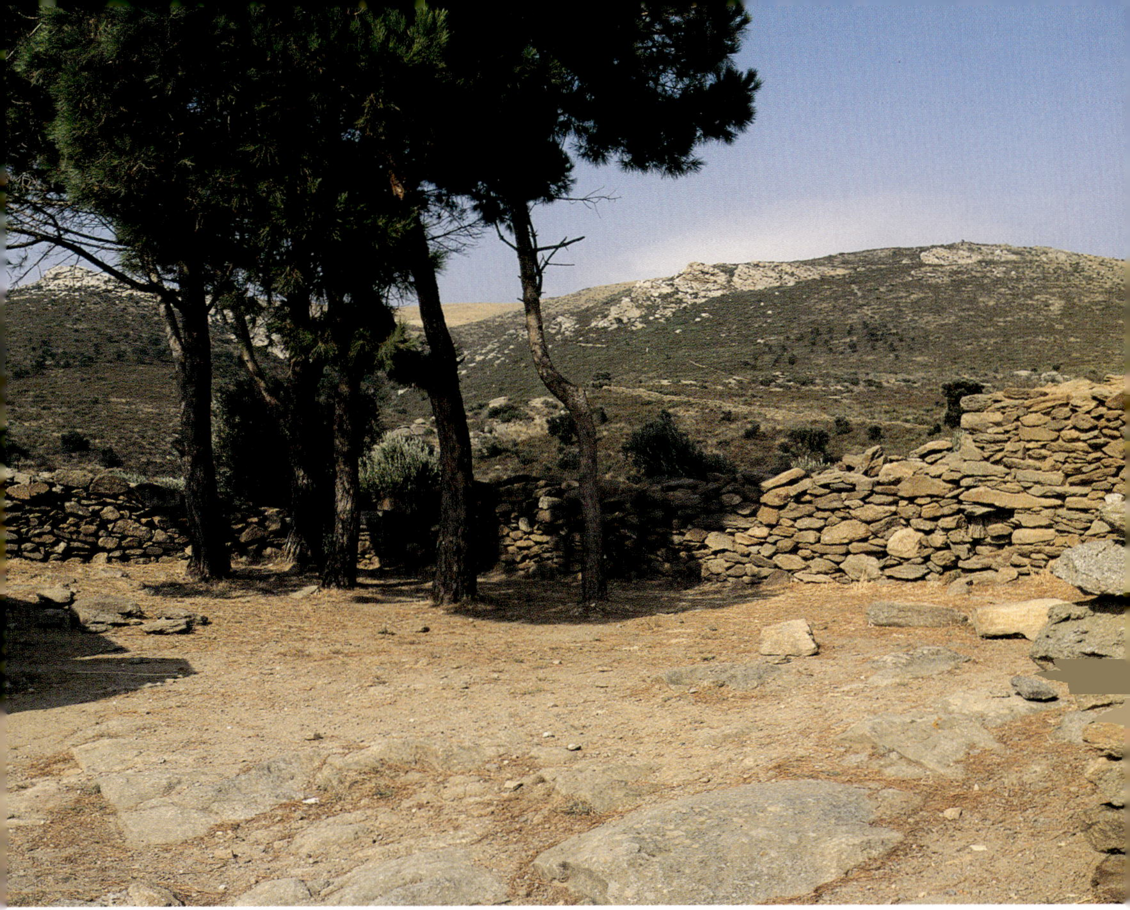

DOLMEN DE LA CREU D'EN COBERTELLA

La presencia de culturas prehistóricas en los alrededores de Roses se puede reseguir a través de la ruta megalítica. Si seguimos los senderos marcados podremos contemplar dólmenes como el de El Llit de la Generala, los menhires de la Casa Cremada o las barracas de piedra que usaban los pastores en épocas menos remotas.

DOLMEN OF THE CREU D'EN COBERTELLA

The presence of prehistoric cultures in the area around Roses can be discovered by taking the Megalithic route. If you follow the signs you will be able to see dolmens such as the Llit de la Generala, the menhirs of Casa Cremada or the stone sheds that the shepherds used in less remote times.

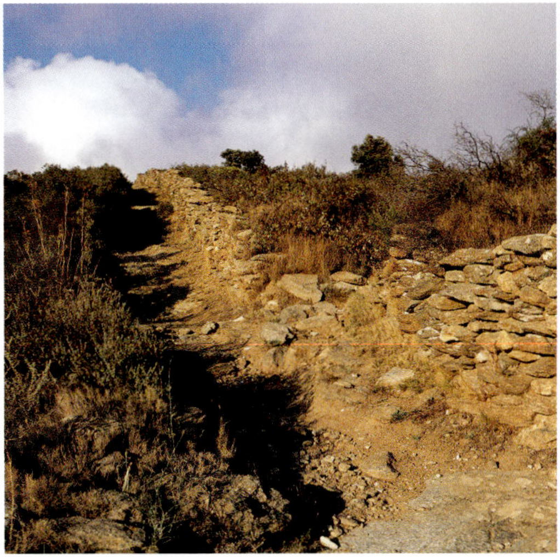
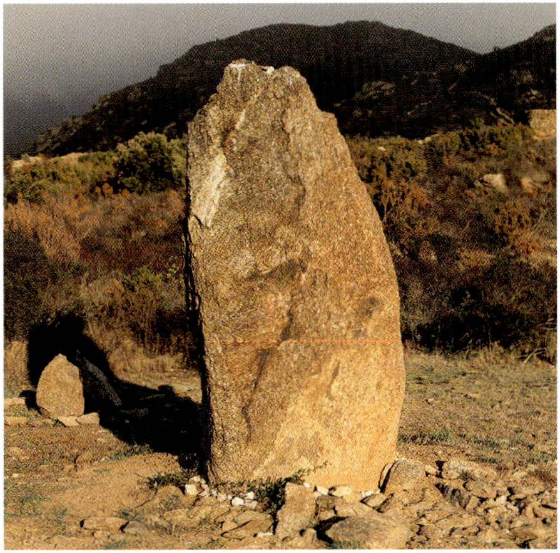
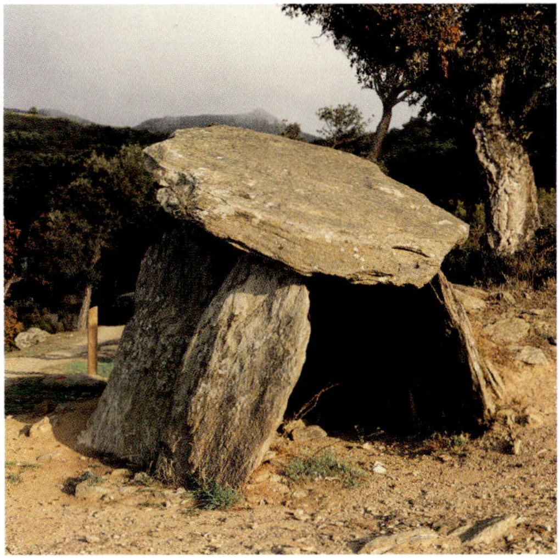
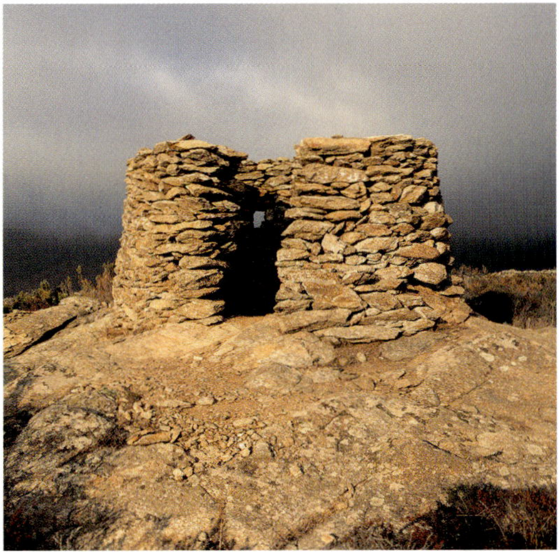

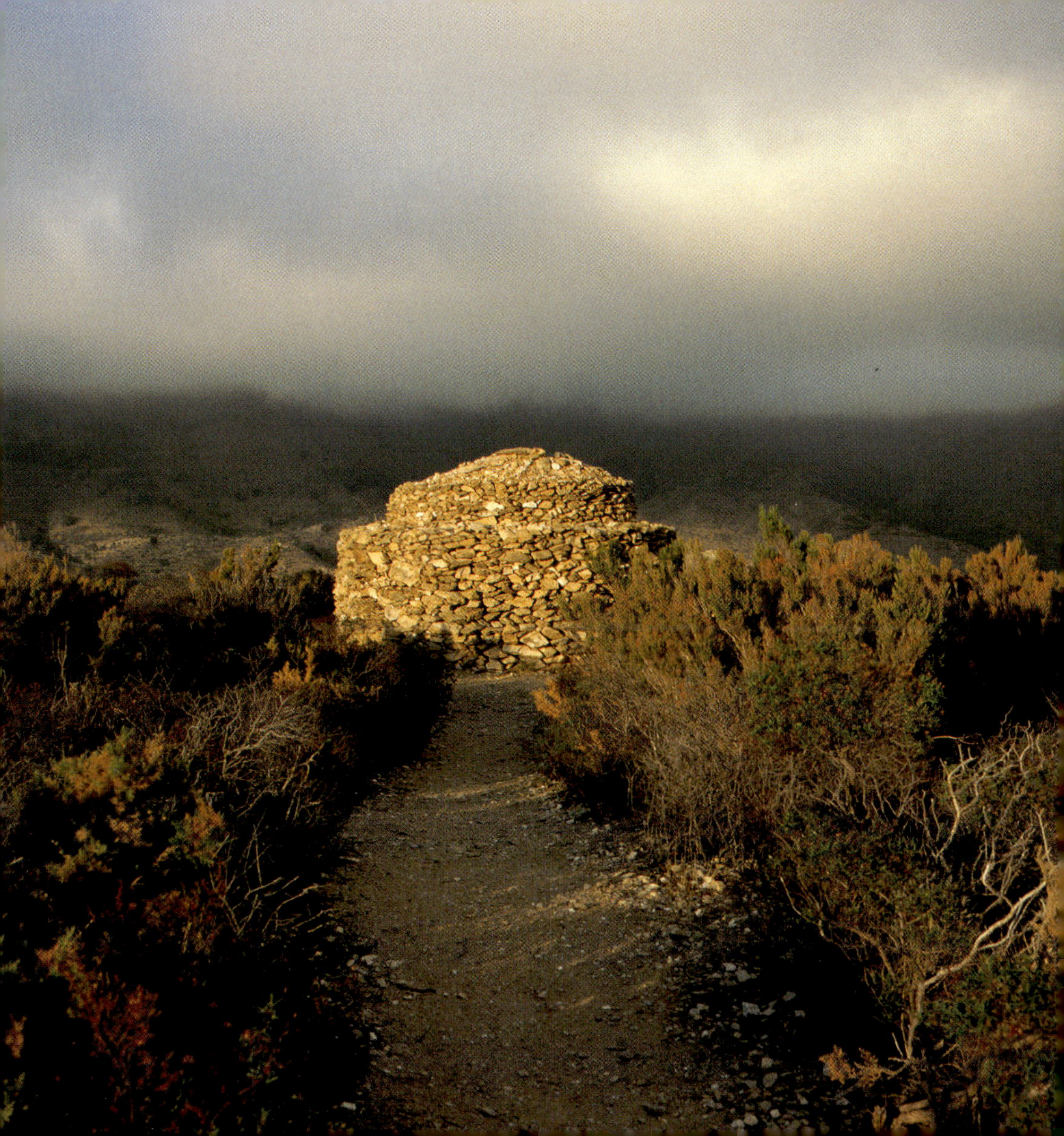

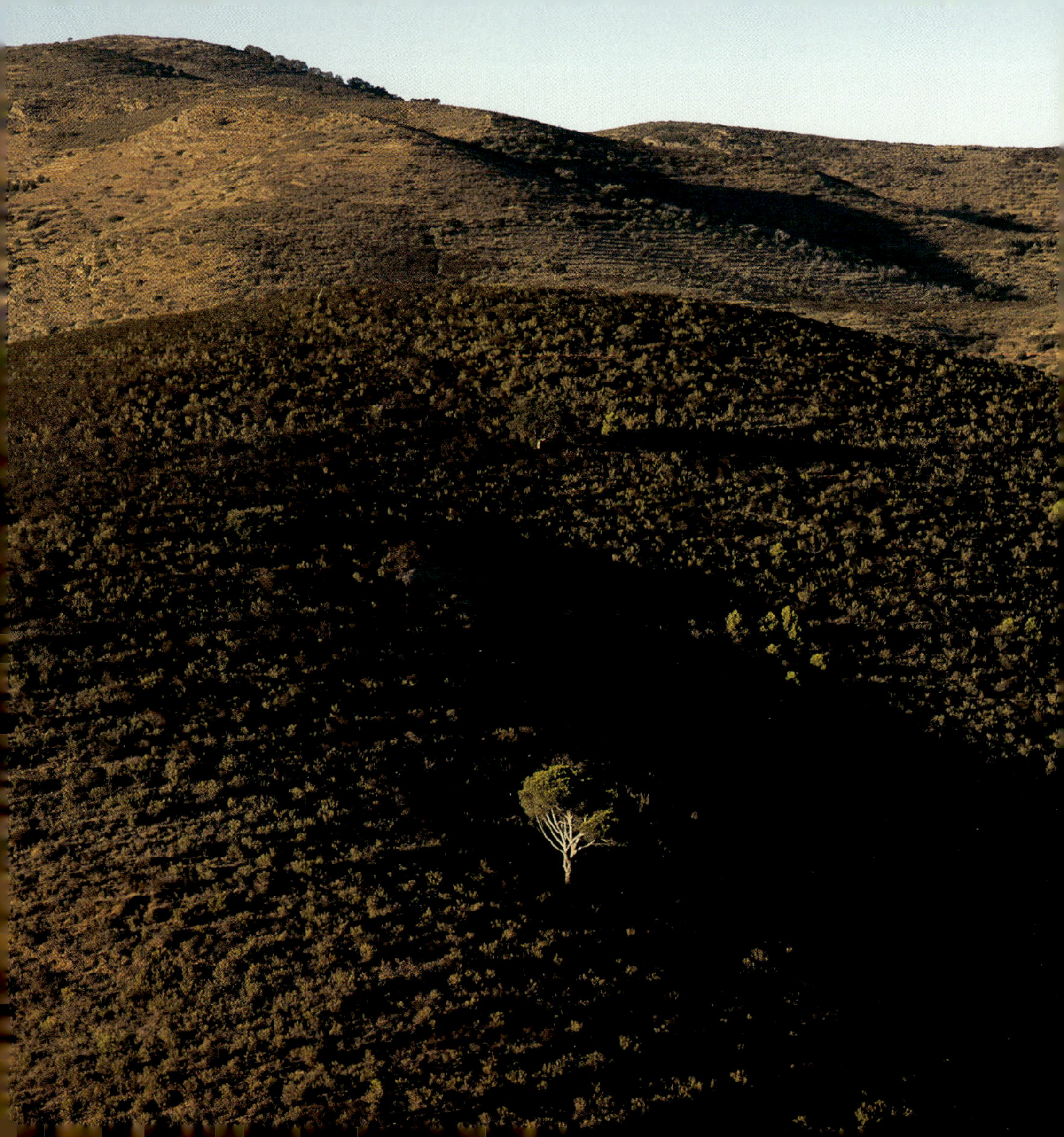

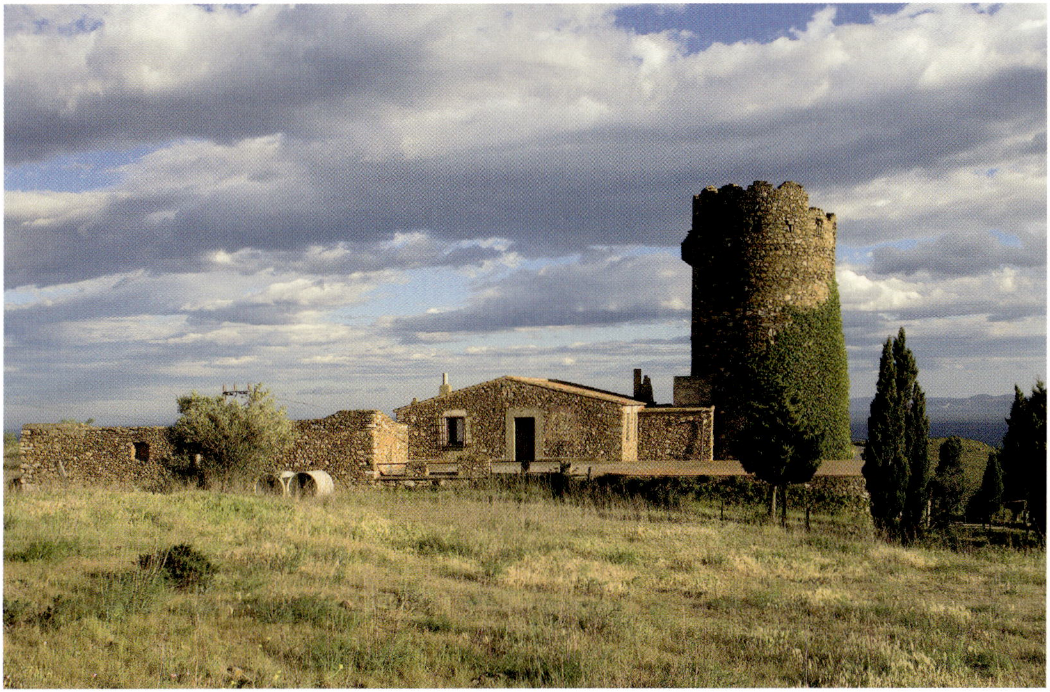

Mas de la Torre d'en Sastre
Mas de la Torre d'en Sastre
Mas de la Torre d'en Sastre

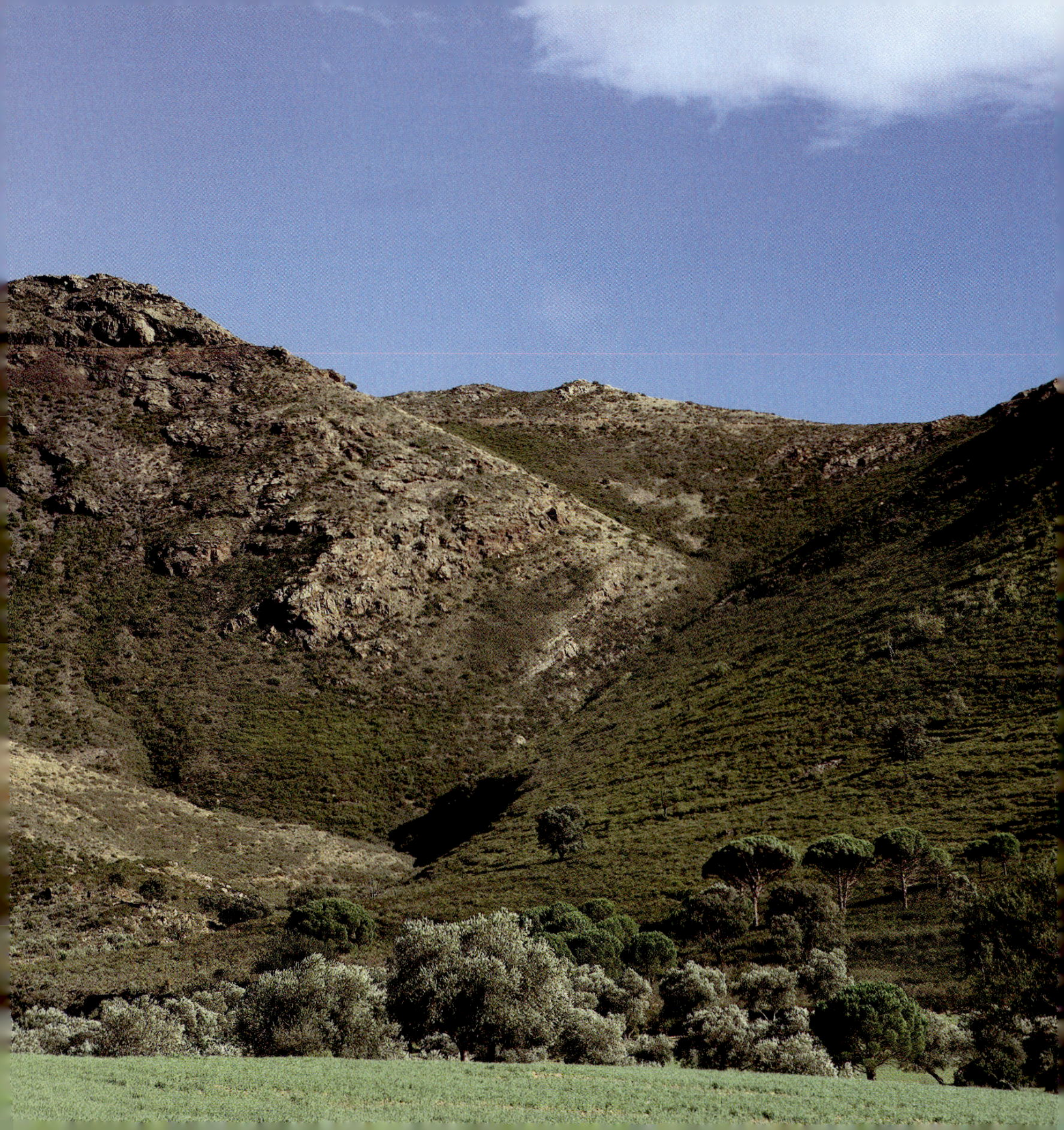

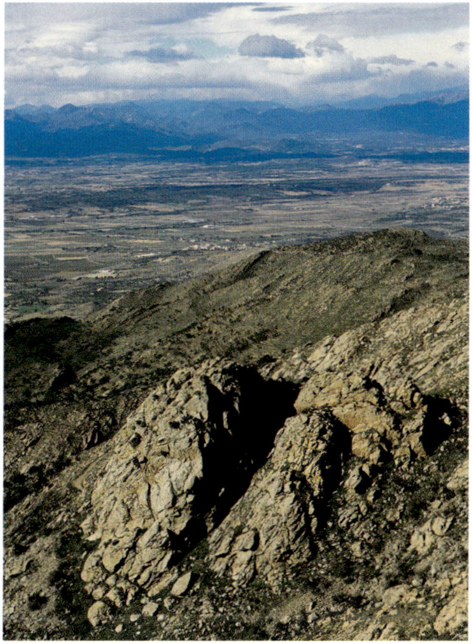

UN MIRADOR SENSE RIVAL

L'ascensió al Puig de l'Àliga, donant l'esquena al Mas Oliva, permet veure com la plana empordanesa es desplega als nostres peus. Durant l'ascensió, la roca aspra es combina amb una vegetació vellutada d'un verd poc estrident. Damunt dels camps, les poblacions de Palau-Saverdera, Vilajuïga i Garriguella es converteixen en una escampadissa de peces de Lego, que haurien fet les delícies de Gargantua, Gulliver o Pantagruel.

UN MIRADOR SIN RIVAL

La ascensión al Puig de l'Àliga, dando la espalda al Mas Oliva, permite observar como la llanura ampurdanesa se despliega a nuestros pies. Durante la subida, la áspera roca se combina con una aterciopelada vegetación de un verde poco estridente. Sobre los campos, los pueblos de Palau-Saverdera, Vilajuïga y Garriguella se convierten en un desparramamiento de piezas de lego, que habría hecho las delicias de Gargantúa, Gulliver o Pantagruel.

AN UNRIVALLED VIEW

The climb up to the Puig de l'Àliga, turning away from Mas Oliva, allows you to see how the Empordà plain unfolds at your feet. During the climb, the rugged rocks are combined with a velvety vegetation of a subtle green colour. Over the fields, the villages of Palau-Saverdera, Vilajuïga and Garriguella become a scattering of Lego pieces, which would have delighted Gargantua, Gulliver or Pantagruel.

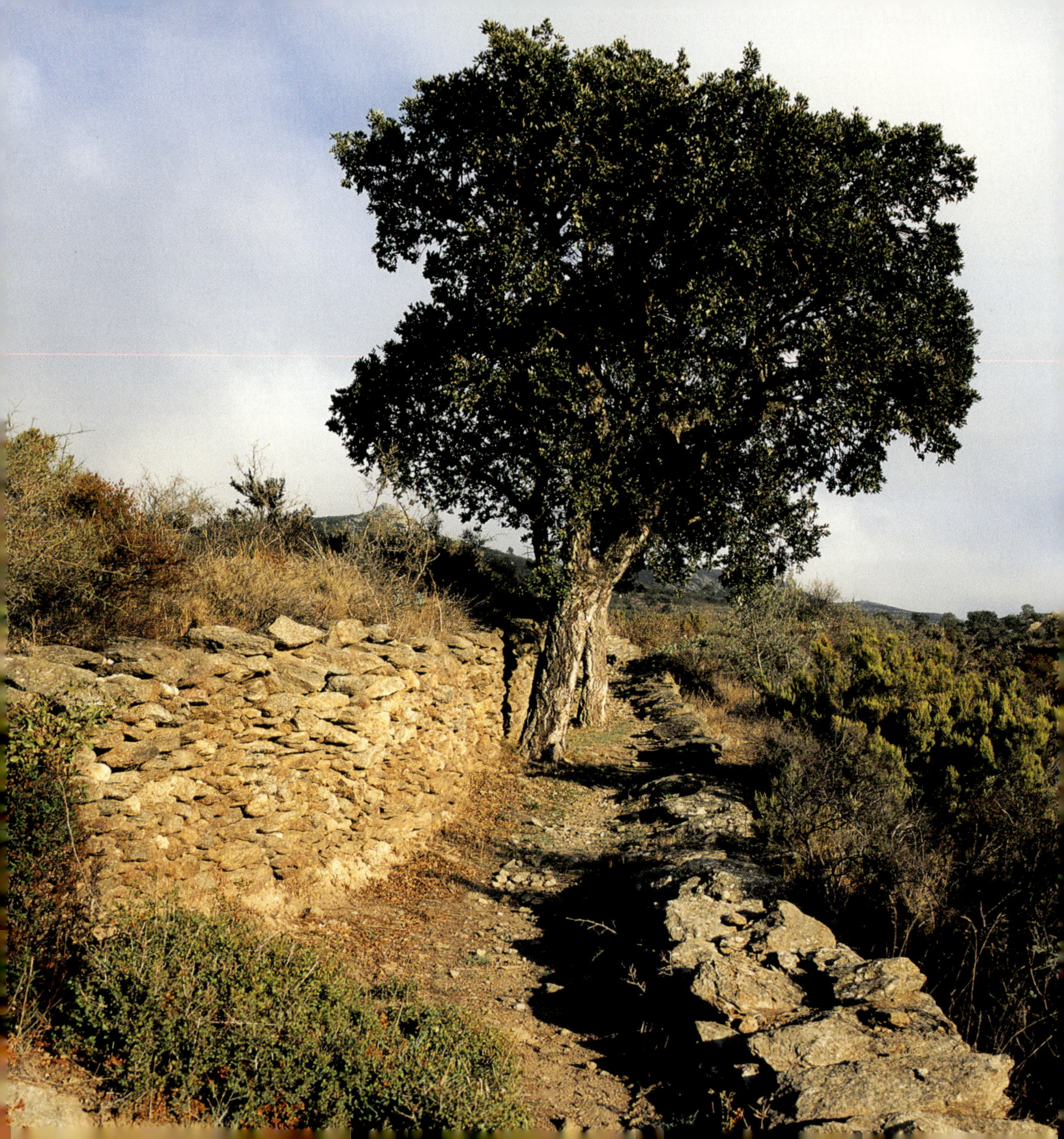

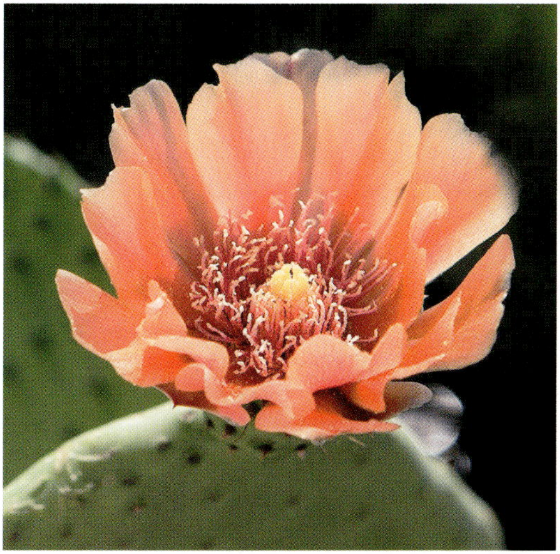
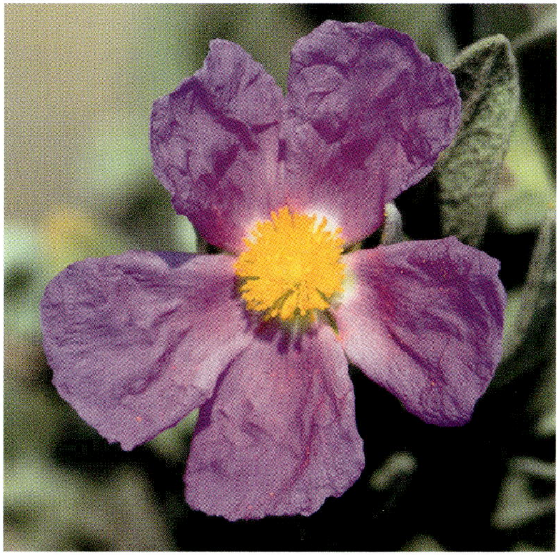
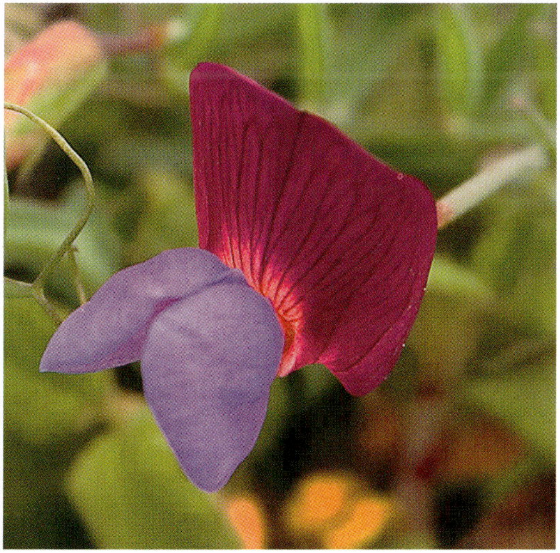
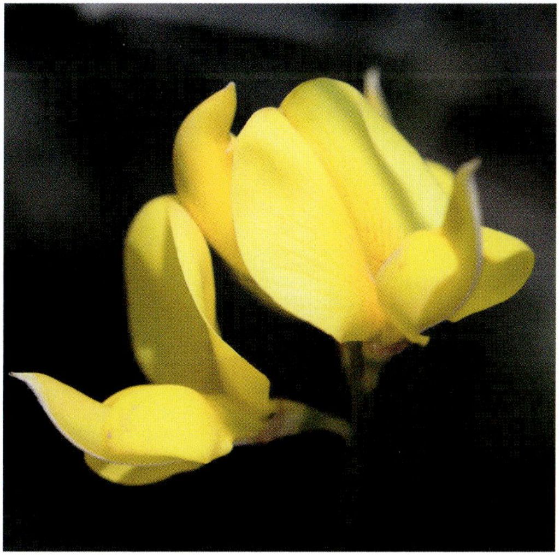

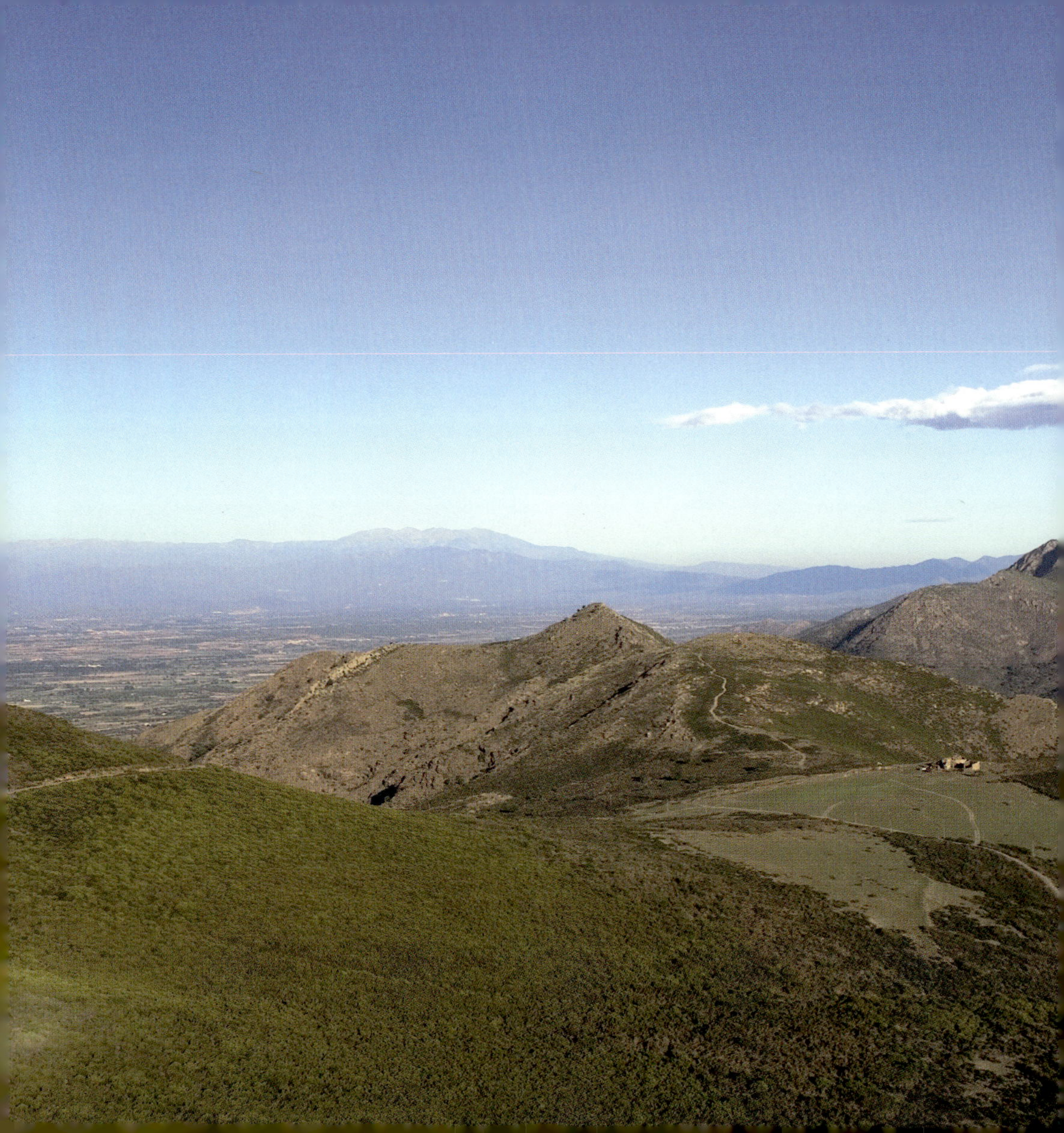

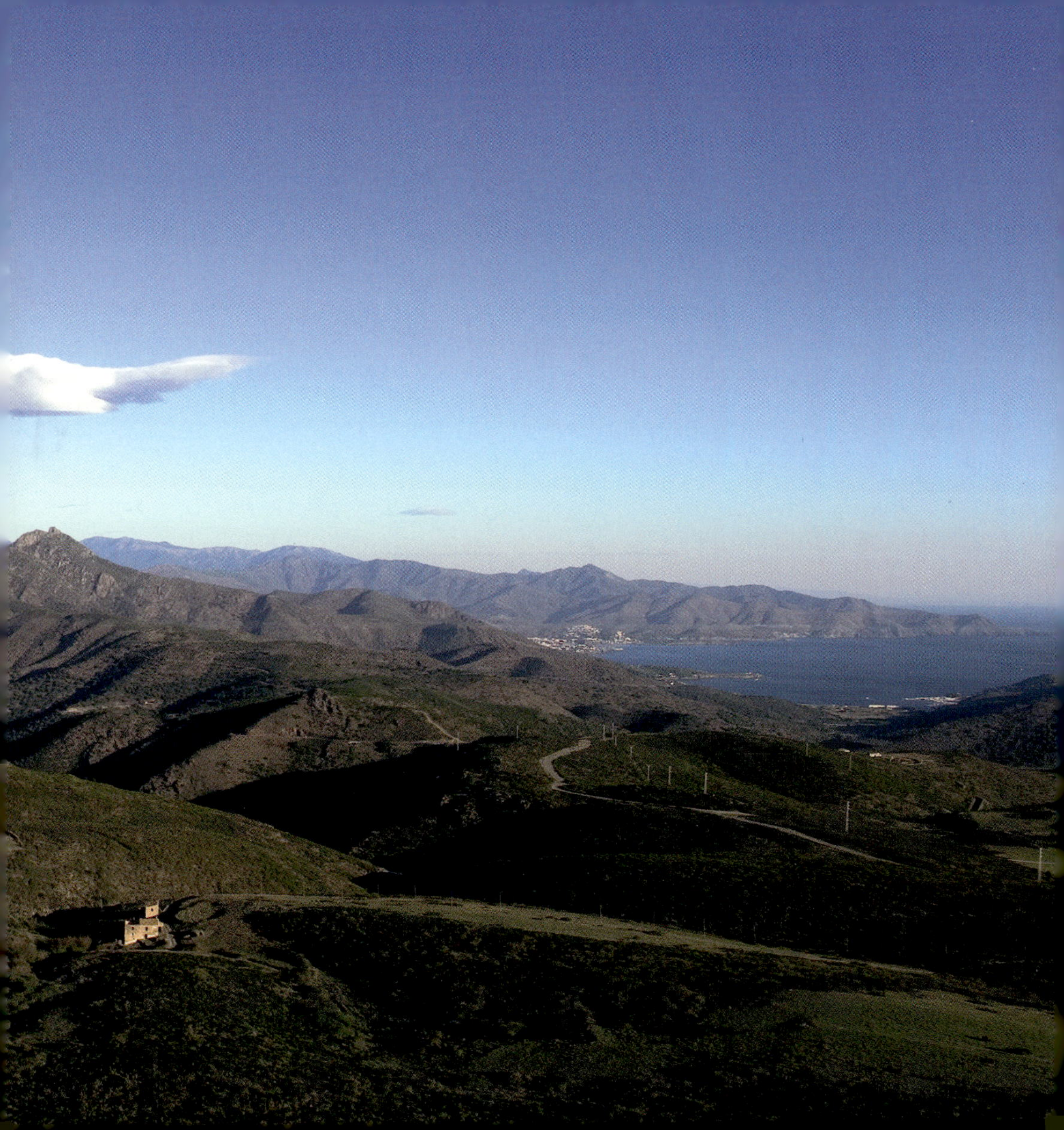

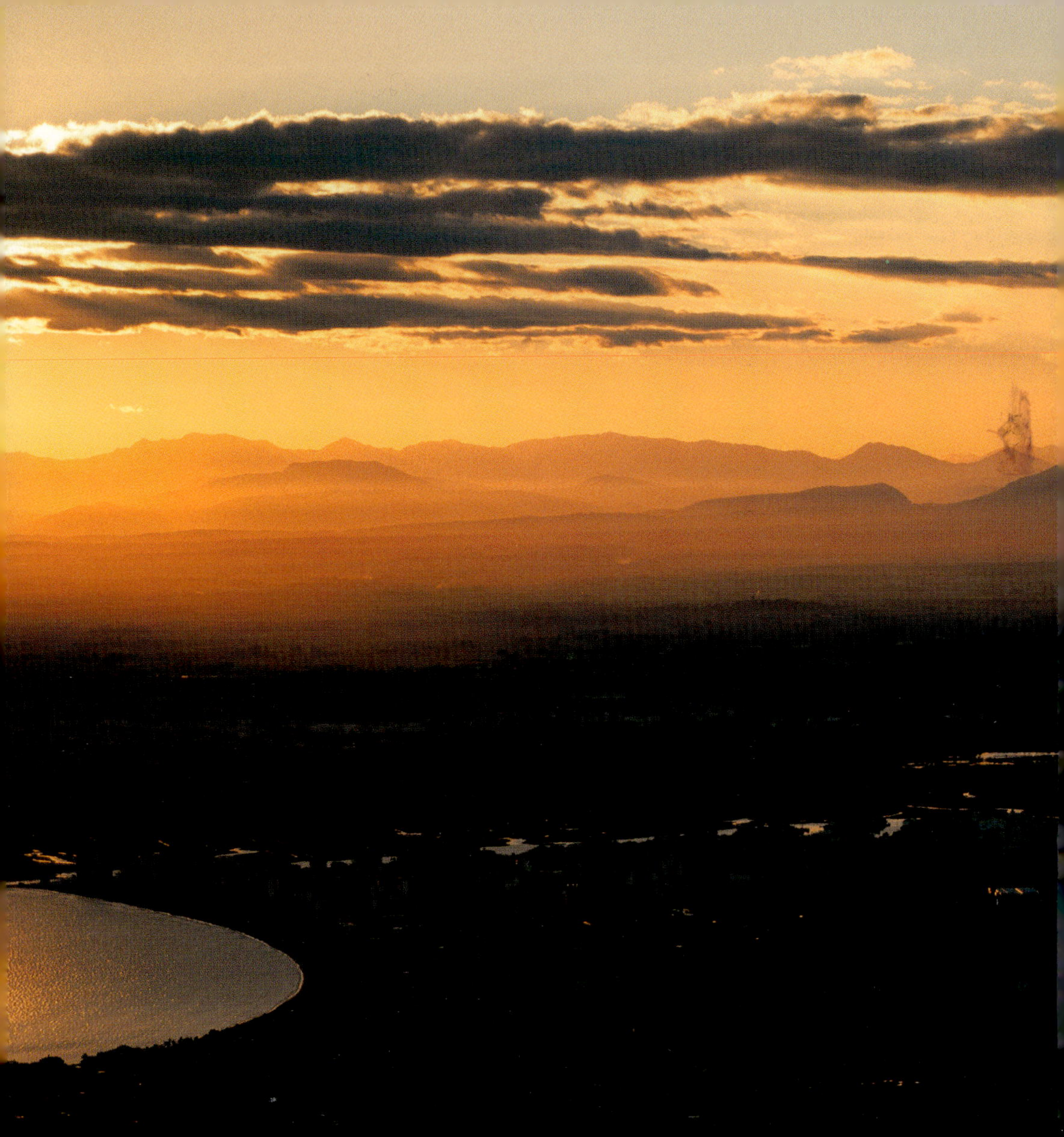